Daniel Freire e Almeida

Fabiano Lourenço de Menezes

Olavo de O. Bittencourt Neto

(Org.)



# O DIREITO INTERNACIONAL EM ESTUDOS FUNDAMENTAIS:

## ONU - TPI – DH – COVID-19 – COMPLIANCE – ANTICORRUPÇÃO GLOBAL

Alder Thiago Bastos

Daniel Freire e Almeida

Giulia Santos Arouca

Isabella Alvares Fernandes

Juliana de Toledo Romero

Luiz Sales do Nascimento

Marcos Martins de Oliveira

Paloma Caroline D.A. Ferreira

Paulo Antonio Rufino de Andrade

Solange Aparecida Caetano

Verônica Scriptore F. Almeida

Waldir Viana Ribeiro Junior

ISBN: 978-3-03927-009-5

LAWINTER EDITIONS

New York - Zürich

# O DIREITO INTERNACIONAL EM ESTUDOS FUNDAMENTAIS:

## ONU - TPI – DH – COVID-19 – COMPLIANCE – ANTICORRUPÇÃO GLOBAL

Organizadores

Daniel Freire e Almeida

Fabiano Lourenço de Menezes

Olavo de O. Bittencourt Neto

Alder Thiago Bastos
Daniel Freire e Almeida
Giulia Santos Arouca
Isabella Alvares Fernandes
Juliana de Toledo Romero
Luiz Sales do Nascimento
Marcos Martins de Oliveira
Paloma Caroline D.A. Ferreira
Paulo Antonio Rufino de Andrade
Solange Aparecida Caetano
Verônica Scriptore F. Almeida
Waldir Viana Ribeiro Junior

LAWINTER EDITIONS
New York - Zürich

2021

**O Direito Internacional em Estudos Fundamentais:**

**ONU - TPI – DH – COVID-19 – COMPLIANCE – ANTICORRUPÇÃO GLOBAL**

## Editorial Board



Library of Congress Cataloging-in-Publication Data
FREIRE E ALMEIDA, Daniel; MENEZES, Fabiano Lourenço de; BITTENCOURT NETO, Olavo de O. | Organizers.
Title: O Direito Internacional em Estudos Fundamentais: ONU - TPI – DH – COVID-19 – COMPLIANCE – ANTICORRUPÇÃO GLOBAL / edited by Daniel Freire e Almeida, Fabiano Lourenço de Menezes and Olavo de O. Bittencourt Neto.
Authors: Alder Thiago Bastos - Daniel Freire e Almeida - Giulia Santos Arouca - Isabella Alvares Fernandes - Juliana de Toledo Romero - Luiz Sales do Nascimento - Marcos Martins de Oliveira - Paloma Caroline D.A. Ferreira - Paulo Antonio Rufino de Andrade - Solange Aparecida Caetano - Verônica Scriptore F. Almeida - Waldir Viana Ribeiro Junior.
First edition. | New York: Lawinter Editions, 2021. Includes bibliographical references and index.
ISBN 978-3-03927-009-5 (pbk.)

Subjects: International Law – United Nations – Human Rights – Compliance.

**LAWINTER WORLD GROUP**


Send all inquiries to:
Lawinter Editions: review@lawinter.com

Printed in the United States of America.
2021

# Dedicatória

*O presente Livro é dedicado a todos os Afegãos, em geral, e a todas as mulheres e meninas Afegãs, em especial.*

*O futuro da humanidade passa pela compreensão dos desafios impostos naquela região do mundo, bem como pela necessidade de esforços profundos da comunidade internacional para a superação dos problemas.*

# SUMÁRIO

**Dedicatória..........................................................................05**

**Apresentação**

***Daniel Freire e Almeida – Fabiano Lourenço de Menezes – Olavo de O. Bittencourt Neto..........................................................09***

**PARTE I - ONU – COVID-19 - DH**

**ONU aos 75: Adequação ao Futuro**

***Isabella Alvares Fernandes ....................................................17***

**Global Vaccination for All**

***Daniel Freire e Almeida – Verônica Scriptore F. Almeida......... 43***

**O Papel dos Estados na Pandemia da Covid-19: Uma Análise Sobre a (In)Efetividade de Governança**

***Juliana de Toledo Romero................................................. ...67***

**Da Favela Nova Brasília às Novas Incursões Policiais em Tempos de Covid-19 nas Comunidades Cariocas**

***Marcos Martins de Oliveira - Luiz Sales do Nascimento..........99***

**O Direito Internacional dos Refugiados Sírios e o Acordo UE-Turquia**

***Solange Aparecida Caetano - Paloma Caroline D.A. Ferreira.147***

## PARTE II - TPI – COMPLIANCE – ANTICORRUPÇÃO GLOBAL

**Perspectivas de Cooperação do Tribunal Penal Internacional perante o Objetivo para o Desenvolvimento Sustentável nº 16 (ODS 16) da Agenda 2030**

***Giulia Santos Arouca - Daniel Freire e Almeida*................. 223**

**Estudo Comparado entre as Leis Foreign Corrupt Practice Act e Sarbanes-Oxley Act e a Lei nº 12.846/2013 e seus Impactos para a Criação do Compliance**

***Alder Thiago Bastos - Paulo Antonio Rufino de Andrade*....... 257**

**Criminalidade Organizada Global e a Lavagem de Capital nas Operações de Cabo**

***Waldir Viana Ribeiro Junior*...............................................281**

# APRESENTAÇÃO

***Daniel Freire e Almeida* [1]***

***Fabiano Lourenço de Menezes* [2]****

***Olavo de O. Bittencourt Neto* [3]*****

---

[1] * **Daniel Freire e Almeida:**
-Pós-Doutor em Direito Internacional pela Georgetown University, Law Center, em Washington DC, Estados Unidos da América (2015-2017).
-Doutor em Direito Internacional pela Faculdade de Direito da Universidade de Coimbra, em Portugal, com reconhecimento e revalidação pela Universidade de São Paulo-USP (2008-2012).
-Mestre em Direito Internacional pela Faculdade de Direito da Universidade de Coimbra, em Portugal, com reconhecimento e revalidação pela Universidade de São Paulo-USP (1999-2002).
-Professor Permanente do Programa de Pós-Graduação Stricto Sensu- Doutorado e Mestrado em Direito Internacional da Universidade Católica de Santos (UNISANTOS).
-Vice-líder do Grupo de Pesquisa em Direito Espacial, e do Grupo de Pesquisa em Governança Global e Regimes Internacionais da UNISANTOS.
-Coordenador da Pós-graduação em Direito e Política Espacial da UNISANTOS.
-Advogado, atuando, no Brasil e no exterior, nas áreas de Direito Internacional, Direito Digital, Direito Espacial, Direito Econômico, Direito das Relações Internacionais e Direito Desportivo Internacional.
-E-mails: lawyer@adv.oabsp.org.br , danielfreire@unisantos.br .

[2] ** **Fabiano Lourenço de Menezes:**
-Professor na Universidade Católica de Santos- Programa de Mestrado e Doutorado em Direito.
-Doutor em Integração da América Latina pelo PROLAM/USP.
-Coordenador do curso de Relações Internacionais da Universidade Católica de Santos.
-E-mail: fabiano.menezes@unisantos.br. .

[3] *** **Olavo de O. Bittencourt Neto:**
- -Professor na Universidade Católica de Santos- Programa de Mestrado e Doutorado em Direito.

## Apresentação

### O Direito Internacional em Estudos Fundamentais:

### ONU - TPI – DH – COVID-19 – COMPLIANCE – ANTICORRUPÇÃO GLOBAL

O Direito Internacional tem recebido ao longo da história recente inúmeros e importantes desafios, resultantes da complexidade das relações internacionais dos países, das organizações internacionais, das pessoas, e das empresas.

Nesta linha, o Livro é o resultado da eleição de destacados trabalhos científicos desenvolvidos por professores, pesquisadores e estudantes com vistas a contribuir para o aprimoramento de reflexões jurídicas internacionais, em estudos fundamentais.

Relevantes temas assumem protagonismo nos ensaios elencados na Obra, com destaque para a Organização das Nações Unidas (ONU), para o Tribunal Penal Internacional (TPI), para os Direitos Humanos, para os desafios da Covid-19, para a luta contra a corrupção em nível global, e pelas dinâmicas do Compliance.

Em alinhamento, os Capítulos trazem o eixo temático do Direito Internacional, divididos em duas partes: **I - ONU – COVID-19 - DH**, e **II - TPI – COMPLIANCE – ANTICORRUPÇÃO GLOBAL**.

---

-Doutor em Direito Internacional, Faculdade de Direito, Universidade de São Paulo.
-Membro do Board do International Institute of Space Law (IISL).
-Co-Vice-Chair do Hague International Space Resources Governance Working Group.
-Líder do Grupo de Pesquisa em Direito Espacial da Universidade Católica de Santos.
-E-mail: olavo.bittencourt@unisantos.br .

**Apresentação**

**O Direito Internacional em Estudos Fundamentais:**

**ONU - TPI – DH – COVID-19 – COMPLIANCE – ANTICORRUPÇÃO GLOBAL**

Conforme supramencionado, por conseguinte, o Livro, na parte I (ONU – COVID-19 - DH), é iniciado por Capítulo de **Isabella Alvares Fernandes,** que aborda o contexto da Organização das Nações Unidas ao completar setenta e cinco anos de existência e as adequações ao futuro. O texto destaca os desafios atuais, as novas demandas da organização, e os ajustes necessários ao século XXI, considerando ser uma organização estabelecida na década de 40, do século anterior.

Em continuidade, **Daniel Freire e Almeida** e **Verônica Scriptore F. Almeida** elevam a necessidade da vacinação global contra a Covid-19, apresentando, em língua inglesa, argumentos sobre o imperativo emergencial de vacinação da população do planeta, em virtude dos impactos na saúde, na economia e no direito. Para os autores, a cobertura vacinal deve ser difusa, em todas as partes, para todos, incluindo as crianças em todo o mundo, inicialmente negligenciadas pelos países.

A seu turno, em importante prosseguimento da Obra, **Juliana de Toledo Romero** analisa as consequências das medidas adotadas pelos países com vistas ao enfrentamento do novo coronavírus, verificando os posicionamentos de cada governo para com seus nacionais, bem como avaliando as decisões dos Estados em termos de governança global, exercendo seus papeis de sujeitos de Direito Internacional.

Nesta sequência, em sede de primeira parte, o Livro é muito bem integrado por Capítulo desenvolvido por **Marcos Martins de Oliveira** e **Luiz Sales do Nascimento**, que tratam da favela Nova Brasília e as incursões policiais na era da Covid-19 nas comunidades do Rio de Janeiro. Os autores analisam os principais pontos do processo que tramitou perante a Comissão e a Corte Interamericana de Direitos Humanos relacionados a duas incursões policiais na referida favela, abordando os argumentos de mérito e a forma como a Corte enfrentou cada um dos temas.

Em prosseguimento, o Livro apresenta Capítulo de autoria de **Solange Aparecida Caetano** e **Paloma Caroline D.A. Ferreira,** que discorrem sobre o Direito Internacional dos refugiados sírios e o Acordo entre a União Europeia e a Turquia. As autoras desenvolvem estudo sobre a política de *hard power*, buscando demonstrar que tal prática pode restringir a aplicação do estatuto do refúgio, diminuindo a necessária proteção daqueles que deixam seus países em busca de maior segurança e novas oportunidades.

É de se destacar, já em sede de segunda parte (TPI – COMPLIANCE – ANTICORRUPÇÃO GLOBAL), o Capítulo elaborado por **Giulia Santos Arouca** e **Daniel Freire e Almeida**, que concentram atenções para as perspectivas de cooperação do Tribunal Penal Internacional para o atingimento do Objetivo para o Desenvolvimento Sustentável nº 16 (ODS 16), da Agenda 2030 da Organização das Nações Unidas. É sob tal prisma, então, que os autores revelam tópicos em que o TPI atua em congruência com o ODS 16, bem como temas a serem aprimorados, acompanhados de propostas de soluções a serem implementadas pela Corte, para que possa cooperar ainda mais com o alcance do referido Objetivo.

Já no âmbito do Compliance, **Alder Thiago Bastos** e **Paulo Antonio Rufino de Andrade** trazem, com primazia, estudo comparado entre as leis "Foreign Corrupt Practice Act", "Sarbanes-Oxley Act", e a Lei nº 12.846/2013, abordando os seus impactos para a criação do Compliance. Os autores destacam a importância das ferramentas de governança corporativa e de compliance, para a gestão empresarial, integrando a liberdade econômica com a responsabilidade socioeconômica empresarial.

Em sede derradeira, o Livro concentra seu enfoque nos assuntos envolvendo a criminalidade organizada global e a lavagem de capitais nas operações de cabo, com Capítulo muito bem elaborado por **Waldir Viana Ribeiro Junior**. Neste contexto, o Autor apresenta a prática de dólar cabo, mecanismo utilizado para remessas de dinheiro para o exterior sem o devido registro perante a autoridade competente, abordando o conjunto internacionalmente enredado do tema, que conta com estruturas jurídicas baseadas em paraísos fiscais, conformando atuações criminais globais.

Os diferentes temas que conformam as partes estruturais do Livro, revelam as suas interfaces através dos estudos fundamentais do Direito Internacional.

Neste sentido, apresentamos ao leitor a oportunidade de conhecer um conjunto de ponderações atuais internacionais, que interligam importantes temáticas como a Organização das Nações Unidas, a Covid-19, os Direitos Humanos, o Tribunal Penal Internacional, o Compliance, o enfrentamento da corrupção global, entre outras.

**Apresentação**

**O Direito Internacional em Estudos Fundamentais:**

**ONU - TPI – DH – COVID-19 – COMPLIANCE – ANTICORRUPÇÃO GLOBAL**

Por todos os títulos, buscamos contribuir para a construção de possíveis caminhos na solução de conflitos e dilemas internacionais.

Desejamos boas leituras!

*Happy Reading!*

**Daniel Freire e Almeida**

**Fabiano Lourenço de Menezes**

**Olavo de O. Bittencourt Neto**

LAWINTER EDITIONS

Daniel Freire e Almeida – Fabiano Lourenço de Menezes – Olavo de O. Bittencourt Neto

(Org.)

O Direito Internacional em Estudos Fundamentais:

ONU - TPI – DH – COVID-19 – COMPLIANCE – ANTICORRUPÇÃO GLOBAL

# PARTE I - ONU – COVID-19 - DH

# ONU AOS 75: ADEQUAÇÃO AO FUTURO

***Isabella Alvares Fernandes [1]****

## Introdução

Advinda da destruição evidenciada pelo caráter humano em seu pior estado após a Segunda Grande Guerra Mundial, a Organização das Nações Unidas se colocou como pária no contexto internacional, fazendo frente às maiores economias do mundo e, consequentemente, aos maiores e mais poderosos Estados, os quais, sob uma única bandeira tremulante, juraram jamais repetir e repelir veementemente qualquer manifestação bélica de proporções globais como aquela que se acabara de vislumbrar no século XX.

Marcada por um forte caráter militar, considerando sua criação pautada principalmente nos esforços dos países denominados de "Aliados" – que faziam frente ao "Eixo" nazifascista marcado por figuras como Adolf Hitler e Benito Mussolini –, a ONU tomou seu contorno pelas decididas mãos do então presidente estadunidense, Franklin Delano Roosevelt, que, ao integrar os Estados Unidos da América no conflito beligerante que

---

[1] * **Isabella Alvares Fernandes**:
-Advogada.
-Mestranda em Direito Internacional pela Universidade Católica de Santos (UNISANTOS).
-Membro do Grupo de Pesquisa de Governança Global e Regimes Internacionais da UNISANTOS.
-E-mail: isabella.alvares@unisantos.br .

acontecia ante o ataque ocorrido na base de Pearl Harbor no Oceano Pacífico por parte dos japoneses, plantou as primeiras ideias germinais de estabelecimento de uma organização de caráter internacional.

Buscando apoio em outras nações, insurge-se sensivelmente esse conglomerado de Estados que, embora de diminutos números no início, cresce de modo exponencial em virtude da campanha massiva feita por Roosevelt, com o apoio de outros líderes "aliados", como o Primeiro-Ministro inglês Winston Churchill e o líder soviético Josef Stalin.

Uma série de reuniões ocorreu entre os líderes, até que, finalmente, em 23 de junho de 1946, a Carta das Nações Unidas foi aprovada com o apoio de quarenta e seis Estados em São Francisco, Califórnia. Vislumbrou-se assim um novo tentame esperançoso que pretendia se desvincular dos fracassos que foram evidenciados pela Liga das Nações, criada no seio da Primeira Grande Guerra Mundial, em meados de 1919.

Essa nova organização internacional surgia então das cinzas de anterior tentativa falha, cujo intuito primo era manter a paz no globo e evitar futuros conflitos armados. Numa multiplicidade de ações, desde questões ambientais até temáticas ligadas aos direitos humanos, os tentáculos das Nações Unidas acompanharam o crescimento e a demanda do globo frente aos novos desafios surgidos com o passar das décadas.

Esse arcabouço consolidado foi reflexo da tendência multilateralista estabelecida, na qual se tem como premissa o encabeçamento de ações coordenadas entre uma pluralidade de Estados, visando a construção de instituições para gerir os processos necessários.

Concretizada essa até então inédita estrutura há 75 anos, a nova ordem mundial começa a movimentar as engrenagens estruturais desta dinâmica, abarcando novas necessidades e remoendo antigas feridas fundacionais, trazendo à tona discussões como a composição do Conselho de Segurança, galho fundamental da organização, e inclusive discussões acerca da fática necessidade de uma ONU no contexto atual, onde Estados parecem realizar caminho inverso ao realizado décadas antes, com o intuito de reivindicar soberanias, negando o multilateralismo adotado nas últimas décadas. As problemáticas são muitas para enumerá-las levianamente de modo introdutório.

O cerne da questão, portanto, qualifica-se como a adequação da Organização das Nações Unidas frente ao século XXI, que, em seus poucos anos de existência, já foi palco para eventos que chacoalharam as bases da ordem mundial estabelecida, criando rivais entre Estados, questionando as organizações compostas no seio da ONU, entre outras muitas coisas. Além disso, os últimos setenta e cinco anos desde sua criação viram uma Guerra Fria, busca e intrigas por territórios, armas nucleares e a polarização entre países. E, mais importante, a adoção e preferências pelas tendências unilaterais, reafirmando-se nesse contexto a soberania estatal dos entes globais, e consequentemente evidenciando a crise que o multilateralismo sofre.

O objetivo central, deste modo, é primeiramente analisar a essência do multilateralismo, de modo a aliá-lo ao surgimento da ONU e sua real materialidade. Outrossim, o histórico de composição das Nações Unidas, considerando o contexto beligerante ao qual se encontra firmemente atrelada, com enfoque no processo constitutivo motivado de modo principal pelos Estados Unidos e seus esforços em angariar apoio dos demais países que compunham os "Aliados". Em continuidade, sopesando o aparato mencionado, será abordado o contexto atual no momento dos setenta e cinco anos da organização, e a necessidade de reforma face a adequação como uma organização do século XXI.

## 1. O Multilateralismo: Conceito e Aplicação

O multilateralismo se qualifica como uma vertente jovem dentro das relações internacionais, uma construção histórica praticamente nova, porquanto foi só dos emaranhados da era pós-napoleônica que os europeus viram sentido em uma cooperação continental para lidar com os percalços surgidos neste contexto (LOPES, 2020).

> *O multilateralismo foi concebido como fórmula para lidar com as queixas e disputas da era pós-napoleônica. E, de certa forma, funcionou. O mundo experimentou um século de paz entre as grandes potências. Na prática, foi também uma boa ferramenta para enfrentar crises internacionais de saúde, como as epidemias. A cólera foi um grande perigo naqueles tempos, em meados do século 19. Outra questão abordada de forma multilateral foi a da livre navegação de mares e rios, como o Reno. Então, é possível arguir, o multilateralismo foi originalmente dedicado à cooperação de ordem técnica. Tratava-se sobretudo de "baixa política" – como no jargão dos internacionalistas (LOPES, 2020).*

Deste caminhar inicial, a consolidação do conceito aplicável de multilateralismo passou por transformações, adaptando-se aos novos tempos e fazendo o viés institucional hoje conhecido tomar forma mais concreta. "Na segunda metade do século 19, ganharam vida muitas iniciativas institucionais, e não demorou muito até aparecessem os primeiras movimentos globais" (LOPES, 2020).

Com o século XX, ficou clara a necessidade de ações conjuntas entre Estados, de modo a suportar o fardo de duas guerras mundiais e qualquer outro desafio que surgisse no futuro.

Na conceituação elementar do multilateralismo, portanto, torna-se possível dizer que este é a ação conjunta de uma multiplicidade de Estados, sendo três ou mais – número inferior caracteriza em ações bilaterais, por óbvio –, de modo a solucionar problemas comuns, na seara internacional, que afetem diretamente os ali envolvidos.

É esse cerne de cooperação que intrinsecamente define o multilateralismo e o torna essencial no século XXI, onde os problemas se tornam cada vez mais comuns entre Estados e demais sujeitos internacionais:

> *Multilateralism can be defined as the practice of co-ordinating national policies in groups of three or more states, through ad hoc arrangements or by means of institutions. Since the end of World War II, multilateralism has become increasingly important in world politics, as manifested in the proliferation of multinational conferences on a bewildering variety of themes and an increase in the number of multilateral intergovernmental organizations from fewer than 100 in 1945 to about 200 by 1960 and over 600 by 1980 (KEOHANE, 1990, p. 731).*

Assim, ações de cooperação entre Estados – ou, até mesmo, com atores não-estatais – passam a ser mais valorizadas, visto que objetivam lidar com um problema comum que será mais bem resolvido em nível internacional, do que de modo regional e isolado. Nas mais diversas áreas de atuação, o multilateralismo se faz como força solucionadora de barreiras enfrentadas em comunidade, de certo modo, haja vista que a operacionalização individual não levaria a uma solução efetiva e que abrangesse cada aspecto envolvido.

> *Multilateralism refers to collective, cooperative action by states – when necessary, in cooperation with non-state actors – to deal with common challenges and problems when these are best managed collectively at the international level. Areas such as maintaining and promoting international peace and security, economic development and international trade, human rights, functional and technical cooperation, and the protection of the environment – amongst others – require joint action to reduce costs, and to bring order and regularity to international relations. Such common problems cannot be addressed unilaterally to optimum effectiveness (NEWMAN; THAKUR, 2006, p.531).*

Destarte, a coordenação de nível internacional é o que destaca o multilateralismo dos demais e anteriores dispositivos de tratativa de problemas, que agiam de maneira regional. Através da institucionalização, consolidam-se arcabouços compartilhados.

> *Mesmo assim, um entendimento que guarda relativo consenso é o de que o multilateralismo envolve um tipo de coordenação intencional e uma forma de interação entre os atores do sistema internacional visando respostas coletivas a problemas internacionais diversos. É um fenômeno condicionado por fatores contextuais, configurações de poder, normas e expectativas compartilhada se que tem como um de seus espaços institucionais os regimes e as organizações*

> *internacionais (JUNIOR; MORALES; PIRES; SCANTIMBURGO, 2019, p. 02).*

A concepção do multilateralismo está intrinsecamente ligada ao surgimento da Organização das Nações Unidas. A cumulação, logo após o término da Segunda Grande Guerra Mundial, em uma organização internacional cujo fim principal era promover a paz mundial e evitar a todo custo um novo conflito é concretamente a expressão do multilateralismo. Tem-se uma multiplicidade de Estados ao redor do globo, unidos por um fim comum e também a fim de promover ações cooperativas de proteção mundial.

## 2. Processo de Composição das Nações Unidas

### 2.1 A Liga das Nações: Primeira Iniciativa

O ideal de composição de uma organização de nível internacional não se fez presente apenas com o aparecimento da Organização das Nações Unidas, tendo sido concretizado com o surgimento da Liga ou Sociedade das Nações, em 1919.

Os contextos de instauração destas duas organizações foram muito semelhantes, porquanto ambas atrelam seu surgimento a um conflito beligerante. A Liga das Nações surgiu dos escombros deixados no continente europeu pela Primeira Grande Guerra Mundial, que ocorreu de 1914 a 1918. Neste instante, ante a necessidade de se impedir outro conflito desta magnitude, e com o ímpeto de se remodelar a ordem mundial tendo em vista o fim da guerra, é que a Liga das Nações surge.

> *A Conferência da Paz de Paris, em 1919, ofereceu a oportunidade de remodelar a ordem mundial e o Presidente dos Estados Unidos, Woodrow Wilson, embarcou em uma cruzada pessoal para a formação de uma "associação geral de nações", incluída entre os objetivos de guerra norte-americanos (Quatorze Pontos), com o propósito de fornecer garantias mútuas de independência política e integridade territorial tanto aos grandes quanto aos pequenos Estados (GARCIA, 2013, p. 18).*

Com a iniciativa do então presidente norte-americano, o pontapé inicial para a construção e estabelecimento da primeira organização de caráter internacional havia sido dado. Ainda que não envolvidos diretamente no conflito – visto que sua participação foi massiva na Segunda Grande Guerra –, os Estados Unidos tinham interesse em viabilizar a concretização da Liga das Nações e, ainda, financiar a reconstrução do continente europeu, que, atado, não tinha como se reerguer sozinho.

A Conferência da Paz, que tomou lugar em Paris, logo após o fim do combate, em 1919, foi o local de redação do Pacto instituidor da Liga das Nações (GARCIA, 2013, p. 20) e se mostrou o palco para o primeiro "disse-me-disse", já que potências menores não se viam representadas e Estados de maior força substantificavam seus interesses particulares (GARCIA, 2013, p. 20). Mesmo no meio de tudo isso, nos encaminhamentos finais de negociação, "(...) a proposta submetida ao plenário da Conferência incluía tanto as pequenas quanto as grandes potências do Conselho" (GARCIA, 2013, p. 21).

Era óbvio que o modelo de uma organização internacional se colocava como o mais adequado, de modo a unir o interesse de Estados soberanos que objetivam evitar a todo custo uma nova guerra em seu território, considerando que esta qualifica-se como uma "associação de estados (...) estabelecida por meio de tratado, possuindo constituição e órgãos comuns e tendo personalidade legal distinta da dos Estados-membros" (CASELLA, 2010, p. 414). Histórica e factualmente falando, é claro dizer que a situação voltou a ocorrer na Europa, dessa vez tomando maiores proporções, entretanto os líderes mundiais do início do século XX não tinham como saber da iminência de novo conflito. Assim, o objetivo primo da Liga das Nações era "(...) instituir um sistema de segurança coletiva, promover a cooperação e assegurar a paz futura" (GARCIA, 2013, p. 18).

Tendo este fito institucional, a Liga das Nações trouxe a relevância que uma organização internacional precisa ter no contexto em que está inserida. Por ter sido de interesse comum a uma pluralidade de Estados, a Primeira Grande Guerra Mundial, com todas as suas fatalidades, motivou o estabelecimento de uma espécie de manual de jogo, cujo intuito era repudiar veementemente um novo conflito bélico e, ainda, lidar com a "dança das cadeiras" que era a nova ordem mundial posta.

> *A instauração da Sociedade ou Liga das Nações (SdN), após a primeira guerra mundial, faz as organizações internacionais passarem a ter maior impacto na vida internacional. A SdN não nasceu abruptamente, mas resultou de projetos, cujo foco invariavelmente se punha em torno de mecanismos para assegurar a manutenção da paz, mediante instauração de sistemas mais ou menos utópicos de regulação da convivência organizada entre sujeitos de direito internacional, que, contudo, na*

> *época, não tiveram maior aceitação (CASELLA, 2010, p. 414).*

Entretanto, a efetividade da Liga foi colocada à prova e, em virtude de uma série de complicações, teve início seu longo período de desmonte. A primeira situação que ensejou perda de fidedignidade foi "(...) a recusa do Senado norte-americano em ratificar o Tratado de Versalhes, em 1920, o que afastou os Estados Unidos da organização sediada em Genebra" (GARCIA, 2013, p. 22).

Sem os Estados Unidos, houve redução do número de membros permanentes (GARCIA, 2013, p. 22), evidenciando mais uma vez o caráter fragilíssimo da estrutura da Liga das Nações. Mesmo com a adesão posterior de outros Estados de modo a tentar suprimir a lacuna deixada pela ausência norte-americana, as incertezas perduraram durante o período de sua existência e mostraram sua insuficiência para lidar com demais dilemáticas.

> *A invasão da Manchúria do Japão, em 1931, foi uma prova do fracasso da Liga das Nações. Condenado um ano e meio depois pelo ato de agressão, o Japão abandonou a organização. A Alemanha seguiu o mesmo caminho a 14 de outubro de 1933. Adolf Hitler, interessado apenas em armar seu país, usou uma série de pretextos para abandonar a conferência de desarmamento e ridicularizar a Liga das Nações (RAMME, 2020).*

A Liga da Nações, ainda que conquistados alguns feitos, mostrou-se como uma espécie de organização fantoche, uma vez que não serviu ao seu propósito inicial de garantir a paz no globo, com intuito de evitar que outro conflito bélico tomasse conta do mundo.

Assim, transcorrendo considerável lapso temporal, na década de 1930, e com aparente funcionamento pleno da Liga das Nações – que era mais um palco para atores do que um campo de efetivação de medidas protetivas – os eventos mundiais já caminhavam para a arquitetura da Segunda Grande Guerra Mundial. Países que formariam o "Eixo" foram se retirando aos poucos, como Japão, Itália e Alemanha (GARCIA, 2013, p. 23).

O fracasso, portanto, evidenciado pela Liga das Nações foi elemento essencial para que se culminasse um novo combate.

> *Com a eclosão de nova guerra mundial em 1939, a Liga praticamente deixou de funcionar, condenada ao descrédito por haver falhado em sua missão mais importante (manter a paz), até ser oficialmente desativada em abril de 1946 e seus arquivos e instalações transferidos às Nações Unidas (GARCIA, 2013, p. 25).*

Tendo permanecido tecnicamente ativa no período entre guerras, a Liga das Nações mostrou-se inapta para lidar com as dilemáticas internacionais borbulhantes no período, mas foi essencial para sedimentar a estrutura que estaria por vir com a Organização das Nações Unidas.

## 2.2 A Organizaçâo das Naçôes Unidas: O Caminhar Internacional Conjunto

Com o desenrolar da Segunda Grande Guerra Mundial, a Europa se via mais uma vez como palco para outro conflito bélico entre suas nações, havendo a polarização entre os grupos denominados de "Eixo", composto por Alemanha, Itália e Japão, e "Aliados", formados principalmente pela França, Reino Unido, União Soviética e os Estados Unidos.

Os Estados Unidos, por assim dizer, foram a grande força motriz por trás da concretização das Nações Unidas. Após o malogro da Liga das Nações, estava clara a necessidade de estabelecer uma organização internacional cujo foco principal deveria ser a mantença da paz mundial.

Uma mensagem dirigida ao próprio governo norte-americano nos tempos da guerra já evidenciava a necessidade por visão dos Estados Unidos da América em não se manter na inércia frente ao conflito que tomava conta na metade do século XX.

> *Na primeira parte de sua mensagem sobre o estado da União de 6 de janeiro de 1941, o Presidente norte-americano procurou demonstrar que os Estados Unidos, por razões de decência e de segurança nacional, não poderiam permanecer indiferentes diante do assalto à liberdade dos povos, que vinha sendo perpetrado pelos países do Eixo (Alemanha, Itália e Japão) (COMPARATO, 2010, p. 113).*

Ainda neste mesmo documento, Roosevelt salientou que o mundo deveria pautar-se em "quatro liberdades humanas essenciais" (COMPARATO, 2010, p. 113). Em suma, haveria de se ter garantida a liberdade de expressão, a liberdade religiosa, a liberdade econômica e a liberdade da guerra, de modo que este quadrilátero de liberdades seriam pilares para o futuro das Nações Unidas.

Pouco tempo depois insurgiu-se a Carta do Atlântico, instrumento que uniu os Estados Unidos da América e a Inglaterra no comprometimento comum em "(...) após a destruição da 'tirania nazista', a procurar estabelecer uma situação de paz em que todas as nações pudessem viver com segurança dentro de suas fronteiras, livres do medo e da miséria" (COMPARATO, 2010, p. 115).

Seguindo esta união manifestada entre Roosevelt e Churchill, foi elaborada a Declaração das Nações Unidas em 1942, que marcou o ponto inicial no processo de formação da ONU.

Ademais, iniciado o processo de reconstrução pós-guerra, a Conferência de Teerã reuniu Roosevelt, líder norte-americano, e Joseph Stalin, então líder da União das Repúblicas Socialistas Soviéticas (URSS) em 1943, justamente para se discutir a composição ideal dessa nova organização internacional. Neste contexto, Roosevelt fez alusão a um Conselho Executivo, uma Assembleia Geral e uma ideia inicial do Conselho de Segurança (COMPARATO, 2010, p. 116). Stalin fez suas ressalvas, que acabaram por serem consideradas para o estabelecimento da organização.

Em seguida, ainda no mesmo ano, foram apresentados dois projetos à Casa Branca, elaborados pelo Secretário de Estado Cordell Hull. Já nesta concepção, estavam novamente presentes os esboços da Assembleia Geral, além de uma Corte Internacional de Justiça e um Secretariado (COMPARATO, 2010, p. 117). Delineavam-se as linhas gerais do projeto de criação das Nações Unidas.

Ainda que desse passos promissores, o processo não estava perto de seu fim. Aconteceram mais duas reuniões importantes que foram fundamentais para estabelecer os parâmetros atualmente conhecidos. A primeira delas foi Dumbarton Oaks, em 1944, onde mais uma vez levantaram-se questões sobre "o escopo geral da organização, o funcionamento do Conselho de Segurança e a composição da Assembleia Geral" (COMPARATO, 2010, p. 118). Debates ocorreram entre as diferentes delegações dos Estados ali presentes, cumulando então na segunda reunião, denominada de Reunião de Yalta, cujo caráter mais privativo – visto que só envolvia Roosevelt, Churchill e Stalin – foi o pontapé final para a concretização da ONU.

> *Duas questões cruciais acerca das Nações Unidas foram debatidas durante essa reunião: o exercício do veto no Conselho de Segurança e o pretendido desdobramento da participação soviética na Assembleia Geral.*
> *Para surpresa geral, Molotov declarou abrir mão da exigência do veto incondicional no Conselho de Segurança. Foi mais além, e anunciou que os soviéticos haviam decidido reduzir sua participação na Assembleia Geral, de dezesseis repúblicas para apenas duas ou três; ou seja, além da Rússia, a Ucrânia, a Rússia Branca e a Lituânia (COMPARATO, 2010, p. 120).*

Encontrava-se finalmente rumo ao final de todo o processo mencionado. "A data fixada para a abertura da conferência foi 25 de abril, mas no dia 12 Roosevelt veio a falecer, sendo sucedido pelo Vice-Presidente Harry S. Truman" (COMPARATO, 2010, p. 120). Assim, em 1945, na cidade de São Francisco, nos Estados Unidos, foi aprovada a Carta das Nações Unidas, sedimentando definitivamente o estabelecimento da ONU.

## 3. ONU Aos 75: Crise no Multilateralismo e a Necessidade de Adaptação aos Novos Tempos – Uma Organização do Século XXI

A Organização das Nações Unidas chega aos seus setenta e cinco anos em um momento de extrema delicadeza. A sociedade global vive uma pandemia de gigantescas proporções causada pelo novo coronavírus, mudanças no paradigma de organização mundial e um questionamento acerca da necessidade do multilateralismo em meio a ondas nacionalistas que crescem cada vez mais.

Dessa forma, torna-se claro perceber que a sociedade perante a qual criou-se a ONU cessou em existir, ou seja, as mudanças ocorridas foram numerosas e fizeram com que a disposição global passasse por mutações e levasse a construção da ordem mundial que atualmente se observa.

> *A sociedade em que foi amoldada a ONU não existe mais. Da concepção do Direito Internacional Clássico até nossos dias, ocorreram várias transformações: passou-se por uma reformulação da ordem internacional no mundo Pós-Segunda Guerra, de onde emergiram novos atores centrais com a multiplicação dos Estados e a afirmação das organizações internacionais; ampliaram-se os temas da agenda internacional; novos atores como ONGs e instituições transnacionais passaram a invocar direitos e cobrar deveres no plano internacional, consubstanciaram-se novos mecanismos de aplicação das regras jurídicas como jurisdicionalização da sociedade internacional; estabelecem-se novos paradigmas nas relações internacionais que passam a imprimir uma transmutação de regras entre os poros e fissuras na película de soberania dos Estados e, em razão disso tudo, ampliam-se as fontes de produção normativa no plano internacional (MENEZES, 2010, p. 221).*

A Organização, portanto, clama por um processo de reforma, que faça adequar seu aparato estabelecido em 1945 aos dias contemporâneos do século XXI.

Salienta-se, entretanto, que não é a primeira vez que se vislumbra a hipótese de reforma. Inicialmente, o ex-Secretário-Geral da ONU, Kofi

Annan, defendeu que as Nações Unidas precisavam passar por processo de adaptação aos novos tempos. Em 1997, ele "iniciou sua agenda da reforma com uma visão ousada" (MENEZES, 2010, p. 221), propondo o documento intitulado de *"Renewing the United Nations: a Programme for Reform"*. O momento histórico vivido contribuía para os questionamentos acerca do futuro da ONU, uma vez que o fim da Guerra Fria e a verificação de não cumprimento de fundamentos essenciais das Nações Unidas se colocaram como questões definidoras de reexame.

> *O objetivo central da proposta seria diminuir o espaço entre a aspiração e o cumprimento da missão da ONU, com novas estruturas, fundos e distribuição dos cursos, face à precária situação financeira à época, para o fim de aumentar a eficiência institucional da organização, sem alterar o acesso dos membros, na forma de comitês executivos (...) (MENEZES, 2010, p. 221).*

Os esforços iniciais de Kofi Annan e a proximidade do novo milênio despertaram o anseio renovador no cerne da organização. Na Cúpula do Milênio, realizada em 1999, buscava-se procurar as respostas para os dilemas que a iminência de um novo século trazia e o papel das Nações Unidas nesse contexto.

Chegou-se ao consenso do restabelecimento de valores considerados essenciais para o desenvolvimento da organização e, ainda, o atingimento de metas para cuidar de dilemáticas como a erradicação da pobreza e o desenvolvimento humano (MENEZES, 2010, p. 223).

Com a Declaração do Milênio, advinda das discussões efetuadas na Cúpula, outros pontos foram levantados e dados como importantes:

> *A Declaração do Milênio encerra com a necessidade do fortalecimento da ONU como instrumento efetivo para cumprir com suas prioridades, com a intensificação dos esforços para cumprir com uma reforma compreensível do Conselho de Segurança em todos os seus aspectos; fortalecer o Conselho Econômico e Social; a Corte Internacional de Justiça; encorajar maior coordenação entre os órgãos da ONU e suas agências; dar maior oportunidade à sociedade civil, organizações não governamentais, setor privado (MENEZES, 2010, p. 224).*

Em seguida, surgiu o segundo pacote de reformas, pouco tempo depois da realização da Cúpula do Milênio. No ano de 2002, "(...) a Assembleia Geral, por relatório do Secretário-Geral, lançou o segundo grande pacote de reformas ainda necessárias, como de seus órgãos intergovernamentais" (MENEZES, 2010, p. 226). Intitulado de "*Strengthening of the United Nations: an Agenda for Further Change*":

> *O relatório atesta para a necessidade de novas medidas para melhorar a organização dos trabalhos nesta área: a capacidade da Organização das Nações Unidas para ajudar países na construção de instituições fortes de direitos humanos; o sistema de procedimentos especiais será revisto a fim de simplificá-lo, com vista a torná-lo mais eficaz, garantindo uma maior coerência; da mesma forma à Comissão de Direitos Humanos e a necessidade de manter firmemente a sua tarefa de promover melhores padrões de direitos humanos em todo o mundo. Também quanto a reestruturação do Departamento de Informação Pública; à prestação de melhor serviço aos Membros; aumentar a coordenação entre as partes componentes da Organização e o público em geral (MENEZES, 2010, p. 226).*

Dando continuidade as discussões de adequação das Nações Unidas, o Relatório do Grupo de Alto Nível sobre Ameaças, Desafios e Mudança, de 2004, objetivou por trazer panoramas de mudanças e, consequentemente, reformas institucionais no palco da ONU.

> *Annie-Marie Slaughter explica que o Relatório do Grupo de Alto Nível oferece uma profunda mudança por nada além de (re)concepção de segurança, solidariedade e até mesmo da soberania. Primeiramente, propõe que a ONU, uma Organização inicialmente fundada sobre o comprometimento com a proteção da segurança estatal, deve agora subordinar a segurança estatal à segurança humana. Em segundo, a segurança humana redefine o conceito de solidariedade. Como seres humanos, todos buscamos viver em dignidade, livres de medo e livres para desejar. Não se pode ter a prosperidade garantida, mas ao menos a saúde e educação necessária para lutarmos por isso. Pode-se garantir respeito mútuo, a promessa de que nem políticos nem líderes étnicos ou religiosos declararão algum grupo, classe ou nação como inferiores aos seres humanos (MENEZES, 2010, p. 227).*

Nasce aqui a ideia de desvinculação do ideal armamentista e beligerante que se viu desde a fundação das Nações Unidas em 1945. Fruto de um processo de guerra, de concepções de Aliados e Eixos, torna-se necessário, de certo modo, atualizar as matrizes que dão vazão à ONU.

Considerando o todo exposto, em 2005, Kofi Annan retoma as tratativas de reforma no seio da ONU e apresenta um relatório de nome "Um conceito mais amplo de Liberdade: Desenvolvimento e Direitos Humanos para todos" (MENEZES, 2010, p. 237). Neste documento, apresenta-se uma tríplice aliança cuja base é a segurança, os direitos humanos e a liberdade.

Com o passar dos anos, contudo, tão somente se vislumbraram adoções de medidas e propostas intervencionistas na sociedade global, sem que as Nações Unidas fizessem o reexame necessário sobre sua atual estrutura. O mundo do século XXI passou por transformações que os anos e os séculos anteriores não previam. As ondas nacionalistas, a reivindicação da soberania, a retomada do pensamento unilateral foram apenas alguns dos aspectos vislumbrados e que colocam em dúvida a sobrevivência do multilateralismo.

> *Assim, a existência de um descompasso entre uma realidade que exige mecanismos atuais e a estrutura existente de uma organização da qual se espera respostas e resultados, justifica a abertura de um processo de discussão sobre a reforma que possa permitir que a ONU continue sendo a organização dos povos unidos e a cumprir as funções que lhe foram incorporadas pela sociedade internacional após a sua institucionalização (MENEZES, 2010, p. 220-221).*

Fica evidente a necessidade, pois, de reforma.

O multilateralismo adotado pelas Nações Unidas ainda é considerado como exclusivo para o seleto grupo de Estados que, na época da Segunda Grande Guerra Mundial, se encontrava ao lado dos Aliados e os também eram. Os países que formaram o bloco vencedor neste conflito bélico ditaram todo e qualquer pormenor da estrutura orgânica da organização, sem, por exemplo, deixar espaço para Estados considerados como "inferiores" a época dos fatos.

Tal temática é concretamente observada no Conselho de Segurança da ONU, porquanto só alguns países têm o poder de veto a ele intrínseco. São eles os Estados Unidos da América, o Reino Unido, a França, a China e a Rússia. Através deste monopólio do poder a eles inerente, o Conselho de Segurança se torna palco para verdadeiros dramas e discussões, onde os Estados vetam ações que consideram lesar interesses próprios, desviando por completo do valor essencial e primo outrora posto. Um exemplo disso foi a utilização do veto no contexto da Guerra Fria, quando Estados Unidos e a então União Soviética proferiam incontáveis nãos acaso fosse trazido algum dilema que lhes prejudicasse e contrariasse.

O veto no Conselho de Segurança se coloca como uma das principais dilemáticas objeto de discussão com relação às reformas da ONU, pois, como já anteriormente mencionado, este se concentra nas mãos de apenas cinco Estados.

O que se constata, primeiramente, é a não impossibilidade de se realizar uma reforma no Conselho de Segurança no que concerne ao poder de veto; de fato, só será difícil de ser feita. Afinal, dificilmente os Estados que o detêm facilitarão a reforma, haja vista que se utilizam para garantir seus interesses na esfera da ONU.

Aboli-lo parece uma hipótese fora de cogitação, uma vez que, conforme apontado, o Conselho de Segurança, e de modo consequencial, a Organização das Nações Unidas, sem o poder de veto se tornaria apenas a Liga das Nações, organização anterior e que se provou infrutífera em conter dilemas internacionais (ALJAZEERA, 2014).

Conforme discussões realizadas em uma entrevista (ALJAZEERA, 2014), observaram duas opções distintas. Para Carne Ross (ALJAZEERA, 2014), anular o veto ou ampliar o rol para incluir outros Estados é impossível.

Dessa forma, ao invés de ampliação, propõe que se tragam as partes envolvidas no conflito específico discutido para o Conselho de Segurança, de forma que se tenha um verdadeiro *insight* no ocorrido, e evitando a tomada de decisões precipitadas.

Em contrapartida, para Ghassan Shabaneh (ALJAZEERA, 2014), o veto deve ser transferido do Conselho de Segurança para o seio da Assembleia Geral, objetivando a garantia de participação igualitária dos demais Estados. Há uma primazia pela democratização da estrutura orgânica da organização, que ainda continua centrada nas mãos dos países idealizadores do grupo dos Aliados no período da Segunda Grande Guerra Mundial. Por esta visão, a ONU deve andar de mãos dadas com a contemporaneidade.

Para a visão desta autora, a reforma do Conselho de Segurança é essencial para a sobrevivência e, consequentemente, o futuro da Organização das Nações Unidas. Há uma questão clara de problema de representatividade. Por ser uma organização internacional e, doravante, multilateral, façamos com que se registre concretamente o multilateralismo, mesmo que já presente, e tornemos mais latente.

Além disso, o multilateralismo, como já dito, sofre uma crise mundial, visto que Estados estão convencidos de que os avanços até agora alcançados não bastam e preferem retornar para suas visões soberanas *à la* Luís XIV, que proferiu a célebre frase *"L'État c'est moi"*, na empáfia de exercício do poder soberano europeu.

Os Estados Unidos se colocam como um dos principais propagadores do movimento. Bonés vermelhos com dizeres nacionalistas fazem disseminar esse ideal de retrocesso, onde é mais favorável tomar conta do próprio nariz e deixar que o resto da comunidade internacional se ajeite. Um dos exemplos mais fidedignos a este pensamento nacionalista, que refuta participação na ordem global e, consequentemente, nas organizações internacionais que ela implica, foi o questionamento sobre o seu financiamento.

Essa postura arcaica coloca em jogo e abala a estrutura das Nações Unidas, uma vez que Estados começam a questionar o arcabouço que seria responsável por salvaguardá-los. A cooperação internacional entre os múltiplos atores inseridos na ordem global é extremamente necessária para a sobrevivência de cada Estado inserido na realidade multilateralista. Vive-se e um século em que a palavra-chave é a cooperação, intrínseca ao multilateralismo, e não o isolamento.

É inegável que a estrutura da Organização das Nações Unidas que se vislumbra hoje é falha e precisa se adaptar aos novos tempos. Entretanto, refutá-la, e, consequentemente, refutar o multilateralismo é um retrocesso absoluto, no qual se joga a comunidade internacional ao limbo no qual anteriormente se vivia.

A Organização das Nações Unidas (ONU) é uma organização do século XX. De qualquer modo, a humanidade vive no século XXI, e a estrutura estabelecida no pós-guerra fluiu e mudou. As polarizações mais uma vez ocorrem, os poderes mais uma vez passam de mãos e crises mundiais mudam os ditames que foram estabelecidos antigamente. Assim, precisa-se de uma ONU que reflita o século XXI, agregando diferentes perspectivas.

## Considerações Finais

O multilateralismo como instrumento de coordenação e cooperação entre Estados, de modo coletivo, para a solução de questões comuns é manifestadamente vista na composição da Organização das Nações Unidas. O surgimento de uma organização internacional é de forma concreta uma expressão do multilateralismo.

Das primeiras tentativas com a Liga das Nações, verificaram-se falhas e sucessos. A iniciativa foi bem-sucedida no aspecto de mostrar a possibilidade de concretização de uma organização de nível internacional, ainda que dando seus primeiros passos timidamente. E insucessos no que diz respeito a sua firmação quanto organização, uma vez que mesmo os norte-americanos como idealizadores falharam em ratificar o Tratado de Versalhes. Mesmo que o intuito primo fosse de se manter como mantenedora da paz mundial, vislumbrou-se uma organização fantoche e que foi desmontada em momento posterior, na década de 1930, com a eclosão de novo conflito bélico mundial.

Entretanto, com o passar dos anos, não se viram reformas na estrutura orgânica inicialmente estabelecida na Organização das Nações Unidas. Projetos apareceram, mas foram desconsiderados displicentemente. Aos setenta e cinco anos, a organização passa por um clara crise de adequação aos tempos modernos, porquanto engessada no século XX. O questionamento atual por alguns Estados da necessidade do multilateralismo e a reivindicação do nacionalismo exacerbado que leva ao fechamento de fronteiras colocam a pergunta de realmente verificar se o alinhamento a uma organização internacional é benéfico. É claro que a resposta é positiva, entretanto é inegável que adequações precisam ser feitas.

O multilateralismo onusiano é garantido a todos, contudo tem uma clara preponderância ao seleto grupo de Estados que compuseram sua formação inicial e, doravante, são os membros que compõem e detêm o poder de veto no seio do Conselho de Segurança. Não se trata de abolir esse poder, e sim torná-lo acessível aos demais Estados, lhes garantindo a oportunidade de se impor nas questões que lhes dizem respeito.

Portanto, essa série de posturas arcaicas coloca em risco a estrutura onusiana. Verifica-se ser imprescindível que a Organização das Nações Unidas reflita o século XXI.

**Referências Bibliográficas**

ALJAZEERA. **United Nations: Time for reform? The crisis in Ukraine casts a spotlight on the work of the UN Security Council**. Disponível em: https://www.aljazeera.com/program/episode/2014/3/6/united-nations-time-for-reform/. 25:30.

CASELLA, Paulo Borba. **Manual de Direito Internacional Público**. 18. ed. São Paulo: Saraiva, 2010.

COMPARATO, Fábio Konder. IV Conferência Nacional de Política Externa e Política Internacional – IV CNPEPI "O Brasil no mundo que vem aí". "**A Organização das Nações Unidas no Quadro da Futura Sociedade Política Mundial**". In Reforma da ONU. Brasília: FUNAG, 2010. p. 113/142.

GARCIA, Eugênio Vargas. **Conselho de Segurança das Nações Unidas**. Brasília: FUNAG, 2013. Disponível em: http://funag.gov.br/loja/download/1075-conselho%20-seguranca-das-nacoes-unidas.pdf.

JUNIOR, Haroldo Ramanzini; MORALES, Daniel; PIRES, Marcos Cordeiro; SCANTIMBURGO, André. **Apresentação: Crise do Multilateralismo**. Revista do Instituto de Estudos Econômicos e Internacionais, v. 2, .n. 3, p. 2-5, 2019. Disponível em: https://ieei.unesp.br/index.php/IEEI_MundoeDesenvolvimento/issue/view/4.

KEOHANE, Robert O. **Multilateralism: An Agenda for Research**. International Journal, vol. 45, no. 4, 1990, pp. 731–764. JSTOR. Disponível em: https://www.jstor.org/stable/40202705.

LOPES, Dawisson Belém. Encruzilhadas do Multilateralismo. **UFMG – Universidade Federal de Minas Gerais**, Belo Horizonte, 29 set. 2020. Disponível em: https://ufmg.br/comunicacao/noticias/encruzilhadas-do-multilateralismo.

MENEZES, Wagner. IV Conferência Nacional de Política Externa e Política Internacional – IV CNPEPI "O Brasil no mundo que vem aí". **"Reforma da Organização das Nações Unidas: Perspectivas & Proposições a Partir do Direito Internacional"**. In Reforma da ONU. Brasília: FUNAG, 2010. p. 211/268.

NEWMAN, Edward; THAKUR, Ramesh; TIRMAN, John. **Multilateralism under challenge? Power, international order, and structural change**. United Nations University, 2006, p. 531. Disponível em: https://collections.unu.edu/eserv/UNU:2470/pdf9280811290.pdf.

RAMME, Oliver. 1946: Fim da Liga das Nações. **DW.** Disponível em: https://www.dw.com/pt-br/1946-fim-da-liga-das-na%C3%A7%C3%B5es/a-306975.

# GLOBAL VACCINATION FOR ALL

*Daniel Freire e Almeida* [1*]

*Verônica Scriptore F. Almeida* [2**]

## Introduction

The new context created by the global spread of the new coronavirus has presented complexities in humanitarian, economic, global public health, and global vaccine coverage[3].

First, the humanitarian emergency heightened by rampant contamination in virtually the entire planet, brutally impacted the health of millions of people, overloading the effective supply of health services, culminating in the death of more than four and half million people.

---

[1] * **Daniel Freire e Almeida:**
-Postdoctoral researcher at Georgetown University (Washington-DC- USA) (2015-2017).
-Ph.D. in International Law, Faculty of Law, Coimbra University (Portugal- EU).
-Professor at Catholic University of Santos (Brazil) - Ph.D. and Master's Program.
-Professor and International Lawyer.
-E-mails: lawyer@adv.oabsp.org.br , da616@georgetown.edu .

[2] ** **Verônica Scriptore F. Almeida:**
-Ph.D. in Economic Law, Faculty of Law, Coimbra University (Portugal- EU).
-Masters in Economic Law, Faculty of Law, Coimbra University (Portugal- EU).
-Professor at Universidade Santa Cecília (Brazil) - Master's Program in Health Law.
-Professor and International Lawyer.
-E-mail: veronicascriptore@adv.oabsp.org.br .

[3] This chapter is based on our article: FREIRE E ALMEIDA, Daniel; SCRIPTORE, Verônica F. Almeida. Necessidades Emergenciais de Vacinação Global: Em Todos os Países, para Todas as Idades. 2021, 19p.

Nevertheless, approximately two hundred million people have been infected, with consequences and sequels still being borne everywhere.

In turn, the economies of the countries were directly affected, due to the decrease in commercial, industrial and services activity, with significant social repercussions. Under this new scenario, the States started to suffer the negative consequences in their economic indexes imposed by the fundamental social distance and other sanitary measures. Adding to the context of limitations is the need to demand from people, on trips, contamination tests, and the so-called vaccine passport.

In turn, the Law came to be called upon to respond to the new context, due to the legal limitations necessary to contain the spread of Covid-19 and its new variants, as well as the consequences arising from the new human needs facing the new coronavirus.

Therefore, in attention to the topic of vaccination, we will present in the first point of this chapter, arguments about the emergency need for global vaccination due to its impacts on health, economy, and law.

Then, in the next point, we will focus our efforts on the urgent requirements for diffuse immunization coverage in all parts of the world. As a result, we will discuss the international registries of confirmation of vaccines, and their implications for global circulation and for reducing the spread of new variants.

Finally, in the final part of the chapter, we will focus our attention on the main points that suggest that vaccination should also reach the children of the planet, initially neglected by countries.

Therefore, from the points raised, we hope to contribute to the analysis and positive treatment of this global humanitarian emergency triggered by Covid-19.

In the same sense, we intend to establish guidelines with a view to overcoming the current context entangled by the new coronavirus through global vaccination, in all countries, and for all ages.

## 1. Impacts on Health, Economics and Law

The emergency needs, at this time of global challenges, indicate paths to the urgency of global vaccine coverage. Indeed, for more than a year and a half, the world at large has been facing the different repercussions of Covid-19.

Even though different segments have been pointed out by people, countries, and companies, we list, hierarchically, brutal impacts being globally received in the fields of health, economy, and law.

In this sense, in the global health sector, the scenario is of a public emergency. Humanity accumulates more than 4,5 million deaths caused by the new coronavirus, bringing profound repercussions for people and families around the world (WORLDOMETER, 2021). Family nuclei were shattered everywhere, resulting in more social challenges. In turn, thousands of children and adolescents have lost their parents, or one of them, with consequences that will be felt in the coming years and decades.

Human impacts are also affected by the huge number of infections by the new coronavirus, with its different variants, surpassing more than 214 million cases on the planet (WORLDOMETER, 2021). In addition to dissemination, the contaminated have suffered the sequelae of Covid-19, with prolonged treatments, with the use of drugs, equipment, supplies and growing hospital needs involving beds, hospital complexes and health professionals (EVANS et al, 2021, p . 20).

On this point, most survivors of a hospital admission with Covid-19 do not fully recover even after five months of infection, with a substantial impact on physical and mental health, as well as work performance. Scholars highlight the need for a proactive approach to clinical follow-up, with a holistic assessment to include mental and physical health symptoms, with broad access to hospital services (EVANS et al, 2021, p. 1-40).

Thus, the pressure on public and private health systems, everywhere, is perceived, with a significant increase in care and resources destined to Covid-19's treatment and rehabilitation. As a result, other diseases went untreated, leading to more deaths, illnesses, and sequelae.

In response to this problem, entities have sought to keep their attention to other health emergencies, as highlighted by UNICEF (2021), in these words:

> *Despite the intense pressure on staff and systems and unprecedented disruptions to global freight networks in 2020, UNICEF maintained its regular supply operations for children and continued responding to ongoing, concurrent emergencies, beyond COVID-19. Working with governments, partners and suppliers, UNICEF reached children and communities affected by protracted conflicts, displacement and outbreaks with the supplies they need to survive and recover throughout the year.*

Also in this health segment, we must highlight the difficulty of health systems across the planet in responding adequately to the challenges posed by the huge number of infected people. Health system collapses were evidenced in different parts of the world, including developed countries. In the Brazilian case, the city of Manaus exemplified the difficulties encountered, with lack of ICU beds, lack of equipment, especially respirators, lack of oxygen, and lack of qualified professionals for the required activities (MÉDECINS SANS FRONTIÈRES, 2021).

In the background, the economic impacts were and continue to be brutal. Even though we consider that the primacy of seeking to overcome the health crisis should be reinforced and placed in the foreground, we cannot fail to consider that the decrease in economic activity triggered a scenario of global difficulties. Initially verified in China, with the closing of the entire economic segment, aiming to reduce the spread of the new coronavirus, the country absorbed a decrease in its GDP, leading the world to feel the first economic repercussions, due to the interdependence of all its global trade partners. It did not take long for the spread to be global, with the international economic retraction evidenced (WORLD BANK, 2020).

In this order, the world began to face growing unemployment in all sectors, especially in industry and services that required the presence of workers. Salary reductions and constant price increases have reduced the acquiring and purchasing capacity of a large part of the global population. Thousands of company closures, leading to judicial reorganizations and bankruptcies have been constant. To respond to these challenges, governments around the world, with different approaches, sought to present economic recovery plans to minimize the socioeconomic impacts arising from Covid-19 (INTERNATIONAL MONETARY FUND, 2021).

In this line, government aid was also disparate, finding greater relevance in the United States of America, the United Kingdom, and the European Union. In the Brazilian case, government aid has been late and insufficient. In other words, the aid, in fact, being insignificant, led to the continuation of the movement of people, eager to maintain or even search for economic resources for survival, since emergency aid is not sufficient for the complete stoppage of the activities of a family, culminating in more cases and more deaths.

Beyond this point, the constant pressure of various commercial segments for the economic opening of society, triggered successive openings and closings, with cases being registered. Restrictions also led to disruptions in supply chains across all segments, locations, and economic sectors. As a result, the decrease in offers increased inflation, with economic indices at unprecedented levels.

Thirdly, the legal sector started to face challenges with the provocation of the judicial system to respond to individual, collective, governmental, and political actions. The reasons include the need for individual and collective limitations, restrictions on days and times for commercial openings and closings, local, regional, national, and international circulation limitations, individual responsibilities in the use of protective masks to prevent the dissemination of Covid -19, for public responsibilities for the absence of effective plans, or even plans to contain and overcome the new coronavirus. In the same sense, issues involving the acquisition of supplies and equipment for medical and hospital treatment were highlighted, the fight for vacancies in beds and in ICUs, the corruption that is constantly reported, corruption that is constantly reported, the deaths, the consequences, and cases that lead to working clearances, among other topics.

In this legal context, we cannot forget the slowness, as well as the complexity involved in the vaccine response, in general in the world, especially in Brazil. This is because, in Brazil, national vaccine campaigns, on the contrary sense, were relegated to the last order, with constant mentions in the political scenario due to the technical insecurity of the vaccine, leading, alternatively, to national guidelines for the defense and advertising of inefficient treatments against Covid -19, as dewormers, such as the so-called “early treatment”, the “Covid kit”, and hydroxychloroquine.

On this point, it is worth mentioning that, since June 17, 2020, a point that could demystify the issue in Brazil about treatments with hydroxychloroquine was announced by the WHO. According to the “Solidarity Trial”, evidence has determined the discontinuation of the use of hydroxychloroquine as an effective treatment for Covid-19. According to the Group, the decision was based on large-scale randomized evidence from studies, as well as a review of published evidence available from other sources, which showed that hydroxychloroquine "did not reduce mortality for hospitalized COVID-19 patients" (WORLD HEALTH ORGANIZATION, 2020).

Still in the legal context, other topics have provoked the judiciary, such as the imbroglio involving the renewal and reform of private contracts due to economic indices reaching very high levels. Likewise, layoffs were reported, even after the companies received government aid, and impositions of labor health risks due to pressure to return to work activities in conditions that put the employees and publics involved at risk.

For all that has been glimpsed, the truth is that the planet, at the same time, faces the greatest challenge in our recent history. In fact, Health became the order of the day of global concerns, specifically in the case of the new coronavirus pandemic.

Therefore, the impacts caused by the pandemic affect all segments of global society in a diffuse way, leading the various international organizations, countries, companies and, above all, people to devote greater care to health challenges, both nationally , as in the international segment.

Thus, the voices for global health solutions to fight and overcome Covid-19 grow, with an emphasis on global vaccination.

It is on this point that we will discuss in the next item.

## 2. Global Vaccination for All

Restricting ourselves now to the contours of the need for global vaccination, we should mention that the international community has been seeking to develop new tools and guidelines to prevent, improve and address the different global health needs, with an emphasis on confronting the coronavirus.

Along the same lines, several distinguished scientists are devoting their attention to health and sanitation issues from the perspective of their areas of expertise. Within this context, and due to the brutal reality provided by the dissemination of the coronavirus, countless health sectors have directed efforts towards the creation of new protocols, medicines, research, new rules, measures to overcome the health and economic impact of the profound effects caused by the pandemic. In brief illustration about this, researchers, laboratories, research centers, hospitals, companies, health professionals, governments, Health Trusts, among others, seek to present solutions that help in overcoming this entangled problem that arises.

Therefore, undoubtedly, the vaccine emerges as the best technique to overcome Covid-19.

In other words, with attention focused on the necessary primacy of health, the vaccine presents itself as the best solution to minimize and overcome the challenges, and economic and legal impacts listed above.

It is important to emphasize here that, in general, vaccines developed against Covid-19 produce protection against the disease, as a result of an increase in an immune response to the SARS-Cov-2 virus. However, it is equally important to consider that the development of immunity through vaccination means that there is a reduced risk of developing the disease, including its consequences. Said immunity helps to fight the virus. In fact, vaccinated people can also protect people around them, because if they are protected from infection and disease, they are less likely to infect others. This is particularly important to protect people most at risk, in principle, of serious illnesses caused by Covid-19, such as health professionals, older adults and people with other medical conditions (WORLD HEALTH ORGANIZATION, 2021).

In fact, as a result of the global sanitary emergency established, in record time, the vaccine solution against Covid-19 was presented in December 2020, with the first mass vaccination program.

Currently, thirteen different vaccines are available globally, as reported by the WORLD HEALTH ORGANIZATION (2021), in these words:

> *The Pfizer/BioNtech Comirnaty vaccine was listed for WHO Emergency Use Listing (EUL) on 31 December 2020. The SII/Covishield and AstraZeneca/AZD1222 vaccines (developed by AstraZeneca/Oxford and manufactured by the State Institute of India and SK Bio respectively) were given EUL on 16 February. The Janssen/Ad26.COV 2.S developed by Johnson & Johnson, was listed for EUL on 12 March 2021. The Moderna COVID-19 vaccine (mRNA 1273) was listed for EUL on 30 April 2021 and the Sinopharm COVID-19 vaccine was listed for EUL on 7 May 2021. The Sinopharm vaccine is produced by Beijing Bio-Institute of Biological Products Co Ltd, subsidiary of China National Biotec Group (CNBG). The Sinovac-CoronaVac was listed for EUL on 1 June 2021.*

However, on the other hand, vaccination coverage has been carried out at different speeds around the world. First, we must highlight that 32.7% of the world population received at least one dose of vaccine against Covid-19. In turn, 24.6% are fully immunized. Also, 5 billion doses have been administered globally.

The map (next page) represents, in a darker illustration, the largest offers of complete immunization.

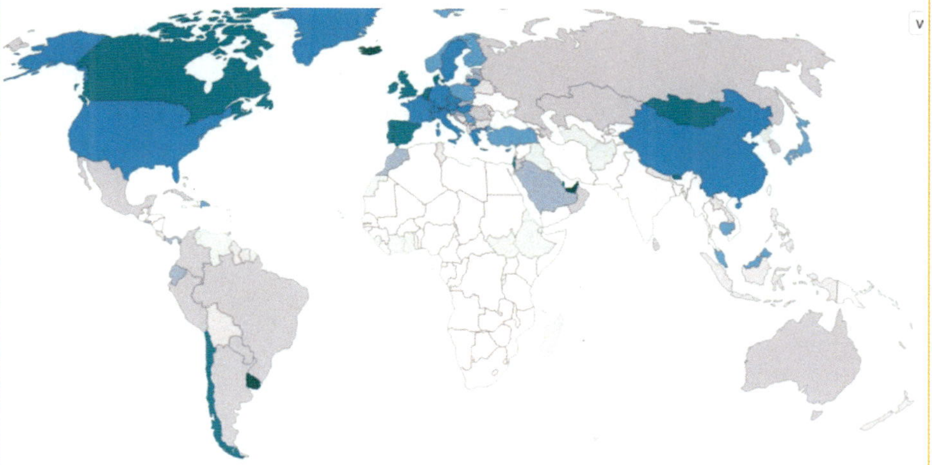


Figure 1: Portion of people who received full immunization against Covid-19, last updated August 24, 2021 (OUR WORLD IN DATA, 2021).

Notwithstanding what we have just illustrated, it should be noted that only 1.4% of people in low-income countries received at least one dose. It is a context that denotes that global vaccination is still far away.

Even considering that nearly a quarter of the global population is fully vaccinated (24.6%), and that approximately 33.56 million doses are administered each day, the current scenario makes a global vaccination far away, everywhere and for all ages, such as we advocate.

In continental comparisons, on COVID-19 vaccine doses administered by continent, we can point out that there is an abysmal distance between the Africa (1.84%) and North America (10.89%), Europe (14.46%), South America (6.66%), Asia (65.73%) and Oceania (0.42%), represented by the graph on the next page.

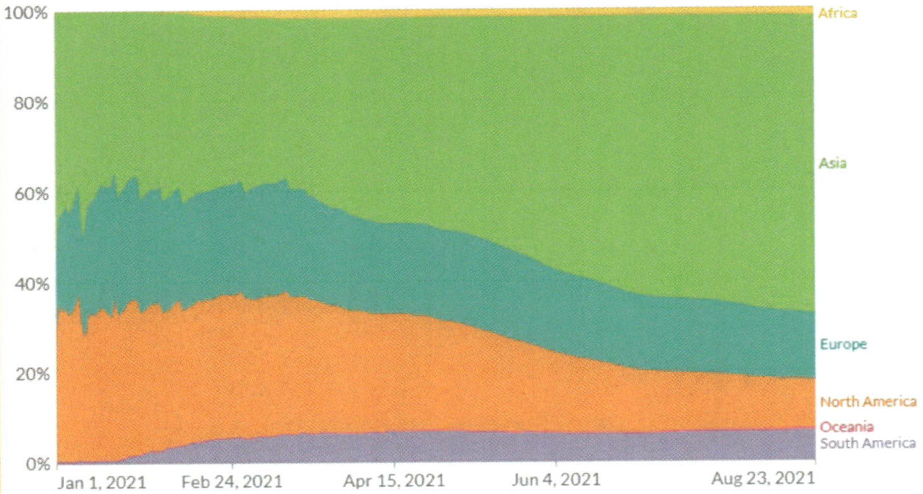


Figure 2: Graph with the representation of continents, with COVID-19 vaccine doses administered by continent, last updated on August 23, 2021 (OUR WORLD IN DATA, 2021).

It is therefore timely and necessary to appreciate in this regard that the representations illustrated above portray the challenge that arises in the search for global vaccination. In our perspective, only with global vaccine coverage we can overcome health impacts, reaffirm our human sensitivity, stop virus mutations, overcome economic challenges, and reduce the legal impacts raised by Covid-19.

In this context, Brazil, in particular, has been assimilating negative results in public health, illustrated by the large number of deaths (more than 580 thousand), in the economy, with retraction in GDP, in employment rates, in commercial, industrial, and service activities in person, and in the legal segment, with the constant need for restrictions on circulation and the provision of services provided in loco.

For the same reasons explained above, only with the vaccination coverage of the Brazilian population it will be possible for the country to save more lives, and therefore resume the economy.

In the context of global initiatives to offer vaccines, the World Health Organization-WHO has been seeking to make leadership efforts in this regard. For that, in April 2020, at a digital event co-organized by WHO, the Director General launched the "ACT-Accelerator" (Access to Covid-19 Tools Accelerator), a collaboration to accelerate the development, production and equitable access to vaccines, diagnostics and therapies for COVID-19 (WORLD HEALTH ORGANIZATION, 2020b).

In terms of the focus of our chapter, a key part of the vaccines pillar is the "COVAX Facility", a mechanism designed to ensure rapid, fair, and equitable access to Covid-19 vaccines around the world, and which has ensured the involvement of more from 150 countries, representing more than 60% of the world's population. In particular, seventy-five countries expressed interest in financing vaccines from their own public finance budgets and in partnership with up to 90 low-income countries that could be supported through the "COVAX Advance Market Commitment" (WORLD HEALTH ORGANIZATION, 2020c) .

It is therefore timely and necessary to highlight that, in this topic, the WHO, on the occasion of the 73rd World Health Assembly, the first to be held virtually, adopted a historic resolution to unite the world in combating the Covid-19 pandemic, co-sponsored by more than 130 countries, and adopted by consensus (WORLD HEALTH ORGANIZATION, 2020d). Indeed, the resolution calls for intensified efforts to control the pandemic, recognizes the role of extensive immunization against Covid-19 as a global public good for health, and advocates for equitable access and fair distribution of all technologies and health products, essentials to fight the virus. In fact, the mentions are essential to face the challenge that is posed, especially in the global supply of vaccines.

Also, within this segment of leadership exercised by the WHO, it is relevant to point out that thirty countries and several international partners and institutions launched, in May 2020, the Covid-19 Technology Access Pool (C-TAP), an initiative to make vaccines, tests, treatments and other health technologies to combat Covid-19 accessible to all. Under the terms outlined, the C-TAP seeks to provide a one-stop shop for the equitable sharing of scientific knowledge, data, and intellectual property, which are essential to overcome the problem (WORLD HEALTH ORGANIZATION, 2020e) more quickly.

In view of this last point, of intellectual property, the world carefully evaluates initiatives in search of more flexible patents, arising from the TRIPS Agreement (Trade-Related Aspects of Intellectual Property Rights). Recently, the issue gained enormous repercussion due to the support of the President of the United States of America, Joe Biden, in negotiating an exemption from the TRIPS Agreement for vaccines related to Covid-19 at the World Trade Organization (WTO).

The historic US decision is in line with the arguments of many developing countries that the rules that require countries to protect patents and other forms of intellectual property are an obstacle to increasing the production of vaccines and other products needed to combat the new coronavirus pandemic.

However, the issue is controversial, leading to contrary actions, such as that of the European Union, which presented a plan to the World Trade Organization with the objective of expanding the production of vaccines against Covid-19. For the EU, this would be a faster and more targeted solution to the unequal global distribution of vaccines compared to the US-backed IPR waiver proposal.

However, even considering the European alternative, there is a basic instinct for nations to put their own populations first, revealing a nationalism of vaccines. Also, we have seen a shortage of manufacturing and distribution capacity around the world, culminating in the calamity in which we find ourselves globally. So, we need to save lives.

In this line, in our position, in order to achieve the goal of offering the necessary global vaccine coverage, we must make the patents on supplies, equipment and vaccines against Covid-19 more flexible. It is correct and fair in today's time.

Indeed, until all people, in all corners of the world, are protected, the virus will continue to spread and mutate. Therefore, we need to facilitate customs controls on supplies and vaccines, share vaccine surpluses, and contribute to financial funds for the acquisition, production, and distribution of vaccines.

In this segment, the recent G7 (2021) initiative was highlighted, by which the leaders of the main industrialized nations promised one billion doses of vaccine against Covid-19 to poor countries as a major step towards vaccinating the whole world (G7, 2021), in these terms:

> *End the pandemic and prepare for the future by driving an intensified international effort, starting immediately, to vaccinate the world by getting as many safe vaccines to as many people as possible as fast as possible. Total G7 commitments since the start of the pandemic provide for a total of over two billion vaccine doses, with the commitments since we last met in February 2021, including here in Carbis Bay, providing for one billion doses over the next year. At the same time we will create the appropriate frameworks to strengthen our collective defences against threats to global health by: increasing and coordinating on global manufacturing capacity on all continents; improving early warning systems; and support science in a mission to shorten the cycle for the development of safe and effective vaccines, treatments and tests from 300 to 100 days.*

We share these feelings, and we advocate that more initiatives in this regard take shape and be implemented.

Finally, we consider the urgent need for vaccination coverage to also include children around the world.

In fact, adolescent and child hospitalization rates for Covid-19 have increased considerably from March 2021 to date. The increase may be related to the more transmissible variants of the coronavirus, as well as the large number of children returning to school and other indoor activities. In the same sense, there is a constant pressure from the commercial segments for openings with apparent care. In the Brazilian case, changes or even absence in prevention behaviors are observed, leading to an increase, or even maintenance, of cases and transmissions.

Within this perspective, the voices that debate the need for vaccination in children are growing.

In this regard, in exempli, the Editorial of The Lancet magazine (2021, July), entitled "Should we vaccinate children against SARS-CoV-2?", states that:

> *In many parts of the world, children and adolescents are contributing to an increasing proportion of the total cases. This change in age distribution is thought to be driven by the emergence of highly transmissible variants, increased testing among school-age children, low adherence to non-pharmaceutical interventions, increased social interactions as restrictions are lifted, and increasing immunity among older age groups following vaccine rollout. Thus, there might be a case for vaccinating children in the not-too-distant future. However, whether at present the children of high-income countries should be prioritised for vaccination over vulnerable adults in LMICs is a matter for serious ethical and practical debate.*

Even though children are no longer associated with Covid-19 headlines, they can suffer a rare inflammatory condition after infection, and hundreds of children and teenagers are among the more of 600,000 people in the United States who have died from Covid-19. In this line, the risk for children can vary with age. Recent data show that children under the age of 5 are less likely to be infected, or to have symptomatic illnesses, compared to older children. But hospitalization rates, while low compared to adults, are similar. (JOHNSON, 2021).

For the infectologist Anthony Fauci, unvaccinated children are more likely to contract the Delta variant of Covid-19 because it is highly transmissible. For the renowned scientist, " This virus is more a transmissible virus, therefore, children will more likely get infected with this than they would with the Alpha variant " (FAUCI, 2021). Also, in consideration of the fact that children under 12 years of age have not yet been authorized to be vaccinated, FAUCI completes:

> *The best way to protect the children is to bring the level of virus circulation in the community down," Fauci said. "The best way to do that is that those — i.e. adults — who are eligible for vaccination to get vaccinated so you're not only protecting yourself, but by bringing the level of virus down in the community, you're indirectly protecting the children who can't yet get vaccinated. That's one of the most important ways to do that.*

Going forward, although the data indicate that children are less likely to become seriously ill or die from Covid-19, evidence increasingly suggests that a significant number will experience symptoms that persist for months after the initial infection, even if the case is mild. While exact numbers are not available, research suggests that a significant number of children may be these Covid "long haulers". Still, it is worth noting that unvaccinated groups are the most vulnerable to the Delta variant and outbreaks among children and young people not yet vaccinated are spreading, especially in schools (HART, 2021).

Indeed, as countries open up, unvaccinated children who were initially isolated from the virus can begin to bear the brunt of the disease. As mitigation measures are relaxed, due to those already vaccinated, the virus can take root in unvaccinated populations, especially among children.

As a result, then, adults must understand the problem and protect children. Therefore, younger children really do need to be vaccinated against Covid-19 when an injection is authorized. Indeed, more vaccines could mean more lives saved.

In this sense, highlights BOOGAARD (2021), in these words:

> *"Essentially, kids have disrupted their whole lives to protect the older people in their lives and in their communities and it hasn't been easy on them. A lot of kids have struggled. It kind of stinks that they're the last ones to get the opportunity to take their mask off and eat inside and things like that. So if getting the vaccine can help them feel safer and return to the things they enjoy, I would say, consider that as part of the decision making, and get them the vaccine."*

Therefore, everyone deserves the vaccine, including children who will, in general, be the last to receive the vaccine and to be effectively protected.

## Final considerations

For everything examined, we can see that the pandemic that swept the world from 2020 brought the need to rethink numerous social and professional practices that were previously dominated by the need for physical presence of the parties involved.

As a result, if on the one hand we had the opportunity to associate digital activities to the social and professional context, on the other the impacts were felt in various sectors of society, such as public health, the economy and law.

However, conclusively, we must focus that health care must be a priority, constituting the key to mitigating the economic and legal impacts resulting from the Covid-19 pandemic.

In this sense, producing, distributing and effectively widely vaccinating people around the world is an emergency health need. In addition to the benefits arising in economic, social, and legal areas, access to vaccines is a global moral imperative.

As precisely discussed, vaccination must be prioritized across the planet, for all people, including children.

For all that, only with global vaccine coverage can we overcome health impacts, reaffirm our human sensitivity, stop virus mutations, overcome economic challenges, and reduce the legal impacts raised by Covid-19.

Global solidarity must be illustrated by the effective availability of vaccines in the most distant contexts in the world, especially among countries with less access to vaccine coverage. In the same vein, it should include the possibility of inclusion for all ages authorized to receive the vaccine.

Only in this way will we express our universal solidarity and fraternal human condition.

## References

ASPALTER, Christian, PRIBADI, Kenny Teguh, GAULD, Robin. **Health Care Systems in Developing Countries in Asia (Social Welfare Around the World)**. New York: Routledge, 2017.

BOOGAARD, Claire. COVID cases are falling, but experts say kids should still get a vaccine when they can. *In*: Christensen, Jen. Covid-19 Vaccine. **CNN**,

June 4, 2021, Available at: https://abc11.com/vaccinating-children-cdc-troubling-data-about-adolescents-covid-19-kids-pandemic/10742457/ (02 July 2021).

BORGES, Danielle Da Costa Leite. **EU Health Systems and Distributive Justice: Towards New Paradigms for the Provision of Health Care Services?** New York: Routledge, 2018.

BURRIS, Scott. BERMAN, Micah L. PENN, Matthew. HOLIDAY, Tara Ramanathan. **The New Public Health Law - A Transdisciplinary Approach to Practice and Advocacy**. Oxford: Oxford University Press, 2018.

CARVALHO, Laura Bastos. **Direito Global da Saúde**. São Paulo: Lumen Juris, 2017.

EVANS, Rachel et al. Physical, cognitive and mental health impacts of COVID-19 following hospitalisation – a multi-centre prospective cohort study. **MedRxiv**, CSH, BMJ, Yale, 2021, doi: https://doi.org/10.1101/2021.03.22.21254057 .

FAUCI, Anthony. 'Children will more likely get infected with this'. Boston.com, June 23, 2021, Available at: https://www.boston.com/news/coronavirus/2021/06/23/anthony-fauci-delta-variant-kids/ (02 Jul. 2021).

FLOOD, Colleen M., GROSS, Aeyal. **The Right to Health at the Public/Private Divide: A Global Comparative Study**. New York: Cambridge University Press, 2014.

FREIRE E ALMEIDA, Daniel; SCRIPTORE, Verônica F. Almeida. A Organização Mundial da Saúde e sua Atuação na Covid-19. *in*: SCRIPTORE, Verônica F. Almeida; AKAOUI, Fernando; LAMY, Marcelo. **Direito da Saúde na era pós Coivd-19**. São Paulo: Almedina, 2021.

FREIRE E ALMEIDA, Daniel; SCRIPTORE, Verônica F. Almeida. **Um Panorama do Direito da Saúde na Perspectiva do Direito Comparado**. New York: Lawinter Editions, 2020.

FREIRE E ALMEIDA, Daniel; SCRIPTORE, Verônica F. Almeida; POORHASHEMI, Abbas. The International Health Law as a New Branch of Law Post COVID-19. *in*: SCRIPTORE, Verônica F. Almeida; AKAOUI,

Fernando; LAMY, Marcelo. **Direito da Saúde na era pós Coivd-19**. São Paulo: Almedina, 2021.

G7. CARBIS BAY G7 SUMMIT COMMUNIQUÉ. Our Shared Agenda for Global Action to Build Back Better. **G7 Cornwall UK 2021**, Available at: https://www.g7uk.org/wp-content/uploads/2021/06/Carbis-Bay-G7-Summit-Communique-PDF-430KB-25-pages-3.pdf , ( 28 jun. 2021).

GOSTIN, Lawrence O. **Global Health Law**. Cambridge: Harvard University Press, 2014.

HART, Robert. Kids Among Most Vulnerable To Infectious Delta Variant — Here's Why You Should Be More Worried. **Forbes**, Jul 2, 2021, Available at: https://www.forbes.com/sites/roberthart/2021/07/02/kids-among-most-vulnerable-to-infectious-delta-variant---heres-why-you-should-be-more-worried/?sh=526e6e9d2701 , (02 Jul. 2021).

HEITKAMP, Kristina Lyn. **Universal Health Care**. New York: Greenhaven, 2018.

HOFFMAN, Steven J., RØTTINGEN, John-Arne, FRENK, Julio. Assessing Proposals for New Global Health Treaties: An Analytic Framework. **American Journal of Public Health**, August 2015, Vol 105, No. 8.

INTERNATIONAL MONETARY FUND. Policy Responses to Covid-19. Policy Tracker. **International Monetary Fund**, Washington, 2021, Available at: https://www.imf.org/en/Topics/imf-and-covid19/Policy-Responses-to-COVID-19 , (12 jun. 2021).

JOHNSON, Carolyn. FDA advisers debate standards on a coronavirus vaccine for young children. **The Washington Post**, June 10, 2021, Available at: https://www.washingtonpost.com/health/2021/06/10/covid-vaccines-for-children/, ( 15 jun. 2021).

MÉDECINS SANS FRONTIÈRES. COVID-19 leaves Amazonas health system saturated, overloaded and struggling. **MSF**, Geneva, 2021, Available at: https://www.msf.org/coronavirus-covid-19-collapses-health-system-manaus-brazil , (20 jun. 2021).

MEULEN, Ruud ter. **Solidarity and Justice in Health and Social Care**. Cambridge: Cambridge University Press, 2018.

OLIVER, Adam. **Health Economics, Policy and Law**. Cambridge: Cambridge University Press, 2019.

OXFORD. OUR WORLD IN DATA. Coronavirus (COVID-19) Vaccinations. **Oxford**, 2021, Available at: https://ourworldindata.org/covid-vaccinations?country=OWID_WRL , (24 Aug. 2021).

THE LANCET. Editorial. Should we vaccinate children against SARS-CoV-2? **The Lancet**, 2021, Volume 21, Issue 7, p. 889, July 01, 2021, Available at: https://www.thelancet.com/action/showPdf?pii=S1473-3099%2821%2900339-X , (02 Jul. 2021).

UNICEF. Beyond COVID-19: Responding to protracted emergencies. **UNICEF**, New York, 2021, Available at: https://www.unicef.org/supply/stories/beyond-covid-19-responding-protracted-emergencies , (20 jun. 2021).

WORLD BANK. COVID-19 to Plunge Global Economy into Worst Recession since World War II. **The World Bank**, Washington, 2020, Available at: https://www.worldbank.org/en/news/press-release/2020/06/08/covid-19-to-plunge-global-economy-into-worst-recession-since-world-war-ii , (12 jun. 2021).

WORLD HEALTH ORGANIZATION. Coronavirus disease (COVID-19): Vaccines. **WHO**, Geneva, 2021, Available at: https://www.who.int/news-room/q-a-detail/coronavirus-disease-(covid-19)-vaccines?adgroupsurvey={adgroupsurvey}&gclid=CjwKCAjwrPCGBhALEiwAUl9X0_lqFi-6-VUxthMqOYj28pAXfx978ZYkbj4MWsYmElDrNOqoW6yr9xoCCl8QAvD_BwE , (15.08.2020).

WORLD HEALTH ORGANIZATION. COVID-19 technology access pool. **WHO**, Geneva, 2020e, Available at: https://www.who.int/emergencies/diseases/novel-coronavirus-2019/global-research-on-novel-coronavirus-2019-ncov/covid-19-technology-access-pool , (15 jun. 2021).

WORLD HEALTH ORGANIZATION. More than 150 countries engaged in COVID-19 vaccine global access facility. **WHO**, Geneva, 2020c, Available at: https://www.who.int/news-room/detail/15-07-2020-more-than-150-

countries-engaged-in-covid-19-vaccine-global-access-facility , (15 jun. 2021).

WORLD HEALTH ORGANIZATION. Q&A: Hydroxychloroquine and COVID-19. **WHO**, Geneva, 2020, Available at: https://www.who.int/news-room/q-a-detail/q-a-hydroxychloroquine-and-covid-19 , (15 jun. 2021).

WORLD HEALTH ORGANIZATION. WHO Director-General's opening remarks at the launch of the Access to COVID-19 Tools Accelerator. **WHO**, Geneva, 2020b, Available at: https://www.who.int/dg/speeches/detail/who-director-general-s-opening-remarks-at-the-launch-of-the-access-to-covid-19-tools-accelerator , (15 jun. 2021).

WORLD HEALTH ORGANIZATION. WHO Resolution. SEVENTY-THIRD WORLD HEALTH ASSEMBLY -WHA73.1. COVID-19 response. **WHO**, Geneva, 2020d, Available at: https://apps.who.int/gb/ebwha/pdf_files/WHA73/A73_R1-en.pdf , (15 jun. 2021).

WORLDOMETER. **Covid-19 Coronavirus Pandemic**. Available at: https://www.worldometers.info/coronavirus/ , (24 Aug.2021).

# O PAPEL DOS ESTADOS NA PANDEMIA DA COVID-19: UMA ANÁLISE SOBRE A (IN)EFETIVIDADE DE GOVERNANÇA

***Juliana de Toledo Romero*** [1*]

## Introdução

A pandemia do Coronavírus que assolou o cenário internacional no ano de 2020 colocou em xeque as linhas de posicionamento políticas e trouxe o questionamento de como os governos exerceriam seus papeis diante de tal desafio.

Como conter o vírus da COVID-19, preservando o sistema econômico e a liberdade dos indivíduos, tornou-se um desafio mundial, o que trouxe a necessidade de cooperação internacional para que os países alcançassem juntos um objetivo comum: combater a pandemia o mais rápido possível para impedir uma nova crise financeira global.

Neste sentido, apesar de nenhum país ser imune ao problema pandêmico, cada qual adotou medidas próprias, que refletem os regimes políticos existentes em cada Estado, desde os *"regimes mais fechados e*

---

[1] *** Juliana de Toledo Romero:**
-Advogada.
-Mestranda em Direito Internacional pela Universidade Católica de Santos.
-Especialista em Direito e Processo Tributário pelo Complexo Educacional Renato Saraiva, CERS.

*totalitários, nos quais a presença do estado se confunde com o privado, aos países em que o pensamento liberal concebe o governo como 'mero' regulador, desvinculado, tanto quanto possível, do envolvimento como ator econômico"* (HOJE EM DIA, 2020, *online*).

Entretanto, com o decorrer da pandemia, o que se percebeu foi que o desafio mundial enfrentado pelos países não se tratava "somente" de uma crise sanitária, mas sim de uma complexa e multissetorial questão que atinge também os setores político, econômico, financeiro e social (ALVES, 2020, p.63).

Aliás, antes da crise sanitária advinda com a pandemia, o mundo já vivia em uma recuperação devagar e constante de uma recessão econômica que se mantinha presente globalmente e que atingiu os países desenvolvidos (como um ciclone tropical) e os países em desenvolvimento (como o furacão Katrina). No Brasil, o cenário pré-pandemia ainda permanecia com uma lenta reabilitação econômica pós-crise 2015/2016, com nível de desemprego superior a 11% e informalidade recorde, com uma desproporção na disponibilidade de leitos de UTI na rede pública e privada que foi deflagrada pela sua necessidade emergente quando do aumento do número de internações. (JORNAL DA USP, 2020, *online*).

Assim, a pandemia da COVID-19 expôs desumanamente os inúmeros problemas que já assolavam o cenário global, em particular os setores financeiro e de saúde, em um contexto de transição da ordem mundial, exemplificando fortemente o caos e os impasses que se estabeleceram nessa dinâmica (ALMEIDA, 2021, p. 40). Tal panorama é suficiente para se refletir sobre uma redefinição dos mercados e questionar qual é o papel fundamental dos Estados e seu desempenho diante de situações decisivas no sistema social, como a luta contra a pandemia.

Sendo assim, para se responder tal questão, foi realizada esta pesquisa através de metodologia exploratória qualitativa e bibliográfica, com revisão de notícias jornalísticas e artigos publicados que envolvam, em seu núcleo, a temática da pandemia da COVID-19, associando-a a crises globais como sanitária, econômico-financeira e de governança.

Foi fundamental, portanto, analisar as consequências das medidas adotadas pelos Estados a fim de enfrentar o Coronavírus, no sentido de verificar os posicionamentos de cada governo para com seus nacionais – em especial, o Brasil – como também comentar sobre as decisões dos países em termos de governança global exercendo seus papeis de sujeitos de Direito Internacional, através das cooperações realizadas no combate à pandemia, seja em forma de fundos financeiros ou coalizões em buscas de vacinas.

Por fim, verificando a (in)efetividade do dever dos Estados exercendo seu papel perante a pandemia, se faz uma prospecção sobre como será o mundo pós-pandêmico, relacionando as medidas tomadas por cada país como resposta à crise sanitária com as possíveis recuperações econômicas e o futuro da ordem mundial.

## 1. O Brasil No Combate À Pandemia

No Brasil, a Arguição de Descumprimento de Preceito Fundamental 672[2] foi um divisor de águas para definir qual o papel do Estado em relação ao combate à Pandemia da COVID-19. Tal medida judicial ditou os rumos da descentralização da responsabilidade perante a batalha contra o vírus, que passou a contar com Estados e Municípios na linha de frente, ao invés da própria União como protagonista.

De fato, a Constituição Federal de 1988 prevê no artigo 23, inciso II que "*cuidar da saúde e assistência pública (...) é competência comum da União, dos Estados, do Distrito Federal e dos Municípios*", ou seja, a responsabilidade é compartilhada pelos três entes públicos. Mais à frente, em seu artigo 30, inciso VII, a Carta Magna expressa, ainda, que compete aos municípios "*prestar, com a cooperação técnica e financeira da União e do Estado, serviços de atendimento à saúde da população*".

Tal previsão constitucional é consequência da aplicação do princípio da predominância do interesse, que é o princípio geral que norteia a repartição de competências entre as entidades componentes do Estado Federal e as organiza de acordo com o nível de interesse de cada ente federativo. Assim,

---

[2] *"Trata-se de Arguição de Descumprimento de Preceito Fundamental proposta pelo Conselho Federal da Ordem dos Advogados do Brasil em face de atos omissivos e comissivos do Poder Executivo federal, praticados no contexto da crise de saúde pública decorrente da pandemia do COVID-19 (Coronavírus)"*. (STF ADPF 672. Disponível em: http://www.stf.jus.br/arquivo/cms/noticiaNoticiaStf/anexo/ADPF672liminar.pdf. Acesso em: 23 mai. 2021).

no aspecto material, isto é, na efetividade de atuação administrativa, a responsabilidade sobre a questão sanitária recai sobre todos os entes da Federação no modo de "competência comum", também chamada de "cumulativa" ou "paralela", pois se trata de tema coletivo que importa a todos no país, assim como o meio ambiente ou a fomentação de cultura (MORAES, 2018, p. 308-313).

Desse modo, na prática, a ADPF 672 não retirou a responsabilidade do governo federal nem contrariou a Constituição Federal, pois somente reafirmou a competência concorrente dos governos estaduais e distrital e suplementar dos governos municipais prevista constitucionalmente. O resultado de referida ADPF simplesmente assegurou o exercício de competência dos entes federativos e de suas atribuições no âmbito de seus respectivos territórios, para a adoção ou manutenção de medidas restritivas legalmente permitidas durante a pandemia.

Porém, o que se observou foi a União funcionando somente como um importante financiador, por meio de repasses de recursos aos Estados e Municípios, que regularam, cada qual, as medidas restritivas que seriam tomadas, além dos regimes de aplicações de vacinas (MOTA, 2020, *online*). A execução de serviços de saúde restou concentrada nas mãos destes entes, que dependiam e ainda dependem diretamente do Governo Federal para o fornecimento de orçamento e material para conseguirem executar seus atos.

Neste sentido, os dados sobre a execução de despesas no âmbito do Fundo Nacional de Saúde Ação 21CO[3], relacionada à crise sanitária, mostram que as liberações de recursos a Estados e Municípios têm sido feitas a conta gotas, com números abaixo do previsto, podendo-se associar uma forte queda nos repasses a partir de meados de abril de 2020, logo após a saída do ex-ministro da Saúde, Luiz Henrique Mandetta, do cargo (MOTA, 2020, *online*).

Tais dados indicam uma possível ineficiência da União para enfrentar as consequências da pandemia, demonstrando uma crise na governança da saúde (MOTA, 2020, *online*). Sem o devido repasse dos recursos da União para Estados e Municípios, muitos encontram dificuldades para implementar suas políticas de combate à COVID-19, o que desequilibra o princípio da competência compartilhada prevista na Constituição Federal.

> *O reconhecimento de que saúde é uma questão multissetorial requereria, automaticamente, uma* ***governança correspondente****, uma vez que a governança setorial é afetada por políticas e ações de outras organizações e instituições teoricamente externas ao*

[3] Ação Orçamentária de Enfrentamento da Emergência de Saúde Publica de Importância Internacional Decorrente do Coronavírus. Pelo Portal da Transparência, mantido pela Controladoria-Geral da União, é possível verificar os valores orçamentários e a execução de despesas do Governo Federal relacionadas especificamente ao enfrentamento da pandemia de Coronavírus em todo o país. Entretanto, conforme informações obtidas no próprio site do Governo Federal, os gastos registrados na Ação orçamentária específica “21C0” não representam todos os investimentos do Governo Federal no combate à pandemia, em virtude de vários órgãos envolvidos executarem despesas por meio de outros programas e ações já previstas no orçamento (Acesso em 24 maio 2021. Disponível em https://painelms.saude.gov.br/extensions/TEMP_COVID19/TEMP_COVID19.html)

> *setor, ou seja, está submetida (e modelada) por regulamentações, tendências e desenvolvimentos estabelecidos em outras áreas da governança global. Além disso, talvez seja o setor que mais demanda ações coletivas e de cooperação, que extrapolam em muito as fronteiras nacionais. (ALMEIDA, 2021, p.14) – Grifo nosso.*

Assim, com a esperança de uma governança eficiente, alguns estudiosos chegaram a demonstrar o pensamento de que o Brasil conseguiria ter uma vantagem temporal diante da pandemia, observando o impacto do vírus em outros países a fim de adotar medidas prévias para evitar o surto quando este chegasse no território nacional. Tais pesquisadores levaram em conta, ainda, a existência do Sistema Único de Saúde (SUS) como uma vantagem, pois apesar de ter crônico subfinanciamento, "*apresenta grande capilaridade*", atingindo todo o território nacional (MELLO et al, 2020, p.1-23).

Entretanto, o que se viu foi uma falta de centralização de ações, com um governo federal que não realizou tais medidas preparatórias para combater a Pandemia, o que resultou na atitude de muitos Estados de se lançar ao mercado internacional como verdadeiros sujeitos de direito internacional, negociando a importação de insumos como testes, máscaras e respiradores de outros países, como a China. Alguns Estados do Nordeste têm realizado aquisições coletivas através do Consórcio do Nordeste, grupo regional criado em 2019, na tentativa de reduzir custos e melhorar logísticas. (MOTA, 2020, *online*).

Dessa maneira, pode-se notar que, no Brasil, "o *combate à doença desnudou uma série de carências, como a falta de medicamentos, máscaras e equipamentos hospitalares, que poderiam ser supridos pela própria indústria nacional*" (RBA, 2020, *online*). A luta contra a pandemia do Coronavírus fez submergir a importância do papel Estado e a busca por uma fortaleza ideal e íntegra, que conseguisse suprir as necessidades de seu povo (PASCOAL, 2020, *online*).

Assim, como resposta à emergência de seu povo e em uma tentativa de evitar que uma crise financeira exterminasse de vez a economia do país – não está se discutindo aqui, a qualidade da medida, mas sim sua existência –, o Governo brasileiro instituiu o pagamento de auxílio emergencial a trabalhadores informais, autônomos e desempregados (RBA, 2020, *online*) por meio de institutos completamente nacionais. Tal mecanismo foi realizado através de ação conjunta da Caixa Econômica Federal, meio pelo qual foram realizados os pagamentos, e a Dataprev, estatal responsável pelo cadastramento dos beneficiários (RBA, 2020, *online*).

Fica claro como em situações de crises, sejam econômicas ou sanitárias, "*a 'mão invisível' do mercado não é suficiente para resolver os flagelos sociais e a aguda anemia econômica*" (PASCOAL, 2020, *online*). É necessário que o Estado tome as rédeas de uma política fiscal e monetária contracíclica (temporária) para estimular o crédito, priorizando ações em proteção das classes econômicas mais vulneráveis, redirecionando despesas públicas, com uma política expansionista que, no Brasil, encontra fundamento na Lei de Responsabilidade Fiscal. (CACEDO, 2020, *online*). A pandemia questionou as ideias de privatização e condução de políticas econômicas com regras fiscais inadequadas, especialmente no Brasil, fazendo-se repensar a estratégia de desenvolvimento em busca de uma soberania nacional resistente (MELLO, et al. 2020, p.1).

> *A soberania se entrelaça à ideia de personalidade jurídica do estado, enquanto poder originário e exclusivo que tem o ente estatal de declarar e assegurar por meios próprios a positividade de seu direito e de resolver em última instancia sobre a validade de todos os ordenamentos jurídicos internos. [...] Isso conduz ao insulamento dos Estados, levando a uma retomada no monopólio normativo estatal, e, portanto, fazendo com que a soberania retome contornos de centralidade e concentração no âmbito nacional (ALVES, 2020, p.65-69).*

É preciso, assim, fortalecer o Estado como ente nacional, que se mostrou fragilizado diante de um cenário globalizado de correlação entre os países. Percebe-se, contudo, que tal problemática não está adstrita somente ao Brasil, mas se trata de uma preocupação presente em vários países ao redor do mundo, visto que "*a pandemia revelou a dependência mútua e o grau de interdependência gerado pela globalização, o que agora se encontra questionado*" (ALVES, 2020, p.71).

Entretanto, apesar dessa necessidade mundial recente de se fortalecer a governança de cada Estado de maneira nacional, o único caminho viável para lidar, no presente momento, com a pandemia e, no futuro, com seus desdobramentos econômico-financeiros, ainda é a cooperação internacional aliada a uma governança global firme (ALVES, 2020, p.72).

Somente com a superação do estado pandêmico em todo o globo é que os governos conseguirão, no âmbito interno, se fortalecer soberanamente.

Neste sentido, além de estudar as medidas adotadas por cada país dentro de seu território nacional no combate à pandemia da COVID-19 e como cada população reagiu às decisões de seus Estados, é interessante analisar como as alianças globais entre os sujeitos de direito internacional também surtiram resultados importantes ao redor do mundo, transformando-se em fundos e coalizões em prol de exterminar, de maneira ágil, o inimigo comum atual – o vírus.

## 2. Medidas Adotadas por Outros Países Contra o Covid-19

Ao redor do mundo, cada país adotou as medidas que considerou cabíveis no combate à pandemia, com respostas que variaram de acordo com costumes, religião, o sistema de saúde nacional, a sociedade civil, região geográfica, nível de desenvolvimento econômico e diferenças nos regimes políticos (ALMEIDA, 2021, p.30).

Alguns países conseguiram distinguir completamente as "ondas" da pandemia, enquanto outros, como o Brasil, navegam em uma eterna tempestade em alto mar que desafia os marinheiros (ANDREONI, 2021, *online* e PEET, 2021, *online*), experimentando momentos opostos de restrição das atividades e de relaxamento das medidas preventivas contra à COVID-19 como forma de tentar regular a balança "saúde vs economia" (CRUZ, 2020, *online*).

Países com regimes autoritários, como a China ou o Vietnã, implementaram políticas contra a pandemia de forma rápida e brutal, utilizando o poder repressor que o Estado detém (ABER; BÜLOW, 2020, *online*).

Especificamente, o governo Vietnamita adotou medidas radicais como o isolamento de cidades inteiras por semanas no mês de fevereiro de 2020, antes de a Organização Mundial de Saúde (OMS) declarar a Pandemia (ABER; BÜLOW. 2020, *online*). Em uma tentativa de não despender tantos recursos econômicos, o Vietnã se baseou no rastreamento e isolamento de casos, a fim de evitar o contágio, chegando em números escassos de óbitos pelo Coronavírus até o presente momento (STRECKER, 2021, *online*).

Contudo, isso não quer dizer que somente países nos quais o governo tem capacidade repressora para com seus habitantes conseguiram lutar contra o vírus de maneira eficaz. A Áustria, que faz fronteira com a Itália, país severamente afetado pela pandemia, é um exemplo de como um país democrático conseguiu controlar os números de casos e mortes, sendo um dos primeiros na Europa a relaxar a política de isolamento (ABER; BÜLOW, 2020, *online*).

Ainda no continente Europeu, a Alemanha dispunha da existência de um robusto sistema de saúde que possibilitou a realização de testes de COVID-19 em larga escala em seu território nacional, contando com a ajuda da população, que se submeteu à um total de mais de 4 milhões de testes para o Coronavírus (PET ECONOMIA UFPR, 2020, p.28). A Islândia adotou provimentos semelhantes de rastreamento de casos e isolamento dos contaminados, chegando a equipar um hotel especificamente para a quarentena dos doentes (MACKENZIE, 2021, *online*).

Já na Oceania, a Austrália e a Nova Zelândia instituíram medidas iniciais de quarentena obrigatória de 14 dias para todas as pessoas que chegavam ao país, proibindo aglomerações com a recomendação de isolamento social, o que surtiu no "controle" da pandemia já no ano de 2020 (SAYURI, 2021, *online*).

O grande diferencial para os casos de sucesso acima explicitados foi, além de um governo firme, a existência de apoio populacional, pois os cidadãos adotaram as medidas impostas pelo Estado como regras absolutas, obedecendo-as sem manifestações ou protestos contrários. Diferentemente do que se viu ocorrer em países como os Estados Unidos e o próprio Brasil (ABER; BÜLOW. 2020, *online*).

Além disso, é relevante mencionar um exemplo que ultrapassa o respeito de nacionais sobre determinações impostas pelo Governo: o costume cultural existente no Japão sobre o uso diário de máscaras, o que auxiliou o país a conter a pandemia de maneira mais eficaz. Após a Gripe Espanhola que ocorreu no século 20, os japoneses adotaram o uso da proteção como uma forma de autocuidado. Tal medida também se mostrou eficaz em 2003 quando ocorreu a epidemia da Síndrome Respiratória Aguda Grave (Sars), que atingiu o sudeste da Ásia. Impressionantemente, o uso de máscaras de proteção pelos japoneses nunca foi imposto pelo governo, mas foi adotado pela população como parte dos costumes, de forma que, atualmente, a vestimenta serve não só para prevenir a propagação de doenças, mas também como uma barreira à poluição nas grandes cidades (VALENCIA, 2020, *online*).

> *Em países como o Brasil, nem a saída vietnamita e nem a austríaca funcionam. No primeiro caso, porque o Estado, felizmente, não tem a capacidade repressora necessária. No segundo, porque o Estado, infelizmente, não detém a legitimidade necessária. A ausência de uma frente unificada de partidos e líderes políticos sobre o melhor caminho a adotar para enfrentar a crise só contribui para dificultar ainda mais a ação estatal, apesar dos esforços de muitas autoridades locais. O resultado é um Estado errático e inconsistente, incapaz de proteger grande parte da população da doença e dos efeitos econômicos da pandemia. (ABER; BÜLOW, 2020. online).*

O que se nota é que "*períodos de crises e mudanças sempre clamam por revisão de mecanismos/instrumentos de 'governança', estimulando a retórica da necessidade de melhores lideranças, capacidade de condução e coordenação, em nível local, regional ou global*" (ALMEIDA, 2021, p.8).

Dessa maneira, tratando-se de coordenação internacional, podem-se destacar dois tipos de frentes que se amplificaram no combate à Pandemia: a instituição de fundos financeiros internacionais e nacionais, com objetivos variados, mas sempre na direção de auxiliar na luta contra à COVID-19; e programas de desenvolvimento e pesquisa para a posterior distribuição de vacinas. Percebe-se que tais iniciativas visam responder às questões de crise financeira global e crise sanitária, fenômenos que conjugam o cenário mundial atual (PET ECONOMIA UFPR, 2020, p.6).

## 3. Cooperações Internacionais: Fundos Monetários e Coalizões

Em termos de coordenação financeira internacional, em março de 2020, a diretora administrativa do Fundo Monetário Internacional (FMI), Kristalina Georgieva, anunciou um pacote de US$ 50 bilhões para auxiliar nas ações contra o novo Coronavírus, afirmando que a maior parte do dinheiro seria isenta de juros e os países não precisariam ter um programa pré-existente com o FMI para participar (RODRIGUES, 2020, *online*). Os países-membros do fundo prometeram oferecer todo o apoio necessário para limitar o impacto da pandemia, em especial, aos países mais vulneráveis.

Poucos meses depois, um evento internacional ocorrido em 04 de maio de 2020 reuniu líderes de governos e organizações filantrópicas para arrecadar contribuições e fundos para o desenvolvimento de vacinas e tratamentos contra à COVID-19, para, posteriormente, serem disponibilizados de forma universal e acessível. A conferência, realizada de forma *online*, foi liderada pela presidente da Comissão Europeia, Ursula von der Leyen, reunindo representantes também do Canadá, Japão e Arábia Saudita. Instituições transgovernamentais como a "Fundação Bill e Melinda Gates" e o Banco Mundial foram importantes apoiadores (DW, 2020, *online*).

Pode-se observar, portanto, o contraponto de posicionamentos de cada Estado: enquanto a Noruega doou 1 bilhão de dólares à Aliança Global por Vacinas e Imunizações (DW, 2020), os Estados Unidos anunciaram a suspensão de apoio financeiro à Organização Mundial de Saúde (OMS) (DW, 2020, *online*).

Quanto à Organização das Nações Unidas, (ONU) e sua resposta em face à pandemia do Coronavírus, Celia Almeida afirma que alguns autores (Louis, 2020; Hirst & Malacalza, 2020) ressaltaram a inércia do Conselho de Segurança e *"sua resistência em reconhecer que a situação atual requer atuação mais incisiva, como as que ocorreram durante a pandemia de HIV/Aids e de ebola na África (em 2014)"* (2021, p.14), visto que o Conselho de Segurança não conseguiu aprovar, desde o início de 2020, a proposta de cessar fogo planetário, encontrando dificuldades sobre se posicionar diante da pandemia sob um sentido humanitário global.

Ainda, o G20[4] também foi instado por outras organizações, como o G7[5], a se posicionar, resultando em uma proposta dos ministros das

---

[4] O G20 é o fórum internacional que reúne as principais economias do mundo. Seus membros respondem por mais de 80% do PIB mundial, 75% do comércio global e 60% da população do planeta. Os membros do G20 são: Argentina, Austrália, Brasil, Canadá, China, França, Alemanha, Japão, Índia, Indonésia, Itália, México, Rússia, África do Sul, Arábia Saudita, Coreia do Sul, Turquia, Reino Unido, Estados Unidos, e a União Europeia. A Espanha também é convidada como hóspede permanente. Disponível em: https://www.g20.org/. Acesso em: 30 mai. 2021.

[5] O G7, inicialmente G8, foi criado em 1975 como um fórum informal que reúne os líderes das principais nações industrializadas do mundo. As reuniões anuais do G7 tornaram-se, ao longo dos anos, uma plataforma para determinar a evolução do discurso multilateral e definir respostas políticas a desafios globais. O G7 complementa o G20, geralmente considerado a base da coordenação económica a nível global. O G7 reúne líderes da União Europeia e dos seguintes países: Canadá, França, Alemanha, Itália, Japão, Reino Unido e Estados Unidos. Disponível em: https://ec.europa.eu/info/food-farming-fisheries/farming/international-cooperation/international-organisations/g7_pt. Acesso em: 30 mai. 2021.

finanças e dos presidentes dos bancos centrais dos países membros de um Plano de Apoio à Economia na COVID-19 (ALMEIDA, 2021, p.21).

Nota-se que a crise da COVID-19 ocorre simultaneamente à uma guerra de desinformações e batalhas diplomáticas, fazendo nascer a necessidade de se estabelecer mecanismos de transparência sobre levantamento de dados e fundos financeiros, sendo imprescindível uma figura institucional à frente para gerenciar tais informações (BILAL; CIOMMO, 2020. *online*). Visando atender tal necessidade, a Organização Mundial da Saúde (OMS) realizou um estudo sobre referidos fundos econômicos instituídos mundialmente (RAHIM, et al. 2020, p.1-13), além de lançar seu próprio fundo em combate à pandemia (LUIGI; SENHORAS, 2020, *online*).

Importante destacar o papel de evidência da OMS na luta contra a COVID-19, sendo a principal encarregada pela cooperação internacional na área da saúde, coordenando esforços multilaterais. Subordinada à ONU, a OMS foi criada em 1946 e entrou em vigor em 1948 (LUIGI; SENHORAS, 2020. *online*). No cenário do novo Coronavírus, foi justamente a OMS a responsável pela identificação do surto e declaração do estado de pandemia em 11 de março de 2020 (Ascom SE/UNA-SUS, 2020, *online*), divulgando boletins informativos sobre a distribuição geográfica dos casos, entre outras atribuições.

Assim, conforme mencionado, "*uma das medidas mais recentes da OMS foi o lançamento do Fundo de Resposta para a Covid-19, arrecadando recursos de indivíduos, empresas e instituições para apoiar o enfrentamento da doença*" (LUIGI; SENHORAS, 2020. *online*). Além disso, a Organização realizou um estudo e levantamento sobre os fundos instituídos pelos países ao redor do mundo na tentativa de combater à pandemia de maneira centralizada (RAHIM, et al. 2020, p.1-13).

> *Todos os fundos têm um mandato explícito de arrecadar recursos, e muitos também têm uma função na coordenação das respostas de política pública à pandemia. Alguns têm um papel adicional na implementação de intervenções ligadas à COVID-19, realizando pagamentos e outras transações (RAHIM, et al. 2020, p.4).*

De acordo com o levantamento da OMS sobre tais fundos COVID-19 em resposta à pandemia, foi observado que mais de quarenta países instituíram fundos, em sua grande maioria, extraorçamentários, isto é, um conjunto de contas que não estão incluídas na lei do orçamento anual daquele Estado (RAHIM, et al. 2020, p.2).

Apesar de tais fundos serem direcionados ao combate à pandemia, foram notadas algumas distinções entre os instrumentos jurídicos utilizados na criação dos fundos; na responsabilidade pelo seu gerenciamento e na definição de seus objetivos e suas especificações em lei.

Quanto à criação, alguns fundos derivam de decretos presidenciais (Azerbaijão, Colômbia, Costa do Marfim e Tunísia), enquanto outros foram instituídos pelo legislativo através de novas leis (Áustria, Itália, México). Quanto à administração, em alguns países, os fundos estão sob a responsabilidade do Presidente (Serra Leoa); ou subordinado ao Conselho de Ministros (Azerbaijão); ou sob a gerência do Ministério das Finanças (México) ou somente sua supervisão geral (Costa do Marfim) (RAHIM, et al. 2020, p.5).

Por fim, em relação aos objetivos, em alguns países como a Gana, o âmbito de atuação dos fundos é vago, e o mandato do fundo se estende a todas as atividades que complementam os esforços do governo para combater a pandemia. Já a Áustria definiu mais explicitamente o mandato de seus fundos, com o fim de "*estabilizar o financiamento da saúde, estimular o mercado de trabalho, manter a ordem pública e estabilizar a liquidez das empresas*" (RAHIM, et al. 2020, p.5).

Já em termos de financiamento de programas de desenvolvimento e pesquisa para a distribuição de vacinas, a *COVAX Facility* se destaca. Trata-se de uma coalização de 165 países, fazendo parte do Acelerador ACT, ferramenta criada pela OMS e parceiros internacionais, com o fim de desenvolver recursos destinados ao combate à COVID-19, como testes, tratamentos e equipamentos de proteção para assegurar a distribuição equitativa de vacinas em todo o mundo (ONU, 2021, *online*). De acordo com a OMS, a *COVAX Facility* é a iniciativa que foi mais rapidamente coordenada e bem-sucedida da história para combater uma doença, contando com um esforço global ágil (ONU, 2021, *online*). Um dos principais objetivos da *COVAX* é garantir que os países mais pobres tenham acesso aos imunizantes, sendo financiada por países de alta renda e doadores privados.

> *O Fundo das Nações Unidas para a Infância (UNICEF), em colaboração com a Organização Pan-Americana da Saúde (OPAS) lidera a licitação e distribuição das doses. Cerca de 92 países de baixa e média rendas estão comprando vacinas com o apoio da COVAX e espera-se que os cidadãos mais pobres sejam vacinados gratuitamente. Cerca de 80 economias de alta renda anunciaram que financiarão as vacinas com seus próprios orçamentos*
> *[...]*
> *O diretor*
> *geral da OMS, Tedros Ghrebeyesus, afirmou que COVAX não é um esforço de caridade. Segundo ele, numa economia global altamente interconectada, vacinas eficazes, disponíveis em todos os países, são a maneira mais rápida de acabar com a pandemia, retomar a economia e garantir uma recuperação sustentável (ONU, 2021, online).*

Sendo assim, se observa que as frentes econômicas e sanitárias foram as mais salvaguardadas pelos Estados no exercício de seu papel no combate à Pandemia, sendo indispensável se questionar: quais serão as novas necessidades globais após um mundo completamente vacinado? As medidas econômicas adotadas durante a pandemia surtirão efeitos no período pós-pandêmico, no sentido de se evitar uma "coronacrise"? (MELLO, et al. 2021, p.1-23).

Alguns países já saíram na frente com mais da metade de sua população totalmente vacinada. Até o presente momento, Israel conta com a maior taxa de vacinação do mundo, pois além de ter realizado antecipadamente a compra de imunizantes, o país adotou um firme e rígido controle de circulação de pessoas, o que resultou na liberação do uso de máscaras no dia 18 de abril de 2021, *"quando atingiu a marca de 81% dos cidadãos acima de 16 anos vacinados com as duas doses. Cinco dias depois, pela primeira vez em dez meses, não registrou nenhuma morte"*. (STRECKER, 2021, *online*).

Vivendo não mais o "novo normal", e sim a volta da realidade do mundo como era antes da Pandemia, países como Israel podem servir de exemplo para se entender o futuro após o Coronavírus e os deveres que este destino reserva aos demais (SAYURI, 2021, *online*).

## 4. Prospecções num Mundo Pós-Pandêmico No Âmbito Econômico

Os países que já se consideram gloriosos na luta contra à COVID-19 não foram inovadores em estratégias, mas sim, liderados por Estados fortes, o que afetou diretamente a reação de seu povo no acatamento das medidas protetivas em face do Coronavírus (STRECKER, 2021, *online*).

O exemplo mais claro de como a governança de um Estado pode afetar diretamente sua população é o cenário dos Estados Unidos. Durante uma Pandemia, os americanos votaram em uma eleição presidencial que modificou *"the man in charge"*[6] e, consequentemente, o papel do governo no combate contra à COVID-19. Enquanto sob o comando do presidente republicano Donald Trump, os Estados Unidos estavam, junto com o Brasil,

---

[6] *"O homem no comando"*, em tradução livre da língua inglesa para a língua portuguesa.

entre os países mais gravemente afetados pela pandemia (PET ECONOMIA UFPR, 2020, p.22). As atitudes do presidente americano e do presidente Jair Bolsonaro eram próximas, no sentido de que "*demoraram para tomar medidas de isolamento, negaram a gravidade do vírus e da pandemia*" (PET ECONOMIA UFPR, 2020, p.22).

> *Enquanto o ex-presidente Donald Trump minimizava a gravidade da doença, o país liderou os óbitos e novos casos. Assim que Biden assumiu, a vacinação acelerou (para 3,2 milhões doses diárias), máscaras e protocolos de distanciamento foram reforçados e passou a existir uma coordenação central. Desde o último dia 19 (de abril de 2021), todos acima de 16 anos já conseguem se vacinar. Já receberam pelo menos uma dose 42% dos americanos. Em meados de junho, 70% estarão vacinados. Como resultado, no dia 27 (de abril de 2021) a máscara foi abolida para os imunizados em ambientes externos (STRECKER, 2021, online).*

Dessa forma, nota-se de fato que a questão pandêmica impactou dimensões que interferem, inclusive, na soberania estatal, visto que "*a soberania se entrelaça à ideia de personalidade jurídica do estado, enquanto poder originário e exclusivo que tem o ente estatal de declarar e assegurar por meios próprios a positividade de seu direito*" (ALVES, 2020, p.63-65). Uma mão forte na governança dentro do próprio território nacional fez toda a diferença e modificou drasticamente os rumos dos Estados Unidos, que, até o momento, está vencendo a guerra contra o vírus.

Contudo, do ponto de vista econômico, experts afirmam que não há como comparar à pandemia da COVID-19 a uma guerra, pois o cenário atual é antagônico à uma batalha.

> *Em uma guerra, o potencial produtivo de uma economia é totalmente utilizado, alcançando-se o pleno emprego voltado para o atendimento das necessidades do conflito. O cenário atual é o oposto de uma guerra: mundo afora, podemos observar a absoluta desmobilização dos fatores de produção das principais potências produtivas globais, com quedas acentuadas na produção industrial e de serviços. Os impactos econômicos na demanda, na produção e no mercado financeiro são visíveis apesar dos poucos meses da disseminação do Covid-19 em âmbito mundial e há expectativas que o impacto seja de longo prazo, provocando uma profunda recessão em diversos países ainda em 2020 (MELLO, et al. 2020, p.2).*

Além disso, outros estudiosos também apontam que a trajetória de crise econômica está sendo erroneamente vinculada à pandemia por autoridades governamentais, isto é, que não há "causa e consequência" entre Coronavírus e crise financeira, respectivamente (PET ECONOMIA UFPR, 2020, p.6). A chegada da pandemia explicitou as desigualdades existentes, demonstrando que, em todos os países, os mais pobres são os que lideram as estatísticas de mortalidade pela pandemia: "*o vírus não distingue quem vai infectar, mas fato é que o capitalismo faz essa distinção*" (PET ECONOMIA UFPR, 2020, p.14).

Assim, os governos que investiram em medidas econômicas eficazes, como injetar recursos na sociedade ou implementar políticas públicas fiscais durante a emergência sanitária, são também os primeiros a planejarem o momento financeiro pós-crise. A China, por exemplo, deu suporte ao *lockdown* de seus habitantes, isto é, "*fez chegar bens de primeira necessidade para as pessoas confinadas*" (PET ECONOMIA UFPR, 2020, p.20), atenuando rapidamente a crise econômica e demonstrando, inclusive, crescimento na luta contra os Estados Unidos pelo mercado internacional (LEE, 2021, *online*).

A Austrália também trabalhou em implementar estratégias, além da resposta epidemiológica, para "*amortecer os efeitos do apagão econômico inevitável*", dedicando cerca de 16,4% de seu PIB (Produto Interno Bruto) para tentar conter a crise; com medidas de pagamento para as empresas manterem seus funcionários, evitando a falência, além de parcelas assistencialistas a famílias australianas (PET ECONOMIA UFPR, 2020, p.38-40).

Por sua vez, a Nova Zelândia anunciou um pacote de medidas semelhante, acompanhando não só o movimento australiano, mas mundial, com benefícios fiscais, ajuda financeira à indústria, empréstimo com baixas taxas de juros a empresas e cidadãos, além de tentarem incentivar o turismo interno por seus residentes para auxiliar na recuperação do país (PET ECONOMIA UFPR, 2020, p.38-40).

O que se percebe é que o planejamento para o período pós-crise sanitária tem pilares relacionados a "*reconstruir instrumentos públicos de coordenação do investimento, uma vez que o setor privado tende a sair muito frágil do ponto de vista financeiro, mais endividado e com menores receitas*" (MELLO, et al. 2020, p.4), para, posteriormente, "*reconstituir os mecanismos de financiamento do Estado, promovendo reformas tributárias centradas em altas rendas e grandes patrimônios*" (MELLO, et al. 2020, p.4). A conjugação de tais mudanças abrirá espaço para que se repense o modelo capitalista que prevalece desde a crise de 2008, mesmo que abalado em suas estruturas e "*crescentemente incapaz de promover o crescimento econômico e a inclusão social*" (MELLO, et al. 2020, p.4).

Contudo, fazer comparações internacionais é demasiado complexo, visto que cada país possui diferenças demográficas, culturais e socioeconômicas, e um modelo que pode funcionar para um Estado pode ser a catástrofe do seu vizinho (SAYURI, 2021, *online*). Tais distinções afetaram, inclusive, as eficácias de estratégias contra à COVID-19, seja sobre as informações acerca do isolamento, a importância da vacinação, a aquiescência da população sobre o uso de máscaras, a quantidade de testes realizados e até a transparência sobre os dados. (SAYURI, 2021, *online*).

> *Finalmente, parece óbvio, no entanto não trivial, que a maneira de lidar com a crise se torna mais simples e eficaz a depender do nível de desenvolvimento de uma nação. Não é o único fator sobre a mesa, como Estados Unidos, Suécia e outros países europeus provaram, mas com certeza é algo determinante. Esse ponto de vista sugere, e reforça, que as tragédias previstas para a humanidade nos próximos anos atingirão mais profundamente os países periféricos do sistema global vigente (PET ECONOMIA UFPR, 2020, p.42).*

De qualquer maneira, apesar das diferenças econômicas, o que se percebe é que a responsabilidade dos cidadãos em conjunto com a agilidade de ações dos governos é a soma mais eficaz até agora. "*O esforço conjunto dos governos federais aliado à resposta sinérgica da população pode ter resultados bastante promissores no que tange tanto à qualidade da saúde pública e à economia nos próximos meses, ou anos, depois da pandemia*" (PET ECONOMIA UFPR, 2020, p.42).

## Considerações Finais

Na luta em face à pandemia da COVID-19, a cooperação internacional é indispensável, pois amplifica os esforços individuais de cada país. Inclusive, o que se percebe é uma tendência de que esta cooperação internacional extrapole a linha de combate ao Coronavírus, visto que a pandemia trouxe consigo preocupações que permanecerão após o seu fim.

Por óbvio que o objetivo eminente a ser mais rapidamente alcançado pela cooperação internacional seria o de conter e combater a pandemia. Contudo, a longo prazo, as políticas de coordenação entre países terão que realizar uma movimentação em direção à recuperação e reconstrução dos sistemas socioeconômicos de formas inclusivas e sustentáveis, mirando, até mesmo, na prevenção e preparação para futuros riscos de epidemias e pandemias.

Para uma cooperação em resposta à crise sanitária, percebe-se a necessidade de uma ampliação da capacidade médica para tratamentos e testes; o desenvolvimento e implantação eficazes de vacinas; uma vigilância permanente para detectar o ressurgimento do Coronavírus e o surgimento de novos vírus; além de um apoio contínuo e forte para os países menos desenvolvidos. Já em um panorama de cooperação para uma recuperação inclusiva e sustentável, a adoção de novas políticas fiscais e comerciais se faz importante, além de preservar a abertura comercial e aumentar a robustez e resiliência das cadeias de abastecimento (CALDERA, SHASHWAT, 2020).

Algumas opções para superar as crises de financiamento se apoiam nas privatizações e no aumento exponencial das parcerias entre os setores público e privado. Tais coordenações podem envolver o compartilhamento de práticas sobre como operacionalizar projetos de longo prazo, a fim de haver uma melhor preparação para futuras pandemias e riscos.

> *Mesmo que medidas adequadas de combate à pandemia sejam tomadas e se mostrem capazes de minimizar seus efeitos sociais e econômicos, a economia mundial deve sair muito diferente da crise. Tendo em vista esse quadro, a recuperação econômica no pós-crise exigirá muito mais do que a mera normalização das condições financeiras e de crédito. Dada a fragilidade do setor privado, o Estado terá um papel decisivo na retomada da atividade econômica, seja como investidor direto, seja como indutor ou financiador do investimento. (MELLO, et al. 2020, p.19).*

Dessa forma, não há dúvidas de que em um mundo pós-pandêmico, será possível observar uma mudança significativa no sistema global e nas relações entre os países, que adicionarão em suas equações de balanços e planejamentos econômicos uma variável relativa ao surgimento de uma nova ameaça sanitária, esperando a próxima grande onda pandêmica.

A COVID-19 é um dano existencial que derrubou sistemas globais. Externamente, sabe-se que sem uma cooperação internacional, tanto a saída da crise sanitária quanto a recuperação econômica serão, possivelmente, lentas e fracas. Internamente, contudo, a Pandemia fez acender os sinais de aviso dos Estados para que se fortaleçam, tanto pela questão do elevado grau de interdependência entre os países gerado pela globalização; quanto pela questão de que somente um governo internamente soberano, que tenha uma mão firme para transmitir respeito e satisfazer as necessidades de seu povo, é que conseguirá o apoio enérgico de seus nacionais para acatar suas diretrizes. E esse binômio se mostra promitente, não somente pois foi o modelo encontrado nos países que obtiveram, até o momento, o melhor resultado na luta contra a pandemia, mas porque será o definidor da efetividade da governança dos Estados, em especial no que tange ao futuro da economia.

## Referências

A pandemia e o papel do estado. **Hoje em Dia.** 09 abr. 2020. Disponível em: https://www.hojeemdia.com.br/opini%C3%A3o/colunas/editorial-1.334042/a-pandemia-e-o-papel-do-estado-1.782242. Acesso em: 24 mai. 2021.

ABER, Rebecca; BÜLOW, Marisa Von. **A pandemia e o Estado que queremos**. El País. 16 maio 2020. Disponível em: https://brasil.elpais.com/opiniao/2020-05-16/a-pandemia-e-o-estado-que-queremos.html. Acesso em: 24 mai. 2021.

ALMEIDA, Celia. **Governança do setor saúde em um contexto mundial mutante e incerto.** Seminário "O Brasil pós-pandemia: Sistema Interestatal,

Instituições Multilaterais e Governança Global da Saúde". 3 mai. 2021. Rio de Janeiro: Fundação Oswaldo Cruz, 2021.47 p. – (Textos para Discussão; n. 60)

ALVES, Angela Limongi Alvarenga. **Soberania Estatal, (Des)Globalização e Pandemia de Covid-19.** Direito em Tempos de Crise – COVID-19. Volume 1 – Constitucional. São Paulo: Quartier Latin, 2020. p.63-76.

ANDREONI, Manuela. **Coronavirus in Brazil: What You Need to Know.** The New York Times. 27 Mar. 2021. Disponível em: https://www.nytimes.com/article/brazil-coronavirus-cases.html. Acesso em: 29 mai. 2021.

Ascom SE/UNA-SUS. **Organização Mundial de Saúde declara pandemia do novo Coronavírus.** 11 mar. 2020. Disponível em: https://www.unasus.gov.br/noticia/organizacao-mundial-de-saude-declara-pandemia-de-coronavirus. Acesso em: 26 mai. 2021.

BILAL, San; CIOMMO, Mariella Di. **Following the money: Why a COVID-19 marker might not help**. ECDPM. 29 jun. 2020. Disponível em: https://ecdpm.org/talking-points/following-money-why-covid-19-marker-might-not-help/. Acesso em: 26 mai. 2021.

CACEDO, Matheus. **Qual o papel do Estado depois do coronavírus?** Politize! 25 mai. 2020. Disponível em: https://www.politize.com.br/papel-do-estado-depois-do-coronavirus/. Acesso: em 24 mai. 2021.

CALDERA, Aida; SHASHWAT, Koirala. **Eight priorities to strengthen international cooperation against Covid-19**. VOXeu CEPR. 30 Jun. 2020. Disponível em: https://voxeu.org/article/eight-priorities-strengthen-international-cooperation-against-covid-19. Acesso em: 24 mai. 2021.

CRUZ, Elaine Patrícia. **Plano de Retomada da Economia em São Paulo terá cinco fases.** Agência Brasil. 27 mai. 2020. Disponível em: https://agenciabrasil.ebc.com.br/economia/noticia/2020-05/plano-de-retomada-da-economia-em-sao-paulo-tera-cinco-fases. Acesso em: 30 mai. 2021.

É preciso repensar o papel do Estado e o combate à pandemia no Brasil. **JORNAL DA USP**. 29 jun. 2020. Disponível em:

https://jornal.usp.br/atualidades/e-preciso-repensar-o-papel-do-estado-e-o-combate-a-pandemia-no-brasil/. Acesso em: 24 mai. 2021.

**FAQ Coronavírus**. Governo Federal. Disponível em: https://www.gov.br/cgu/pt-br/coronavirus/faq-coronavirus. Acesso em: 24 mai. 2021.

**FNS – Painel COVID-19.** Governo Federal. Disponível em: https://painelms.saude.gov.br/extensions/TEMP_COVID19/TEMP_COVID19.html. Acesso em: 24 mai. 2021.

**G20.** Disponível em: https://www.g20.org/. Acesso em: 30 mai. 2021.

**G7.** Comissão Europeia. Disponível em: https://ec.europa.eu/info/food-farming-fisheries/farming/international-cooperation/international-organisations/g7_pt. Acesso em: 30 mai. 2021.

**LEE, Yen Nee.** The U.S. will remain richer than China for the next 50 years or more, says economist. CNBC. 26. Mar. 2021. Disponível em: https://www.cnbc.com/2021/03/26/us-will-remain-richer-than-china-for-the-next-50-years-or-more-eiu.html. Acesso em 1º jul. 2021.

LUIGI, Ricardo; SENHORAS, Elói Martins. **O novo coronavírus e a importância das organizações internacionais.** NEXO. 17. Mar. 2020. Disponível em: https://www.nexojornal.com.br/ensaio/2020/O-novo-coronav%C3%ADrus-e-a-import%C3%A2ncia-das-organiza%C3%A7%C3%B5es-internacionais. Acesso em: 24 mai. 2021.

MACKENZIE, Jean. **Covid-19: como a Islândia se tornou o primeiro país europeu a controlar o Coronavírus.** BBC News. 24 mar. 2021. Disponível em: https://www.bbc.com/portuguese/internacional-56512670. Acesso em: 1º jun. 2021.

MELLO, Guilherme; OLIVEIRA, Ana Luíza Matos de; GUIDOLIN, Ana Paula; CASO, Camila de; DAVID, Grazielle; NASCIMENTO, Julio Cesar; GONÇALVES, Ricardo; SEIXAS, Tiago. **A Coronacrise: natureza, impactos e medidas de enfrentamento no Brasil e no Mundo.** CECON: Centro de Estudos de Conjuntura e Política Econômica – IE/UNICAMP. Mar. 2020.

MORAES, Alexandre. **Direito Constitucional.** 34. ed. São Paulo: Atlas, 2018.

MOTA, Camilla Veras. **'Cobre seu governador': qual a responsabilidade do governo federal no combate à pandemia?** BBC News. 06 jul. 2020. Disponível em: https://www.bbc.com/portuguese/brasil-53244465. Acesso em: 24 mai. 2021.

ONU – Nações Unidas Brasil. **Entenda o que é a COVAX, parceria da OMS para distribuição equitativa de vacinas contra a COVID-19.** 04 mar. 2021. Disponível em: https://brasil.un.org/pt-br/114711-entenda-o-que-e-covax-parceria-da-oms-para-distribuicao-equitativa-de-vacinas-contra-covid. Acesso em: 31 mai. 2021.

Países doam bilhões para financiar vacina contra coronavírus. **DW – Deustche Welle**. 04 maio 2020**.** Disponível em: https://www.dw.com/pt-br/pa%C3%ADses-doam-bilh%C3%B5es-para-financiar-vacina-contra-coronav%C3%ADrus/a-53328931. Acesso em: 24 mai. 2021.

Pandemia demonstra a importância do papel do Estado, diz Pochmann. **RBA - Rede Brasil Atual.** 08 abr. 2020. Disponível em: https://www.redebrasilatual.com.br/economia/2020/04/pandemia-demonstra-a-importancia-do-papel-do-estado-diz-pochmann/. Acesso em: 24 mai. 2021.

PASCOAL, Valdecir. **Papel do Estado em tempos de pandemia: combate ao vírus e à crise econômica e social.** Jota Info. 05 abr. 2020. Disponível em: https://www.jota.info/opiniao-e-analise/artigos/papel-do-estado-em-tempos-de-pandemia-combate-ao-virus-e-a-crise-economica-e-social-05042020. Acesso em: 24 mai. 2021.

PEET, Charlotte. **Barely recovered from second wave, Brazil is braced for a third.** The Brazilian Report. 20 Mai. 2021. Disponível em: https://brazilian.report/society/2021/05/20/third-coronavirus-wave-economy/. Acesso em: 29 mai. 2021.

PET ECONOMIA UFPR. **Brasil e o mundo diante da crise econômica e da Covid-19.** Programa Educacional Tutorial em Economia da Universidade Federal do Paraná. Jul. 2020. Disponível em: https://www.ufpr.br/portalufpr/wp-content/uploads/2020/07/Brasil-e-o-mundo-diante-da-Covid-19-e-da-crise-economica.pdf. Acesso em 1º jul. 2021.

RAHIM, Fazeer; ALLEN, Richard; BARROY, Hélène; GORES, Laura; KUTZIN, Joseph. **Fundos COVID-19 em resposta à pandemia.** FMI Fiscal Affairs. 17 ago. 2020.

RODRIGUES, Fernando. **FMI anuncia fundo de US$ 50 bilhões para combate ao novo coronavírus**. Poder 360. 04. Mar. 2020. Disponível em: https://www.poder360.com.br/economia/fmi-anuncia-fundo-de-us-50-bilhoes-para-combate-ao-novo-coronavirus/. Acesso em: 24 mai. 2021.

SAYURI, Juliana. **Como estão hoje os primeiros países que lidaram com a covid-19.** NEXO. 03 abr. 2021. Disponível em: https://www.nexojornal.com.br/expresso/2021/04/03/Como-est%C3%A3o-hoje-os-primeiros-pa%C3%ADses-que-lidaram-com-a-covid-19. Acesso em: 1º jun. 2021.

STRECKER, Marcos. **Os países que venceram**. ISTOÉ. 30 abr. 2021. Disponível em: https://istoe.com.br/os-paises-que-venceram/. Acesso em: 1º jun. 2021.

STF. **Arguição de Descumprimento de Preceito Fundamental 672**. 08 abr. 2020. Disponível em: http://www.stf.jus.br/arquivo/cms/noticiaNoticiaStf/anexo/ADPF672liminar.pdf. Acesso em: 24 mai. 2021.

VALENCIA, Alejandro Millán. **Coronavírus: por que os japoneses já usavam máscaras muito antes da covid-19**. BBC News. 17. Jul. 2020. Disponível em: https://www.bbc.com/portuguese/internacional-53452695. Acesso em: 30 mai. 2021.

# O Papel dos Estados na Pandemia da Covid-19:

# Uma Análise Sobre a (In)Efetividade de Governança

# DA FAVELA NOVA BRASÍLIA ÀS NOVAS INCURSÕES POLICIAIS EM TEMPOS DE COVID-19 NAS COMUNIDADES CARIOCAS

*Marcos Martins de Oliveira* [1]*

*Luiz Sales do Nascimento* [2]**

## Introdução

O foco do presente capítulo é a análise dos principais pontos do processo que tramitou perante a Comissão e a Corte Interamericana de

---

[1] * **Marcos Martins de Oliveira**:
-Defensor Público do Estado do Piauí.
-Coordenador do Núcleo de Defesa da Mulher em situação de violência da Defensoria Pública Regional de Floriano-PI.
-Professor efetivo da Universidade Estadual do Piauí.
-Coordenador do Núcleo de Práticas Jurídicas da UESPI-Floriano-PI.
-Créditos de Doutorado em Ciências Jurídicas e Sociais feitos na UMSA.
-Especialista em novo Direito Processual Civil pela Estácio/CERS.
-Especialista em Direto Público e em Direito Privado pela UFPI/ESMEPI.
-Mestrando em Direito pela Universidade Católica de Santos - UNISANTOS.
-Professor convidado da Escola Superior da Defensoria Pública (Processo Civil e Família).

[2] ** **Luiz Sales do Nascimento**:
-Professor da Universidade Católica de Santos nos cursos de Graduação, Mestrado e Doutorado.
-Doutor e Mestre em Direito do Estado, com área de concentração em Direito Constitucional, pela Pontifícia Universidade Católica de São Paulo.
-Procurador de Justiça do Ministério Público do Estado de São Paulo.

Direitos Humanos relacionado a duas incursões policiais na Favela Nova Brasília, complexo do alemão, no Rio de Janeiro-RJ, nos anos de 1994 e 1995, que resultaram na morte de 26 pessoas e estupro de três adolescentes residentes no local indicado.

Objetiva-se entender os fatos e os procedimentos das instituições policiais e judiciais sob o prisma dos direitos humanos, em especial insculpidos na Convenção Americana de Direitos Humanos, Convenção de Combate à Tortura e a Convenção de Belém do Pará. Ademais, pretende-se analisar as preliminares suscitadas pelo Brasil e argumentos de mérito e a forma que a Corte enfrentou cada um dos temas, principalmente a exceção de quarta instancia e falta de esgotamento dos recursos internos.

As famílias não tinham resposta efetiva da jurisdição brasileira nem qualquer tipo de reparação pelos danos suportados, razão que motivou a submissão do caso ao Sistema Interamericano, sustentando violação dos direitos humanos, precipuamente os seguintes previstos na Convenção Americana de Direitos Humanos: a) garantias judiciais e proteção judicial (artigos 8.1 e 25.1, da CADH); b) direito à integridade pessoal (artigo 5.1, da CADH), e c) direito de circulação e residência (art. 22.1, da CADH), como se verá adiante.

Faz-se uma Revisão do processo: Caso Favela Nova Brasília x Brasil com o seguinte título: Corte Interamericana de Direitos Humanos: Caso Favela Nova Brasília vs. Brasil. Sentença de 16 de fevereiro de 2017 (Exceções preliminares, mérito, reparações e custas) [3] e de algumas notícias relacionadas com o intento de desenvolver o âmbito de competência da Corte e de intervenção nas demandas judiciais domésticas.

Traz-se à baila os principais pontos da tramitação do caso no sistema interamericano de proteção dos direitos humanos, na Comissão interamericana, fatos narrados, defesa do Brasil, depoimentos, perícias, preliminares, mérito, até a sentença da Corte, trazendo abordagem crítica das principais ocorrências, enfrentamento de todas as questões preliminares e de mérito.

Na abordagem desses fatos, de seus fundamentos e dos próprios comandos decisórios, consultou-se a sentença da Corte Interamericana e com o fim de evitar inúmeras citações da mesma fonte serão indicadas no corpo do texto o parágrafo e a página da sentença de onde se extraiu a informação.

Ademais, faz-se uma ponte dos fatos desse processo com a decisão do Supremo Tribunal Federal de restringir as incursões policiais nas comunidades fluminenses durante a pandemia, as quais, segundo dados colhidos, tornaram-se mais letais que antes.

No dia 18 de maio de 2020, João Pedro Mattos, de 14 anos, foi alvejado pela polícia em sua casa em São Gonçalo. No dia 20 de maio de 2020, o

---

[3] Corte Interamericana de Direitos Humanos: Caso Favela Nova Brasília vs. Brasil. Sentença de 16 de fevereiro de 2017 (Exceções preliminares, mérito, reparações e custas). Disponível em: http://www.corteidh.or.cr/docs/casos/articulos/seriec_333_por.pdf. Acesso em: 10 abr. 2020.

jovem João Victor Gomes da Rocha foi morto ao sair para comprar uma pipa, na Cidade de Deus, durante uma operação policial que interrompeu a entrega de cestas básicas na comunidade. As duas mortes ocorreram dias após uma outra ação no Complexo do Alemão, que deixou 13 mortos[4].

Esses fatos foram o estopim para que o ministro Edson Fachin em decisão monocrática proferisse decisão restringindo as incursões policiais nas comunidades fluminenses durante a pandemia "ad referendum" do pleno do Supremo Tribunal Federal[5] e neste confirmada posteriormente. A decisão é submetida ao crivo dos direitos humanos, do processo penal, conjuntamente com estatísticas relativas a atuação policial com resultado morte com o escopo de demonstrar a eficácia da decisão da Suprema Corte brasileira.

Mesmo após a confirmação da liminar proferida na ADPF n. 635, incursão policial na Comunidade Jacarezinho deixou 28 (vinte e oito) mortos, entre estes um policial. O que esse novo fato teria relação com as recomendações da Comissão Interamericana de Direitos Humanos e com a sentença da Corte ?

---

[4] FREITAS, Camilla. Não há pacificação com arma': ações ajudam milhares em favelas do Rio. https://www.uol.com.br/ecoa/ultimas-noticias/2020/06/16/como-acoes-sociais-ajudam-milhares-no-rio-e-podem-blindar-favela.htm. Acesso em 28.04.2021.

[5] Ministro Fachin determina suspensão de operações policiais em comunidades do RJ durante pandemia. Disponível http://portal.stf.jus.br/noticias/verNoticiaDetalhe.asp?idConteudo=444960&ori=1. Acesso em 19.06.2020.

As recomendações voltadas a diminuir a letalidade das ações policiais e as medidas voltadas a uma apuração isenta e imparcial das ações policiais com resultado morte aparentemente não vem sendo adotadas.

**Fatos Ocorridos na Favela Nova Brasília e que foram Apreciados no Sistema Interamericano de Direitos Humanos**

Todos os fatos narrados e mencionados apenas com parágrafo e página se encontram na sentença da corte interamericana[6] e não serão objeto de repetitivas notas de rodapé para não cansar o leitor.

O primeiro fato ocorreu na manhã de 18 de outubro de 1994. Mais de quarenta policiais militares e civis de várias delegacias da cidade do Rio de Janeiro invadem cinco casas, disparam nos ocupantes, retiram e executam outros (parágrafo 113-114, p. 31). Numa das casas, dez policiais agridem e violentam sexualmente três jovens, duas de 15 e uma de 16 anos de idade (parágrafo 115, p.31). Segundo seus depoimentos, levam chutes, socos nos ouvidos, na barriga e nas pernas e batem nas suas nádegas com ripas de madeira. Uma delas teve que tirar a blusa; outro policial a leva ao banheiro e, forçando a despir-se, fez sexo anal. Outro policial segura uma das jovens pelo cabelo e a obriga a fazer sexo oral, masturbando-se e ejaculando em seu rosto (parágrafo 123, p.34).

---

[6] Corte Interamericana de Direitos Humanos: Caso Favela Nova Brasília vs. Brasil. Sentença de 16 de fevereiro de 2017 (Exceções preliminares, mérito, reparações e custas). Disponível em: http://www.corteidh.or.cr/docs/casos/articulos/seriec_333_por.pdf. Acesso em: 10 abr. 2020.

O resultado dessa incursão: 13 corpos envoltos em cobertores deixados na praça central da comunidade e brutais sequelas subjetivas para feridos e sobreviventes (parágrafo 123, p.34-35).

Esses fatos aconteceram na comunidade "Nova Brasília", integrante do Complexo do Alemão, um bairro da Zona Norte da cidade do Rio de Janeiro-RJ.

> *Esses fatos comprovadamente se deram na comunidade de Nova Brasília, uma das tantas que compõem o Complexo do Alemão, um bairro da Zona Norte da cidade do Rio de Janeiro com quase um milhão de habitantes, vivendo em precárias condições de vida, vulnerabilidade expressa tanto pela falta de equipamentos coletivos básicos de infraestrutura como por viver no fogo cruzado da violência decorrente da disputa pelo território por grupos de traficantes de drogas e pelas incursões policiais e os confrontos decorrentes, sobretudo naquela época, de intensos embates*[7].

Como geralmente acontece em operações policiais desse tipo, as mortes são justificadas pela ideia do confronto, da legítima defesa e da guerra, narrativa que encanta agentes de segurança pública no Brasil, com ares de licença para matar e, nessa linha, apenas um auto de resistência foi lavrado (parágrafo 120, p.33).

Quase sete meses depois, dia 8 de maio de 1995, a história se repete no mesmo local. Por volta das seis da manhã, 14 policiais civis chegam na

---

[7] BOVO, Cassiano Martinez. *Chacinas de Nova Brasília: esquecimento interrompido*. Disponível em https://www.justificando.com/2019/04/30/chacinas-de-nova-brasilia-esquecimento-interrompido. Acesso em: 10 abr. 2020.

Nova Brasília, com o apoio de dois helicópteros, objetivando interromper um carregamento de armas que seria entregue para traficantes de drogas. O confronto resultou em tiroteio com treze mortos e três policiais feridos (parágrafos 117-118, p.32).

Relativo ao primeiro fato, ocorrido em 1994, procedimentos básicos de investigação foram descumpridos, como a não preservação das cenas do crime, pois os corpos foram retirados do local (parágrafo 120, p.33) e foram produzidas provas de que as vítimas foram executadas sem chance de defesa (*passim*).

As três moças violentadas na primeira chacina realizaram exames periciais no Instituto Médico Legal quase um mês depois, evidentemente sem conclusão alguma, dado ao lapso de tempo entre o fato e a perícia (parágrafo 125, p. 35).

A perícia relativa ao fato ocorrido em 1995 concluiu (p.39-40 da sentença):

> *150. A perita salientou que, de acordo com as informações registradas, tanto nos meios de imprensa como nos documentos do processo, bem como na literatura médica, cenários de intercâmbio de múltiplos disparos são resultado mais da intenção de eliminar o opositor do que do simples fato de tentar neutralizar um ataque. Além disso, acrescentou que o fato de que os ferimentos a bala nas vítimas tenham, com frequência, impactado o peito perto do coração e a cabeça, e de que seis dos mortos tenham sido atingidos por um ou dois disparos, mostrava uma alta eficiência letal. Sete corpos,*

> *ademais, apresentavam sinais de lesões causadas por objetos contundentes e fraturas*[8].

A perícia técnica pontua: a) disparos próximos ao coração e cabeça das vítimas; b) lesões e fraturas causadas por objetos contundentes em sete corpos; c) cenário de múltiplos disparos.

## Denúncia à Comissão Interamericana

Diante da inércia do aparato estatal em apurar adequadamente o fato e responsabilizar os agentes, o Centro pela Justiça e o Direito Internacional (CEJIL) e a *Human Rights Watch Americas* (e o Instituto de Estudos da Religião – ISER – admitido como representante posteriormente) entraram com duas petições na Comissão Interamericana de Direitos Humanos, em 1995 e 1996, respectivamente (parágrafo 2º, letra a, p.3 da sentença multicitada).

Em 2011, a Comissão Interamericana emitiu o Relatório de Mérito 141/11 sobre o caso com o número 11.566, notificando o Estado brasileiro em 2012 (parágrafo 2º, itens "c" e "d", p.3-4).

Lembrou-se, também, que vários procedimentos investigativos não foram realizados e processos não foram cumpridos. O documento exige

---

[8] Corte Interamericana de Direitos Humanos: Caso Favela Nova Brasília vs. Brasil. Sentença de 16 de fevereiro de 2017 (Exceções preliminares, mérito, reparações e custas). Disponível em http://www.corteidh.or.cr/docs/casos/articulos/seriec_333_por.pdf. Acesso em 10.04.2020.

reparações e faz as seguintes recomendações, com um prazo de dois meses para a informação sobre o cumprimento:

> *"a. conduzir uma investigação exaustiva, imparcial e efetiva das violações descritas no Relatório de Mérito, em prazo razoável, por autoridades judiciais independentes da polícia, com vistas a determinar a verdade e punir os responsáveis. A investigação levará em conta os vínculos existentes entre as violações de direitos humanos descritas no Relatório e o padrão de uso excessivo da força letal por parte da polícia. Também considerará as possíveis omissões, atrasos, negligências e obstruções na justiça provocadas por agentes do Estado" (p.4 da sentença).*

Além disso, a Comissão recomendou ao Brasil outras providências (p.4-5 da sentença): b) a indenização por danos morais e materiais sofridos pelas três jovens estupradas; c) a eliminação da prática de registrar automaticamente as mortes cometidas por agentes de segurança pública como autos de resistência; d) **o combate à impunidade da violência policial, adaptando os mais variados mecanismos legais e administrativos à prevenção das violações de direitos humanos cometidas por policiais**; e) a gênese de sistemas de prestação de contas, inclusive externos, com atenção à questão étnico-racial e de gênero; f) construir uma ideia de segurança cidadã, modernizando, capacitando e profissionalizando os sistemas de segurança, de acordo com o marco legal internacional, com especial preocupação com o estigma sofrido pela população pobre, sobretudo moradores de favelas; g) **regulamentação legal do uso da força**

**dentro dos princípios de excepcionalidade, necessidade e proporcionalidade.**

A partir das recomendações da Comissão surge um novo ímpeto, como se o caso tivesse sido "descongelado", os processos acabaram desarquivados, alguns poucos policiais denunciados. Porém, em 2015, o inquérito referente à segunda chacina foi arquivado, a pedido do Ministério Público, que alegou impossibilidade de identificação dos autores. O inquérito da primeira chacina ficou paralisado, sem qualquer esclarecimento ou punição.[9]

## Submissão do Caso à Corte

Como decorrência, já que as recomendações não foram seguidas e as reparações não realizadas, mesmo depois de dois adiamentos, em 2015, a Comissão Interamericana enviou o caso à Corte Interamericana de Direitos Humanos, iniciando o processo de julgamento (parágrafo 2º, item "d", e 3º, p.5).

Em seu escrito de contestação, o Estado (Brasil) apresentou sete exceções preliminares (parágrafo 18, p.8-9):

> *A) a inadmissibilidade do caso na Corte, em virtude da publicação do Relatório de Mérito da Comissão;*
> *B) a incompetência ratione personae quanto a vítimas não identificadas ou sem representação;*

---

[9] BOVO, Cassiano Ricardo Martines. *Chacinas de Nova Brasília: esquecimento interrompido*. Disponível em https://www.justificando.com/2019/04/30/chacinas-de-nova-brasilia-esquecimento-interrompido/. Acesso em 10 abr. 2020.

> *C) a incompetência ratione temporis a respeito de atos anteriores à data de reconhecimento da jurisdição da Corte e em relação à Convenção Interamericana para Prevenir, Punir e Erradicar a Violência contra a Mulher (Convenção de Belém do Pará);*
> *D) a incompetência ratione materiae, por violação do princípio de subsidiariedade do Sistema Interamericano (fórmula da quarta instância);*
> *E) a incompetência ratione materiae quanto a supostas violações de direitos humanos previstos na Convenção Interamericana para Prevenir e Punir a Tortura bem como na Convenção de Belém do Pará;*
> *F) falta de esgotamento prévio de recursos internos; e*
> *G) a inobservância do prazo razoável para submeter à Corte a pretensão de investigação criminal.*

## Preliminares e Respectivo Enfrentamento

Na 1ª preliminar, o Brasil afirmou que foi violado o artigo 51 da Convenção Americana, uma vez que o dispositivo é claro ao autorizar a Comissão a emitir o Relatório definitivo e, eventualmente, publicá-lo ou submetê-lo à jurisdição da Corte, mas de maneira alguma a autoriza a publicá-lo antes de levar o caso à Corte (parágrafo 21, p.9).

A esse respeito, a Corte explicou que o relatório previsto no artigo 50 da Convenção Americana de Direitos Humanos, no qual contém as recomendações dadas ao Estado infrator de direitos humanos, pode ser publicado, desde que isso ocorra após a apresentação do caso à Corte. Nesse momento do procedimento, o Estado já conhece seu conteúdo e já teve oportunidade e tempo de cumprir as recomendações (parágrafo 27, p.10). A Corte observou que o próprio Brasil fez prova da adequação do procedimento, pois cita o link eletrônico da publicação do relatório com acesso datado de 23 de outubro de 2015, ou seja, posterior à apresentação do caso à Corte (CIDH), que ocorreu em 19 de maio de 2015 (parágrafo 28, p.10). Por essas razões, rechaçou o argumento do Brasil (parágrafo 29, p.10).

Nos parágrafos 30-31, da p.11, da sentença o Brasil alega problemas de identificação e representação das supostas vítimas. Os representantes das vítimas alegaram que o tempo já transcorrido entre o fato e o julgamento dificultava a identificação das pessoas vitimadas (parágrafo 34, p.12). A Corte afirmou que tendo sido identificadas 26 (vinte e seis) pessoas mortas e três pessoas vítimas de violência sexual (parágrafo 38, p.13), a identificação de familiares/sucessores não seria tarefa difícil demais a ponto de atrair a incidência do art. 35.2 do Regulamento da Corte[10], o qual permite acrescentar novas supostas vítimas após o relatório da Comissão em circunstâncias excepcionais (casos de violações em massa ou coletivas), conforme parágrafo 36, da p.12 da sentença.

A Corte cita vários precedentes em que a exceção de não identificação ou contato de todas as vítimas foi aplicada (art. 35.2 do Regulamento):

> *37. Dessa forma, a Corte avaliou a aplicação do artigo 35.2 do Regulamento com base nas características particulares de cada caso, e o aplicou em casos de violações em massa ou coletivas, com dificuldades para identificar ou contatar todas as supostas vítimas, por exemplo, devido à presença de um conflito armado, de*

---

[10] OEA. REGULAMENTO DA CORTE INTERAMERICANA DE DIREITOS HUMANOS. 2009. Disponível em https://www.corteidh.or.cr/sitios/reglamento/nov_2009_por.pdf. Acesso em 28 abr. 2021.

> *deslocamento ou da queima dos corpos das supostas vítimas, ou em casos em que famílias inteiras desapareceram e não haveria ninguém que pudesse falar por elas. Também levou em conta a dificuldade de acesso à área onde ocorreram os fatos, a falta de registros a respeito dos habitantes do lugar e o transcurso do tempo, além de características particulares das supostas vítimas do caso, por exemplo, quando estas constituíram clãs familiares com nomes e sobrenomes similares, ou quando se tratava de migrantes. Do mesmo modo, considerou a conduta do Estado, por exemplo, quando há alegações de que a falta de investigação contribuiu para a incompleta identificação das supostas vítimas, e em um caso de escravidão. (parágrafo 37, p.13).*

Ainda sobre a 2ª preliminar, a Corte considerou que os familiares das supostas vítimas estão razoavelmente representados pelo CEJIL e pelo ISER, de maneira que não prospera a exceção *rationae personae* do Estado sobre a suposta falta de outorga de procurações aos representantes (parágrafo 41, p.14).

Com esses fundamentos, a Corte acolhe parcialmente a 2ª exceção preliminar do Estado e considerou como supostas vítimas do caso unicamente as pessoas identificadas e arroladas no Relatório de Mérito da Comissão Interamericana.

Afastando a 3ª preliminar (parágrafo 50, p.16), a Corte afirmou que tem competência para analisar os supostos fatos e omissões do Estado que tiveram lugar nas investigações e processos a respeito das incursões policiais de 1994 e 1995, ocorridos posteriormente ao reconhecimento por parte do Brasil da competência contenciosa do Tribunal (a partir de 10 de dezembro de 1998). A análise da Corte a respeito de alegadas violações da Convenção Americana, da Convenção Interamericana para Prevenir e Punir a Tortura e da Convenção de Belém do Pará também se realizará a respeito de fatos ocorridos após 10 de dezembro de 1998.

Aqui vale ressaltar que o sistema interamericano requer duas adesões para que atue integralmente. O Estado deve ratificar a Convenção Americana de Direitos Humanos (Pacto de São José da Costa Rica) e em outro instrumento aceitar a competência contenciosa da Corte Interamericana de Direitos Humanos, a partir de quando o Estado fica subordinado à jurisdição da CIDH – aceitação facultativa na forma do art. 62[11], da Convenção Americana de Direitos Humanos[12]. O Brasil, por exemplo, ratificou a Convenção Americana em 1992[13], mas a competência contenciosa da CIDH somente se deu em 1998.

O Congresso Nacional aprovou, pelo Decreto Legislativo n. 89, de 3 de dezembro de 1998, solicitação de reconhecimento da competência obrigatória da Corte Interamericana de Direitos Humanos, em todos os casos relativos à interpretação ou aplicação da Convenção, de acordo com

---

[11] Art. 62.1. Todo Estado Parte pode, no momento do depósito do seu instrumento de ratificação desta Convenção ou de adesão a ela, ou em qualquer momento posterior, declarar que reconhece como obrigatória, de pleno direito e sem convenção especial, a competência da Corte em todos os casos relativos à interpretação ou aplicação desta Convenção.

[12] OEA. CONVENÇÃO AMERICANA SOBRE DIREITOS HUMANOS. Disponível em https://www.cidh.oas.org/basicos/portugues/c.convencao_americana.htm. Acesso em 14.05.2020.

[13] BRASIL. DECRETO N.º 678, DE 6 DE NOVEMBRO DE 1992. Disponível em http://www.planalto.gov.br/ccivil_03/decreto/d0678.htm. Acesso em 28.04.2021.

o previsto no art. 62 daquele instrumento. E a Declaração de aceitação da competência obrigatória da Corte Interamericana de Direitos Humanos foi depositada junto à Secretaria-Geral da Organização dos Estados Americanos em 10 de dezembro de 1998. Em virtude disso, é reconhecida como obrigatória, de pleno direito e por prazo indeterminado, a competência da Corte Interamericana de Direitos Humanos em todos os casos relativos à interpretação ou aplicação da Convenção Americana de Direitos Humanos (Pacto de São José), de 22 de novembro de 1969, de acordo com art. 62 da citada Convenção, sob reserva de reciprocidade e para fatos posteriores a 10 de dezembro de 1998[14].

Noutras palavras, o foco do julgamento da Corte Interamericana não foi as violações ocorridas no momento das chacinas, pois para isso não teria competência já que o Brasil somente aceitou a competência contenciosa da Corte em 10.12.1998. Entretanto, tem competência para apreciar as violações de Direitos Humanos ocorridas nas investigações, processos e omissões posteriores a essa data, ou seja, os desdobramentos dos casos.

Na apreciação da 4ª preliminar, a Corte estabeleceu que, para que a exceção de quarta instância seja procedente:

> *"é necessário que o solicitante solicite que a Corte revise a sentença de um tribunal interno em virtude de sua incorreta apreciação da prova, dos fatos ou do direito interno, sem que, simultaneamente, se alegue que tal sentença incorreu em violação de tratados*

[14] BRASIL. DECRETO Nº 4.463, DE 8 DE NOVEMBRO DE 2002. Disponível em http://www.planalto.gov.br/ccivil_03/decreto/2002/d4463.htm. Acesso em 28.04.2021.

> *internacionais sobre os quais o Tribunal tenha competência". (parágrafo 56, p.17).*

A Corte firmou que ao se avaliar o cumprimento de certas obrigações internacionais, pode ocorrer uma intrínseca relação entre a análise de direito internacional e a de direito interno. Portanto, a determinação de se as ações de órgãos judiciais constituem ou não violação das obrigações internacionais do Estado/país pode pressupor que a Corte examine os respectivos processos internos para estabelecer sua compatibilidade com a Convenção Americana (parágrafo 56, p.17).

Afastando a 5ª preliminar, a Corte consignou ser pertinente lembrar que, ante o argumento formulado por alguns Estados de que cada tratado interamericano requer uma declaração específica de aceitação de competência da Corte, asseverou que pode exercer sua competência contenciosa relativa a instrumentos interamericanos distintos da Convenção Americana, quando eles estabeleçam um sistema supervisão regional de seus preceitos. Com esse argumento, deu-se por competente para julgar eventuais violações às Convenção Interamericana para Prevenir e Punir a Tortura e à Convenção de Belém do Pará (combate à violência contra a mulher) (parágrafos 64 e 66, p.18-20).

A 6ª preliminar versava sobre a suposta ausência de esgotamento dos recursos internos antes da submissão do caso ao sistema interamericano de tutela dos direitos humanos. Em primeiro lugar, a CIDH interpretou a exceção passível de preclusão, pois sendo uma defesa à disposição do

Estado, pode renunciar a ela, seja expressa, seja tacitamente. Segundo, essa exceção deve ser apresentada oportunamente [perante a Comissão, não perante a Corte], portanto, já ultrapassado o momento. Em terceiro lugar, a Corte afirmou que o Estado que apresenta essa exceção deve especificar os recursos internos que ainda não tenham sido esgotados, e mostrar que esses recursos são aplicáveis e efetivos, não meramente formais e ilustrativos (parágrafos 78-80, p.23).

Acerca da 7ª e última preliminar (G. Inobservância do prazo razoável para submeter o caso à Comissão), mencionada no parágrafo 81, p.23, a Corte decidiu que se exige o prévio esgotamento dos recursos interno no momento em que se decida sobre a admissibilidade da petição, e não no momento de sua apresentação. Ademais, eventual cumprimento das obrigações recomendadas pela comissão ao Estado implicaria adentrar ao mérito da questão (parágrafo 87, p.25), incabível em sede de preliminares.

### No Mérito

Quanto ao mérito do caso, a CIDH realizou a análise jurídica sobre as alegadas violações aos seguintes direitos: a) garantias judiciais e proteção judicial (artigos 8.1 e 25, da CADH), conforme parágrafo 161, p.42 da sentença; b) integridade pessoal (artigo 5.1, da CADH), conforme parágrafo 260, p.65 da sentença, e c) circulação e residência (art. 22.1, da CADH), conforme p.68 da sentença:

> ***CADH, Artigo 5. Direito à integridade pessoal***
> *1. Toda pessoa tem o direito de que se respeite sua integridade física, psíquica e moral.*

> ***Artigo 8. Garantias judiciais***
> *1. Toda pessoa tem direito a ser ouvida, com as devidas garantias e dentro de um prazo razoável, por um juiz ou tribunal competente, independente e imparcial, estabelecido anteriormente por lei, na apuração de qualquer acusação penal formulada contra ela, ou para que se determinem seus direitos ou obrigações de natureza civil, trabalhista, fiscal ou de qualquer outra natureza.*
> ***Artigo 22. Direito de circulação e de residência***
> *1. Toda pessoa que se ache legalmente no território de um Estado tem direito de circular nele e de nele residir em conformidade com as disposições legais.*
> ***Artigo 25. Proteção judicial***
> *1. Toda pessoa tem direito a um recurso simples e rápido ou a qualquer outro recurso efetivo, perante os juízes ou tribunais competentes, que a proteja contra atos que violem seus direitos fundamentais reconhecidos pela constituição, pela lei ou pela presente Convenção, mesmo quando tal violação seja cometida por pessoas que estejam atuando no exercício de suas funções oficiais.*[15]

Relativo às "garantias judiciais e proteção judicial das vítimas e de seus familiares" a CIDH concluiu que o Estado brasileiro: a) violou normas relativas à devida diligência e prazo razoável em casos das alegadas execuções extrajudiciais (parágrafos 174-182, p.44-46); b) **violou normas sobre independência dos órgãos investigadores em casos de morte decorrente de intervenção policial** (parágrafos 183-191, p.46-48); c) abordou o efeito maléfico dos "autos de resistência à prisão" nas

[15] OEA. CONVENÇÃO AMERICANA SOBRE DIREITOS HUMANOS. 1969. Disponível em https://www.cidh.oas.org/basicos/portugues/c.convencao_americana.htm. Acesso em 14 mai. 2020.

investigações (parágrafos 192-197, p.48-49); d) faltou com a devida diligência nas investigações relacionadas com as incursões policiais de 1994 e 1995 (parágrafos 198-216, p.50-54); e) violou o direito de acesso à justiça, pois ele implica em que a solução da controvérsia se dê em tempo razoável, já que uma demora prolongada pode chegar a constituir, por si mesma, uma violação das garantias judiciais (parágrafo 217, p.54); f) não conferiu proteção judicial efetiva para os familiares das vítimas mortas nas incursões policiais de 1994 e 1995 (parágrafo 232-242, p.58-60); g) violou normas relativas à devida diligência e prazo razoável em casos de alegada violência sexual (parágrafos 243-254, p.60-64); h) faltou com a devida diligência e a proteção judicial referentes à violência sexual contra L.R.J., C.S.S. e J.F.C. (parágrafos 255-259, p.64-65).

Relativo ao "Direito à integridade pessoal" a Corte Interamericana concluiu:

> *270. No presente caso, a Corte observa que a falta de investigação dos fatos e a continuada impunidade podem ter provocado danos e prejuízos aos familiares das vítimas. A esse respeito, a Corte dispõe de prova nos autos relacionada com os danos e sofrimentos por que passaram alguns dos familiares das pessoas mortas nas incursões policiais. Com base nas declarações testemunhais escritas e presenciais, bem como nos relatórios sobre o impacto psicossocial aos familiares das vítimas, torna-se evidente que viram sua integridade pessoal afetada de uma ou outra maneira. (parágrafo 270, p.67).*

Relativo ao "Direito de circulação e residência", a Corte concluiu que os fatos relativos a que as vítimas de violência sexual teriam tido de abandonar suas casas na Favela Nova Brasília não constaram no Relatório de Mérito da Comissão. Nesse sentido, esses fatos alegados foram apresentados de maneira extemporânea, sem uma justificativa para isso. Por isso, a CIDH não reconheceu que o Estado violou o direito de circulação e residência, estabelecido no artigo 22.1 da Convenção Americana (parágrafo 281-282, p.69).

Vale ressaltar por ser importantíssimo para a compreensão da comunidade jurídica que a CIDH reafirmou sua jurisprudência de não incidência de regras internas de prescrição e decadência quando o fato é enquadrado como execução extrajudicial e tortura das vítimas, como ocorreu *in casu* (vide parágrafo 291-292, "b", p.71).

Consta no dispositivo da decisão:

> *"O Estado deverá conduzir eficazmente a investigação em curso sobre os fatos relacionados às mortes ocorridas na incursão de 1994, com a devida diligência e em prazo razoável, para identificar, processar e, caso seja pertinente, punir os responsáveis, nos termos dos parágrafos 291 e 292 da presente Sentença. A respeito das mortes ocorridas na incursão de 1995, o Estado deverá iniciar ou reativar uma investigação eficaz a respeito desses fatos, nos termos dos parágrafos 291 e 292 da presente Sentença" (....) "O Estado deverá iniciar uma investigação eficaz a respeito dos fatos de violência sexual, no sentido disposto no parágrafo 293 da presente Sentença" (p.89).*

Além disso, outras determinações, tais como: a) oferecer tratamento psicológico e psiquiátrico para as vítimas, publicar a sentença em vários canais de informação (por ex. Diário Oficial); b) realizar um ato público e colocar placas comemorativas em Nova Brasília; c) publicar um relatório anual, e por Estados, contendo dados relativos às mortes em operações de segurança, inclusive de policiais; d) **nos incidentes envolvendo intervenção policial, que a investigação e técnicos envolvidos sejam realizados órgãos e pessoas independentes e externos à força pública relacionada** (por ex. autoridade judicial ou Ministério Público); e) **estabelecer políticas e metas para redução da violência e letalidade policial**; f) realizar cursos ou programas especificamente voltados para o atendimento às vítimas de estrupo, no âmbito das polícias militar e civil e na área da saúde; g) participação dos familiares nos processos de investigação h) rever a utilização dos autos de resistência e abolir os conceitos de resistência ou oposição à ação policial, dentre outros (p.89-90).

As autoridades brasileiras tinham prazo de um ano, ou seja, até o dia 11 de maio de 2018, para reabrir as investigações sobre duas chacinas[16], mas, de acordo com BOVO[17], só em julho de 2018, depois do prazo de um

[16] GANDRA, Alana. Brasil é condenado em Corte da OEA por chacinas na favela Nova Brasília. Disponível em https://agenciabrasil.ebc.com.br/direitos-humanos/noticia/2017-05/estado-brasileiro-e-condenado-na-corte-idh-por-chacinas-na-favela. Acesso em 10.04.2020.

[17] BOVO, Cassiano Ricardo Martines. Chacinas de Nova Brasília: esquecimento interrompido. Disponível em https://www.justificando.com/2019/04/30/chacinas-de-nova-brasilia-esquecimento-interrompido/. Acesso em 10.04.2020.

ano dado pela Corte Interamericana, o Ministério Público do Rio de Janeiro anunciou a reabertura das investigações das duas chacinas, seguindo a orientação da não ocorrência da prescrição.

> *De acordo com a assessora de Direitos Humanos e de Minorias (ADH/MPRJ), Eliane de Lima Pereira, serão retomadas as investigações relativas aos fatos de violência sexual contra três mulheres, duas delas adolescentes à época, que teriam sido torturadas e violentadas durante a incursão das polícias Civil e Militar na favela Nova Brasília, no Complexo do Alemão, em 18 de outubro de 1994. A operação resultou nas mortes de 13 jovens, na qual foram denunciados quatro policiais civis e dois militares pelo MPRJ pelo crime de homicídio duplamente qualificado. O processo está em tramitação no I Tribunal do Júri (nº: 0271673-52.2009.8.19.0001). Também será retomada a investigação relativa às mortes ocorridas na mesma localidade, em outra incursão em maio de 1995, quando mais 13 jovens foram mortos na ação*[18].

Entretanto, a PGR, diante da falta de desfecho dos processos entendeu por instaurar incidente de deslocamento de competência para a Justiça Federal no dia 09/09/2019, indicando no pedido feito ao STJ que já se passaram 25 anos sem a adequada apuração dos fatos e que o Brasil inclusive teve culpa reconhecida no Sistema Interamericano de Direitos Humanos, conforme noticiado na mídia[19].

---

[18] MPRJ reabre investigações de crimes das chacinas de Nova Brasília. Disponível em https://www.mprj.mp.br/home/-/detalhe-noticia/visualizar/62510. Acesso em 28.04.2021.

[19] PGR pede federalização de investigações da chacina de Nova Brasília, no Alemão. Disponível em https://g1.globo.com/rj/rio-de-janeiro/noticia/2019/09/09/pgr-

Aguarda-se desfecho das investigações, dos processos, e a punição dos responsáveis ativos e aqueles que se omitiram dolosa ou culposamente, realizando-se a justiça que o caso requerer e observância da decisão proferida pela Corte Interamericana, da Convenção Americana de Direitos Humanos, da Convenção de Belém do Pará (Combate à Violência contra a Mulher) e da Convenção de Combate à Tortura.

**Incursões Policiais nas Comunidades Fluminenses durante a Pandemia, Decisão do STF Restringindo Operações, Desdobramentos Posteriores até Operação no Jacarezinho**

Pretende-se observar nesse tópico as estatísticas, inquéritos, processos relativos aos ingressos repressivos promovidos pelas forças policiais nas favelas do RJ, confrontando os procedimentos com as recomendações dadas pela Comissão e pela Corte Interamericana, especialmente no sentido da humanização da atuação policial, bem como a decisão do STF de restringi-las, na ADPF[20] n.º 635.

---

pede-federalizacao-de-investigacoes-da-chacina-de-nova-brasilia-no-alemao.ghtml.

[20] De acordo com a Lei 9.882/99: Art. 1ºA arguição prevista no § 1º do art. 102 da Constituição Federal será proposta perante o Supremo Tribunal Federal, e terá por objeto evitar ou reparar lesão a preceito fundamental, resultante de ato do Poder Público.

Desde o dia 13 de março de 2020, o Estado do Rio de Janeiro tem adotado medidas restritivas para prevenir e combater a propagação da pandemia do novo Coronavírus[21].

A Iniciativa Direito à Memória e Justiça Racial — IDMJR é uma organização que atua com ações de enfrentamento à violência de Estado. No boletim IDMJR edição especial "COVID19 e as milícias na baixada fluminense" (2020), indicou-se que desde o início do isolamento social ocorreram 58 operações policiais na Baixada Fluminense, com um total de 05 mortos e 15 feridos. Aconteceram 18 operações em Belford Roxo, 14 em Duque de Caxias, 08 em Nova Iguaçu, 06 operações em São João do Meriti, 04 em Queimados, 03 em Japeri, 02 em Mesquita, 02 em Itaguaí e uma em Nilópolis. O Batalhão que mais realizou operações na Baixada é o 39º BPM de Belford Roxo[22].

O mesmo IDMJR aponta para eventuais desvios de conduta e finalidade dessas operações policiais: "O que nos chama a atenção são que essas operações sempre acontecem em territórios dominados pela facção de tráfico rival as facções de milícias da Baixada"[23].

---

[21] NASCIMENTO, Karina. Instituto de Segurança Pública divulga dados de abril. Disponível em http://www.isp.rj.gov.br/Noticias.asp?ident=438. Acesso em 19.06.2020.

[22] Boletim IDMJR especial - COVID19 e as milícias na baixada fluminense. Disponível em https://dmjracial.files.wordpress.com/2020/04/boletim-vii-2020.pdf. Acesso em 19.06.2020.

[23] Boletim IDMJR especial - COVID19 e as milícias na baixada fluminense. Disponível em https://dmjracial.files.wordpress.com/2020/04/boletim-vii-2020.pdf. Acesso em 19.06.2020.

Em abril de 2020, as operações policiais aumentaram no estado do Rio de Janeiro e foram superiores aos números de 2019. Houve 57,9% mais mortes decorrentes de ação policial do que o mesmo mês de 2019. Até 19.05.2020, o total de vítimas fatais também superou o mesmo período no ano anterior. Os dados estatísticos mostram que, durante a pandemia, nos meses de abril e maio, as polícias do Estado do Rio de Janeiro foram mais letais em operações policiais do que em 2019, quando o Rio de Janeiro teve o recorde de 1.810 mortes causadas por intervenção policial. Foram 30 mortes em abril e 35 em maio[24].

Para exemplificar algumas atuações malsucedidas convém lembrar a morte de um jovem de 18 anos, chamado João Victor Gomes da Rocha, morto na noite do dia 20.05.2020 durante uma ação policial na Cidade de Deus, Zona Oeste do Rio. No momento da operação, voluntários distribuíam cestas básicas para moradores da comunidade, na região conhecida como Pantanal. Pessoas da comunidade afirmaram que ele ia comprar uma pipa, enquanto que a polícia argumenta ter sido alvo de disparos de arma de fogo quando entram na Cidade de Deus e daí se iniciou o confronto[25]. A rede de observatórios da segurança noticiou:

---

[24] Operações policiais no RJ durante a pandemia: frequentes e ainda mais letais. Disponível em http://observatorioseguranca.com.br/wp-content/uploads/2020/05/Operac%CC%A7o%CC%83es-policiais-no-RJ-durante-a-pandemia.pdf. Acesso em 19.06.2020.

[25] Jovem é morto durante distribuição de cestas básicas. Disponível em https://www.hnt.com.br/variedades/jovem-e-morto-durante-distribuicao-de-cestas-basicas/170784. Acesso em 19.06.2020.

> *No dia 18 de maio, segunda-feira, João Pedro Mattos, de 14 anos, foi assassinado em sua casa em São Gonçalo; ontem, 20 de maio, quarta-feira, o jovem João Victor Gomes da Rocha foi morto ao sair para comprar uma pipa, na Cidade de Deus, durante uma operação que interrompeu a entrega de cestas básicas na comunidade. As duas mortes ocorreram dias após uma outra ação no Complexo do Alemão, que deixou 13 mortos[26].*

Essa atuação causou enorme desconforto para o Brasil perante os organismos de defesa Direitos Humanos como se pode perceber de excertos da nota de repúdio da Comissão de Direitos da Associação Brasileira de Antropologia:

> *A Comissão de Direitos Humanos da Associação Brasileira de Antropologia vem a público denunciar e repudiar as operações policiais resultantes em mortes no Estado do Rio de Janeiro, acometidas durante a pandemia devida ao COVID-19.* ***Desde 16 de março, tomado como data do início das medidas de isolamento social, as ações policiais resultaram em, pelo menos, 70 pessoas mortas****.*
>
> *[...] a pandemia tem evidenciado as condições de desigualdade estrutural da sociedade brasileira. As mortes produzidas pela polícia, comandadas pelo governo do Estado do Rio Janeiro, representam um dos maiores abusos de poder. Essa "política da morte" já tem sido pontualmente denunciada como "crime contra a humanidade". O fato delas ocorrerem de forma potencializada durante a pandemia, interrompendo brutalmente ações de auxílio social, [...]*

---

[26] Operações policiais no RJ durante a pandemia: frequentes e ainda mais letais. Disponível em http://observatorioseguranca.com.br/wp-content/uploads/2020/05/Operac%CC%A7o%CC%83es-policiais-no-RJ-durante-a-pandemia.pdf. Acesso em 19.06.2020.

> *Por tudo, repudiamos as mortes causadas pelas ações violentas, nos solidarizamos com as famílias das vítimas e com aqueles que colocam suas vidas em risco nas sucessivas ações de auxílio social, na expectativa de que o repúdio e a indignação pautem políticas públicas respeitosas dos direitos da população.*
> *Brasília, 25 de maio de 2020.*
> *Associação Brasileira de Antropologia – ABA e sua Comissão de Direitos Humanos*

A Anistia Internacional, a Justiça Global e o Coletivo Papo Reto exigiram explicações das autoridades brasileiras, mais especificamente do Governo do Estado do Rio de Janeiro e do Ministério Público Estadual, sobre as operações policiais conduzidas no contexto da pandemia de COVID-19: "Exigimos responsabilidade e compromisso com os direitos humanos de todos e todas. Nenhuma vida vale menos que a outra", afirmou Jurema Werneck, diretora executiva da Anistia Internacional no Brasil[27].

Em reação a esses fatos, o Partido Socialista Brasileiro (PSB) questionou a política de segurança pública através de uma arguição de descumprimento de preceito fundamental (ADPF 635). De acordo com o partido, o governador estimula o conflito armado e "expõe os moradores de áreas conflagradas a profundas violações de seus direitos fundamentais". Em decisão liminar, o ministro Edson Fachin restringiu

[27] NOTA: Operações policiais durante pandemia da COVID-19. Disponível em https://anistia.org.br/noticias/nota-operacoes-policiais-durante-pandemia-da-covid-19/. Acesso em 19.06.2020.

operações a situações absolutamente excepcionais, justificadas por escrita pela autoridade policial e comunicada ao Ministério Público:

> *O ministro Edson Fachin, do Supremo Tribunal Federal (STF), determinou a suspensão de operações policiais em comunidades do Rio de Janeiro durante a pandemia do novo coronavírus, salvo em casos absolutamente excepcionais, que devem ser devidamente justificadas por escrito pela autoridade competente e comunicadas ao Ministério Público estadual, órgão responsável pelo controle externo da atividade policial. De acordo com o ministro, nesses casos, deverão ser adotados cuidados para não colocar em risco ainda maior a população, a prestação de serviços públicos sanitários e o desempenho de atividades de ajuda humanitária*[28].

A ADPF n.º 635 teve o julgamento suspenso em virtude de pedido de vista do ministro Alexandre de Moraes, razão pela qual o ministro Edson Fachin, relator, proferiu decisão monocrática apenas suspendendo as operações *ad cautelam* e, partindo da morte do Menino João Pedro fundamentou sua decisão no estado de coisas inconstitucional:

> *"Muito embora os atos narrados devam ser investigados cabalmente, nada justifica que **uma criança de 14 anos de idade seja alvejada mais de 70 vezes**. O fato é indicativo, por si só, de que, mantido o atual quadro normativo, nada será feito para diminuir a letalidade policial, um estado de coisas que em nada respeita a Constituição"*[29],

[28] STF. Ministro Fachin determina suspensão de operações policiais em comunidades do RJ durante pandemia. Disponível http://portal.stf.jus.br/noticias/verNoticiaDetalhe.asp?idConteudo=444960&ori=1. Acesso em 19.06.2020.

[29] STF. Ministro Fachin determina suspensão de operações policiais em comunidades do RJ durante pandemia. Disponível em

Aqui se prefere tratar o comando judicial não como "suspensão", mas como "restrição" das ações policiais, vez que operações não foram terminantemente suspensas ou proibidas. O relator ressalvou que "em hipóteses excepcionais" a polícia está autoriza a agir. Alguns meios de comunicação também fizeram opção por esse viés interpretativo[30].

Ocorre que um assalto a um depósito do Grupo Pão de açúcar no dia 22.06.2020 colocou em cheque a legitimidade e eficácia social da decisão. Esse latrocínio, já que teve resultado morte agregado ao roubo, deixou uma pessoa morta e duas feridas, no bairro Santo Antônio, em Duque de Caxias, na Baixada Fluminense. Conforme indicou a Polícia Militar fluminense, nenhum suspeito de participação no crime foi preso[31].

No assalto, foram roubados mais de 15 milhões de reais em celulares e eletrônicos e segundo informações de setor de inteligência da Polícia Civil, na tarde do dia do assalto, os criminosos estavam repartindo a carga pelas ruas da favela Nova Holanda, no Complexo da Maré[32]. A reação das

http://portal.stf.jus.br/noticias/verNoticiaDetalhe.asp?idConteudo=444960&ori=1. Acesso em 28.04.2021.

[30] UOL. Fachin restringe operações de polícia do Rio durante Covid-19. Disponível em https://www1.folha.uol.com.br/cotidiano/2020/06/fachin-restringe-operacoes-de-policia-do-rio-durante-covid-19.shtml. Acesso em 30.06.2020.

[31] R7. Assalto a depósito deixa um morto e dois feridos em Duque de Caxias (RJ). Disponível em https://noticias.r7.com/rio-de-janeiro/assalto-a-deposito-deixa-um-morto-e-dois-feridos-em-duque-de-caxias-rj-22062020. Acesso em 30.06.2020.

[32] G1. Polícia diz que decisão judicial impediu ação para prender criminosos que atacaram centro de distribuição no RJ. Disponível em https://g1.globo.com/rj/rio-de-janeiro/noticia/2020/06/22/policia-diz-que-decisao-judicial-impediu-acao-

autoridades policiais causou surpresa e, a nosso sentir, tenta colocar a opinião pública contra o Supremo Tribunal Federal, conforme se infere da nota divulgada:

> *A Polícia Civil disse que: "Diante de decisões judiciais que restringem a plena atuação operacional das polícias em comunidades (...) não foi possível realizar uma operação policial na localidade, com vistas a prender os responsáveis pelos fatos e recuperar a carga roubada, que, inclusive, neste momento, está sendo repartida entre os criminosos no interior da favela Nova Holanda"*[33]*.*

Por outro lado, vale frisar que um dia depois da aludida decisão do STF a Polícia Militar do Rio de Janeiro não se omitiu diante de notícia de depredação de uma agência bancária, como se vê de notícia publicada:

> *Em nota, a Polícia Militar confirmou ter feito uma ação no Complexo do Alemão. Segundo a corporação, "por volta das 19h30, policiais militares da UPP/Alemão foram acionados, via rádio, para uma ocorrência na rua Rua Joaquim de Queiroz, no Banco Santander, onde uma agência bancária estaria sofrendo depredação. Ao chegar ao local, os agentes foram recebidos por disparos de arma de fogo por criminosos e houve confronto, mas sem informações de feridos. Vale ressaltar que nada foi*

---

para-prender-criminosos-que-atacaram-centro-de-distribuicao-no-rj.ghtml. Acesso em 30.06.2020.

[33] Polícia diz que decisão judicial impediu ação para prender criminosos que atacaram centro de distribuição no RJ. Disponível em https://g1.globo.com/rj/rio-de-janeiro/noticia/2020/06/22/policia-diz-que-decisao-judicial-impediu-acao-para-prender-criminosos-que-atacaram-centro-de-distribuicao-no-rj.ghtml. Acesso em 30.06.2020.

> *constatado no local". **Contudo, a PM não comentou se a ação respeita os ditames da decisão do STF**[34].*

Algumas questões podem ser extraídas das posturas da polícia fluminense no pós decisão cautelar proferida na ADPF n.º 635: a) a polícia ingressou no complexo de alemão e trocou tiros com supostos depredadores de uma agência bancária; b) a polícia se omitiu de ingressar na Favela Nova Holanda no complexo da Maré, mesmo diante da possibilidade de flagrante presumido num fato que envolve um latrocínio consumado, dois feridos e vultosa subtração patrimonial.

O flagrante presumido é previsto no inciso IV do art. 302, do Código de Processo Penal nos seguintes termos: "Art. 302. Considera-se em flagrante delito quem: IV - é encontrado, logo depois, com instrumentos, armas, objetos ou papéis que façam presumir ser ele autor da infração.".

A doutrina traz os contornos dessa modalidade de flagrante. O agente deve ser encontrado logo depois do crime com objetos, produto ou armas do crime, ainda que em comarca diversa:

> *A próxima espécie é a prisão em flagrante presumido, assimilado, ficto ou reputé flagrant (do direito francês), segundo o qual o agente é encontrado logo depois da prática delituosa com instrumentos, objetos, armas ou qualquer coisa que faça presumir ser ele o autor da infração, sendo desnecessária a existência de perseguição. **Três, portanto, são os elementos desse***

[34] Após STF proibir operações, policiais trocam tiros no Complexo do Alemão. Disponível em https://noticias.uol.com.br/cotidiano/ultimas-noticias/2020/06/06/apos-stf-proibir-operacoes-policiais-trocam-tiros-no-complexo-do-alemao.htm. Acesso em 30.06.2020.

> ***flagrante: a) encontrar o agente (atividade), b) logo depois (temporal), c) presunção de autoria, com armas ou objetos do crime.***
> *[...] O Supremo Tribunal Federal, em precedentes, dispensa, inclusive, em casos de flagrante presumido, que a prisão seja efetuada na mesma comarca. In verbis: "**Em se tratando de flagrante presumido (art. 302, IV, do CPP), como no caso sub judice, a prisão pode ocorrer em localidade diversa daquela onde o crime consumou**" (STF. HC 102646/PR. Rel. Min. Luiz Fux. 1ª T. Julg. 02.08.2011)*[35].

Se os agentes estavam na tarde do dia do assalto distribuindo o produto do assalto e a polícia tinha conhecimento desse fato, omitiu-se de efetivar a prisão em flagrante dos agentes, flagrante presumido, em hipótese que dado aos bens jurídicos violados (vida, integridade física e patrimônio) se encaixaria, a nosso ver, na excepcionalidade indicada pelo ministro Fachin na decisão cautelar.

Frise-se que a decisão do ministro Fachin em momento algum impede prisões em flagrante delito, mas tão somente veda incursões policiais mal planejadas e que possam trazer mais danos sociais do que proveito. Aliás, os agentes policiais têm o dever de prender o agente nas situações de flagrância (CPP, art. 302): CPP, "Art. 301. Qualquer do povo poderá e as

---

[35] NAGIMA, Irving Marc Shikasho. Das Espécies de Prisão em Flagrante. Disponível em http://www.lex.com.br/doutrina_26400824_DAS_ESPECIES_DE_PRISAO_EM_FLAGRANTE.aspx#:~:text=S%C3%A3o%20nove%20as%20esp%C3%A9cies%20de,)%20esperado%3B%20e%20i)%20prorrogado.&text=O%20flagrante%20facultativo%20e%20o,efetua%20a%20pris%C3%A3o%20em%20flagrante. Acesso em 30.06.2020.

autoridades policiais e seus agentes deverão prender quem quer que seja encontrado em flagrante delito.". Acerca dessa modalidade de flagrante:

> *A segunda espécie de flagrante é o obrigatório, compulsório ou coercitivo. Consiste na atuação coativa, isto é, compulsória, de certas pessoas, para prender aquele que está em situação de flagrante delito, consoante se depreende da parte final do artigo 301 do Código de Processo Penal. Essas pessoas são agentes públicos ligados às forças policiais, tais como policiais civis, militares, federais, rodoviários etc. Tais agentes tem o dever legal de efetuar a prisão daquele que está praticando (ou praticou) a infração penal*[36].

Dessa análise, pode-se afirmar que mais uma vez as forças policiais fluminenses atuaram equivocadamente, dessa vez, abstendo-se de agir em situação de flagrante de fato grave e com grande repercussão social, deixando de dar vigência ao comando insculpido no art. 302, IV c/c 301, do CPP e a própria decisão do ministro Fachin *suso* indicada que permite, com as cautelas indicadas, atuação em situações excepcionais.

Mais recentemente, conseguiu-se levantar as estatísticas relacionadas à decisão do STF. A decisão foi eficaz e se legitimou pelos números. Segundo dados do Instituto de Segurança Pública (ISP) do Rio, os óbitos diminuíram de 348 em junho e julho de 2019 – quando não havia restrições na segurança pública do estado – para 84 no mesmo período deste ano. A

---

[36] Ibidem.

queda no registro de vítimas coincide com a decisão do STF, a partir do dia 5 de junho de 2020[37].

Se a comparação for feita apenas em relação a junho, quando a determinação do STF entrou em vigor, a queda no número de vítimas é ainda maior: 78%. Em junho de 2019, foram 153 (cento e cinquenta e três) pessoas mortas por agentes do estado, enquanto que em junho de 2020 o número de óbitos ocasionados por agentes estatais foi de 34 (trinta e quatro)[38].

A questão voltou ao plenário virtual da Suprema Corte e o ministro Fachin defendeu o referendo de sua decisão monocrática:

> *[...] O uso da força só é legítimo se for comprovadamente necessário para a proteção de um bem relevante, como a vida e o patrimônio de outras pessoas. Segundo S. Exa., se os protocolos de emprego da força já eram precários, em uma situação de pandemia, com as pessoas passando a maior parte do tempo em suas casas, eles se tornam de utilidade questionável e de grande risco[39].*

---

[37] RJ tem queda de 76% nas mortes cometidas por policiais após STF restringir operações em favelas. Disponível em https://g1.globo.com/rj/rio-de-janeiro/noticia/2020/08/25/rj-tem-queda-de-76percent-nas-mortes-cometidas-por-policiais-apos-stf-restringir-operacoes-em-favelas.ghtml. Acesso em 01.09.2020.

[38] RJ tem queda de 76% nas mortes cometidas por policiais após STF restringir operações em favelas. Disponível em https://g1.globo.com/rj/rio-de-janeiro/noticia/2020/08/25/rj-tem-queda-de-76percent-nas-mortes-cometidas-por-policiais-apos-stf-restringir-operacoes-em-favelas.ghtml. Acesso em 01.09.2020.

[39] STF confirma suspensão de operações policiais em comunidades do RJ durante pandemia. Disponível em https://www.migalhas.com.br/quentes/331406/stf-confirma-suspensao-de-operacoes-policiais-em-comunidades-do-rj-durante-pandemia. Acesso em 01.09.2020.

Apenas os ministros Alexandre de Moraes e Luiz Fux votaram contra o referendo da decisão liminar. No mais, restou decidido que, nas operações, deverão ser adotados cuidados para não colocar em risco ainda maior a população, a prestação de serviços públicos sanitários e o desempenho de atividades de ajuda humanitária[40].

A ADPF 635 prosseguiu e em audiência pública foi discutida a letalidade das operações policiais no Rio de Janeiro com muitas críticas:

> *Primeiro a falar nesta segunda-feira, o professor da Universidade Federal Fluminense (UFF) Daniel Hirata afirmou que as ações na área de segurança pública no Rio de Janeiro, baseadas em operações policiais, são parte do problema porque ocorrem ao revés das políticas públicas elaboradas com base em dados e evidências.* ***<u>Segundo ele, 99,2% dos inquéritos abertos contra policiais acusados de mortes são arquivados a pedido do Ministério Público</u>****.[...]*
> *Yanilda Gonzales, da Harvard Kennedy School (Estados Unidos) ressaltou que* ***<u>a polícia do Rio de Janeiro se distingue como uma das mais letais do mundo, que assassina mais pessoas que as 18 mil forças policiais dos EUA</u>****. [...]*
> *Para o professor Maurício Stegemann Dieter, do Centro de Pesquisa e Extensão em Ciências Criminais da Faculdade de Direito da Universidade de São Paulo (USP),* ***<u>a Súmula 70 do Tribunal de Justiça do Rio de Janeiro (TJ-RJ), a qual prevê que o fato de se restringir a prova oral a depoimentos de autoridades policiais e seus agentes não desautoriza a condenação, deve ser declarada inconstitucional</u>****. [...]*
> *As representantes do Fórum de Manguinhos (RJ) Ariana Kelly dos Santos e Rachel Barros de Oliveira reforçaram que proteger a vida é função do Estado. Ariana*

---

[40] Ibidem.

> *apresentou dados da ONG Justiça Global, os quais apontam que, **logo após a liminar da ADPF 635, houve redução de 70% no número de mortos e 50% no de feridos por tiroteio nas favelas do Rio**[41].*

Quando já se encaminhava o fechamento da presente obra e deste capítulo, no dia 06 de maio de 2021, o noticiário nacional mostra incursão policial na favela do jacarezinho que resulta na morte de 28 (vinte e oito) pessoas, tornando-se a operação policial mais letal da história do Rio de Janeiro[42].

> *Além dos 28 mortos, 27 civis e um policial, dois passageiros do metrô, que passavam pela estação Triagem, foram atingidos por uma bala e por estilhaços de vidro e ficaram feridos. Um morador foi atingido no pé, dentro de casa. Somam-se ao cenário o relato de moradores do Jacarezinho de invasão de casas. Um deles conta que os policiais invadiram sua casa e executaram um rapaz dentro do quarto de sua filha*[43].

A investigação feita por meio de consulta a redes sociais, imagens e publicações encontradas na internet. Com esse suporte indiciário, o Ministério Público do Rio de Janeiro pediu 21 (vinte e um) prisões contra

---

[41] STF. **Expositores criticam eficácia das operações policiais nas favelas do Rio de Janeiro**. Disponível em http://portal.stf.jus.br/noticias/verNoticiaDetalhe.asp?idConteudo=464371&tip=UN. Acesso em 28.04.2021.

[42] OLIVEIRA, Caroline. **O que se sabe sobre a operação no Jacarezinho que matou 28 pessoas?** 2021. Disponível em: https://www.brasildefato.com.br/2021/05/10/o-que-se-sabe-sobre-a-operacao-no-jacarezinho-que-matou-28-pessoas. Acesso em: 15 jun. 2021.

[43] Ibidem.

agentes envolvidos com o tráfico de drogas e foi atendido pelo Judiciário. Desse modo, a operação tinha o objetivo de cumprir esses vinte e um mandados de prisão – cumpriu 3 (três), outros 4 (quatro) com prisão decretada foram a óbito[44].

> *[...] a Polícia Civil informou que 25 dos 27 mortos no Jacarezinho tinham antecedentes criminais.*
> *[...] Rodrigo Pacheco, defensor público geral do Estado, avaliou que essa informação é "irrelevante".*
> *'A Constituição da República proíbe pena de morte e determina que a pessoa que pratica crime seja processada, tenha direito à defesa e seja julgada por um juiz isento e imparcial", disse Pacheco em entrevista à GloboNews. "Por isso, eu vejo com muita preocupação quando a gente mistura, para tentar justificar um grande número de mortes, o fato de todos terem antecedentes criminais, (ou) condenações.'*

O delegado Rodrigo Oliveira, subsecretário operacional da Polícia Civil, disse que a operação foi muito planejada e pautada em 10 meses de investigação, além de ter criticado o "ativismo judicial", que, segundo ele, dificultaria o trabalho da polícia[45].

---

[44] COELHO, Henrique; BARREIRA, Gabriel. **Jacarezinho: saiba quem são, onde morreram e o que dizem famílias e polícia sobre os 27 mortos**. 2021. Disponível em: https://g1.globo.com/rj/rio-de-janeiro/noticia/2021/05/14/jacarezinho-saiba-quem-sao-onde-morreram-e-o-que-dizem-familias-e-policia-sobre-os-27-mortos.ghtml. Acesso em: 15 jun. 2021.

[45] PORTALVIU. **Delegado nega execuções no Jacarezinho, critica "ativismo" e se irrita com perguntas**. 2021. Disponível em: https://www.portalviu.com.br/cidades/delegado-nega-execucoes-no-jacarezinho-critica-ativismo-e-se-irrita-com-perguntas. Acesso em: 15 jun. 2021.

Essa operação policial teve alguns desdobramentos relacionados à ADPF 635, quais sejam: a) no dia em que a operação completou uma semana, o Estado do Rio de Janeiro, através de seu Procurador Geral, entregou justificativa ao STF alegando que sua decisão, que só permite operações em casos excepcionais, não foi violada[46]; b) foi destacada a necessidade de o STF indicar, de forma concreta, o significado de operações excepcionais que estariam autorizadas pelo Suprema Corte do Brasil (pedido feito ao relator da ADPF pelo Procurador Geral do RJ, pelo partido PSB e por Organizações de direitos humanos). Estes interpuseram recurso pedindo a extensão das restrições às operações policiais, inclusive divulgação dos protocolos das operações policiais, pedido combatido pelo arrazoado do PGE[47]; c) o PSB e 16 amici curiae na ação, pediram, no dia 07.05.2021, que o Supremo defina "absoluta excepcionalidade" e que se apure o crime de desobediência, outras infrações penais, administrativas cometidos pelos responsáveis pela operação no Jacarezinho[48]; d) no mesmo

---

[46] EXTRA. **Jacarezinho: procurador do estado diz ao STF que decisão de Fachin para restringir operações policiais não foi violada**. 2021. Disponível em: https://extra.globo.com/casos-de-policia/jacarezinho-procurador-do-estado-diz-ao-stf-que-decisao-de-fachin-para-restringir-operacoes-policiais-nao-foi-violada-rv1-1-25017376.html#:~:text=21%2011%3A32-,Jacarezinho%3A%20procurador%20do%20estado%20diz%20ao%20STF%20que%20decis%C3%A3o%20de,opera%C3%A7%C3%B5es%20policiais%20n%C3%A3o%20foi%20violada&text=A%20Pol%C3%ADcia%20Civil%20diz%20que,para%20o%20tr%C3%A1fico%20de%20drogas. Acesso em: 15 jun. 2021.

[47] Ibidem.

[48] RODAS, Sérgio. **LEVIATÃ À SOLTA: Operação policial que matou 28 no Rio de Janeiro desrespeitou decisões do STF.** 2021. Disponível em:

dia 07.05.2021, o relator encaminha ofício ao Procurador Geral da República pedindo que investigue se houve abusos policiais, inclusive execuções, na operação, encaminhando relatos e vídeos[49]; e) no dia 11.05.2021, o MP-RJ cria força-tarefa com atribuição exclusiva de investigar os fatos relacionados às mortes no jacarezinho[50].

## Considerações Finais

A abordagem do caso traz várias compreensões de como se dá a proteção dos direitos humanos no âmbito do sistema interamericano de direitos humanos.

A Comissão Interamericana tem um papel fundamental no sistema interamericano, recebendo demandas individuais, de grupos ou de organizações não-governamentais, elaborando relatórios de casos e expedindo recomendações ao Estado infrator para observância das normas de direitos humanos e, caso não sejam atendidas, a submissão do caso à Corte.

---

https://www.conjur.com.br/2021-mai-07/operacao-policial-matou-25-rio-desrespeitou-decisoes-stf?. Acesso em: 15 jun. 2021.

[49] RODAS, Sérgio. **LEVIATÃ À SOLTA: Operação policial que matou 28 no Rio de Janeiro desrespeitou decisões do STF.** 2021. Disponível em: https://www.conjur.com.br/2021-mai-07/operacao-policial-matou-25-rio-desrespeitou-decisoes-stf?. Acesso em: 15 jun. 2021.

[50] SATRIANO, Nicolás. **MP cria força-tarefa exclusiva para apurar mortes no Jacarezinho**. 2021. Disponível em: https://g1.globo.com/rj/rio-de-janeiro/noticia/2021/05/11/ministerio-publico-operacao-jacarezinho.ghtml. Acesso em: 15 jun. 2021

O sistema penal brasileiro não se mostra eficaz para reprimir violações advindas dos órgãos de segurança pública, pois, em regra, são eles os responsáveis por produzir os primeiros elementos probatórios e isso restou pontuado pela Corte.

No sistema interamericano de tutela dos direitos humanos, as vítimas podem ser representadas por organizações não-governamentais, desde que devidamente identificadas, salvo situações excepcionais, como restou declarado pela Corte.

Embora os países precisem reconhecer a competência contenciosa da Corte, que no caso no Brasil se deu em 10.12.1998, casos ocorridos antes dessa data podem ter suas repercussões e consequências posteriores ao aludido reconhecimento confrontadas com os direitos humanos reconhecidos em Convenções firmadas no âmbito da OEA, especialmente as garantias judiciais e proteção judicial.

Entre os requisitos de admissibilidade das demandas no sistema interamericano se encontram o prévio esgotamento dos recursos internos, mas diante de alegação das vítimas de demora imotivada do processamento interno cabe ao Estado tido como violador demonstrar que esses recursos são idôneos, efetivos e eficazes e essa preliminar ser suscitada perante a Comissão, sob pena de preclusão.

O sistema interamericano não configura quarta instância de julgamento de demandas. Não possui o papel de revisar as normas, os processos e as sentenças domésticas isoladamente, mas analisando violações de direitos humanos pode indicar que procedimentos internos, sentenças e condutas estatais são incompatíveis com o arcabouço jurídico internacional regulador do tema.

Como indicado na doutrina especializada os sistemas de proteção de direitos humanos trabalham bastante com o "*power of shame and embarasment*" (poder da vergonha e do embaraço) ao expor os Estados e suas violações à comunidade internacional, muito embora as condenações pecuniárias configurem título executivo, que independe de homologação, vez que oriunda de Tribunal Internacional ao qual o Brasil se sujeitou.

A atuação do sistema interamericano tem sido decisiva na mudança de procedimentos internos no Brasil, determinando a apuração adequada de fatos. Até mesmo forçando produção legislativa como no caso da violência contra a mulher – Lei 11.340/2006.

Mais recentemente, em tempos de Pandemia e isolamento social, as ações policiais cariocas se intensificaram a partir do mês de abril de 2020 e se tornaram mais letais acrescendo a insegurança e o desespero das famílias que residem em comunidades do Estado do Rio de Janeiro para além das questões de saúde, restrição da locomoção e escassez de recursos financeiros trazidas pela pandemia.

Pelo exposto, verifica-se que a atuação do aparato policial da chacina da Favela Nova Brasília para cá em nada mudou seus procedimentos, fato que poderá gerar mais condenações do Brasil na Corte Interamericana e constrangimentos perante a comunidade internacional, na medida em que não se esforça para assegurar o gozo dos direitos humanos, vida, liberdade, residência, entre outros assegurados no Pacto de San José da Costa Rica, como se viu alhures.

A omissão policial no recente assalto a centro de distribuição do Grupo Pão de Açúcar de Duque de Caxias-RJ, sob a alegação de estarem proibidos por decisão de Supremo Tribunal Federal, configura mais uma violação da ordem jurídica brasileira, pois viola as noções de flagrante presumido e flagrante obrigatório e a última parte da decisão cautelar proferida na ADPF n.º 635, que permite operações policiais nas comunidades fluminenses diante de situações excepcionais, o que se afigura evidente no fato ocorrido, pois que resultou em morte de um segurança, ferimentos em outros dois e vultosa subtração patrimonial.

A decisão do STF já era legitimada pelo respeito à dignidade da pessoa humana, respeito à vida, à saúde e questões sociais de observância em comunidades em que os serviços públicos são precários, preconceitos de raça e gênero reconhecidas desde as chacinas da Favela Nova Brasília, vulnerabilidade maximizada por uma pandemia e desemprego. Acrescente-se as estatísticas que mostram o acerto da decisão, inclusive para os que não prestigiam os princípios fundamentais e as ações afirmativas.

Relacionado ao último fato, operação policial no bairro Jacarezinho, as declarações da polícia e movimentação das instituições e poderes indicam inconformismo policial com a decisão do STF proferida na ADF 635, bem como indicam uma apuração longa, muito detalhes a serem esclarecidos e tentativa de legitimar o uso da força empregada.

Aguarde-se o desenrolar dos fatos para ver se as incursões policiais mais recentes serão levadas ao Sistema Interamericano de Direitos Humanos e se lá serão tratadas como nova violação de direitos humanos ou afronta à decisão proferida no "caso Nova Brasília", especialmente no que toca às recomendações de diminuir a letalidade, investigação imparcial e por agente externo aos responsáveis pela operação e uso moderado, proporcional e excepcional da força.

**Referências**

1 - Corte Interamericana de Direitos Humanos: **Caso Favela Nova Brasília vs. Brasil. Sentença de 16 de fevereiro de 2017 (Exceções preliminares, mérito, reparações e custas).** Disponível em: http://www.corteidh.or.cr/docs/casos/articulos/seriec_333_por.pdf. Acesso em: 10 abr. 2020.

2 - FREITAS, Camilla. **Não há pacificação com arma': ações ajudam milhares em favelas do Rio**. https://www.uol.com.br/ecoa/ultimas-noticias/2020/06/16/como-acoes-sociais-ajudam-milhares-no-rio-e-podem-blindar-favela.htm. Acesso em 28.04.2021.

3 – STF. **Ministro Fachin determina suspensão de operações policiais em comunidades do RJ durante pandemia**. Disponível http://portal.stf.jus.br/noticias/verNoticiaDetalhe.asp?idConteudo=444960&ori=1. Acesso em 19.06.2020.

4 - BOVO, Cassiano Ricardo Martines. **Chacinas de Nova Brasília: esquecimento interrompido.** Disponível em https://www.justificando.com/2019/04/30/chacinas-de-nova-brasilia-esquecimento-interrompido/. Acesso em 10 abr. 2020.

5 - OEA. **REGULAMENTO DA CORTE INTERAMERICANA DE DIREITOS HUMANOS**. 2009. Disponível em

https://www.corteidh.or.cr/sitios/reglamento/nov_2009_por.pdf. Acesso em 28 abr. 2021.

6 - OEA. **CONVENÇÃO AMERICANA SOBRE DIREITOS HUMANOS**. 1969. Disponível em https://www.cidh.oas.org/basicos/portugues/c.convencao_americana.htm. Acesso em 14.05.2020.

7 - BRASIL. **DECRETO N.º 678, DE 6 DE NOVEMBRO DE 1992**. Disponível em http://www.planalto.gov.br/ccivil_03/decreto/d0678.htm. Acesso em 28.04.2021.

8 - BRASIL. **DECRETO Nº 4.463, DE 8 DE NOVEMBRO DE 2002**. Disponível em http://www.planalto.gov.br/ccivil_03/decreto/2002/d4463.htm. Acesso em 28.04.2021.

9 - GANDRA, Alana. **Brasil é condenado em Corte da OEA por chacinas na favela Nova Brasília.** Disponível em https://agenciabrasil.ebc.com.br/direitos-humanos/noticia/2017-05/estado-brasileiro-e-condenado-na-corte-idh-por-chacinas-na-favela. Acesso em 10.04.2020.

10 – MPRJ. **MPRJ reabre investigações de crimes das chacinas de Nova Brasília**. Disponível em https://www.mprj.mp.br/home/-/detalhe-noticia/visualizar/62510. Acesso em 28.04.2021.

11 - PGR pede federalização de investigações da chacina de Nova Brasília, no Alemão. Disponível em https://g1.globo.com/rj/rio-de-janeiro/noticia/2019/09/09/pgr-pede-federalizacao-de-investigacoes-da-chacina-de-nova-brasilia-no-alemao.ghtml.

12 - NASCIMENTO, Karina. **Instituto de Segurança Pública divulga dados de abril**. Disponível em http://www.isp.rj.gov.br/Noticias.asp?ident=438. Acesso em 19.06.2020.

13 – IDMJR. Boletim IDMJR especial - **COVID19 e as milícias na baixada fluminense**. Disponível em https://dmjracial.files.wordpress.com/2020/04/boletim-vii-2020.pdf. Acesso em 19.06.2020.

14 – OBSERVATÓRIO SEGURANÇA. **Operações policiais no RJ durante a pandemia: frequentes e ainda mais letais**. Disponível em http://observatorioseguranca.com.br/wp-content/uploads/2020/05/Operac%CC%A7o%CC%83es-policiais-no-RJ-durante-a-pandemia.pdf. Acesso em 19.06.2020.

15 - HTN. **Jovem é morto durante distribuição de cestas básicas.** Disponível em https://www.hnt.com.br/variedades/jovem-e-morto-durante-distribuicao-de-cestas-basicas/170784. Acesso em 19.06.2020.

16 – ANISTIA. **NOTA: Operações policiais durante pandemia da COVID-19**. Disponível em https://anistia.org.br/noticias/nota-operacoes-policiais-durante-pandemia-da-covid-19/. Acesso em 19.06.2020.

17 - UOL. **Fachin restringe operações de polícia do Rio durante Covid-19**. Disponível em https://www1.folha.uol.com.br/cotidiano/2020/06/fachin-restringe-operacoes-de-policia-do-rio-durante-covid-19.shtml. Acesso em 30.06.2020.

18 - R7. **Assalto a depósito deixa um morto e dois feridos em Duque de Caxias (RJ).** Disponível em https://noticias.r7.com/rio-de-janeiro/assalto-a-deposito-deixa-um-morto-e-dois-feridos-em-duque-de-caxias-rj-22062020. Acesso em 30.06.2020.

19 – G1. **Polícia diz que decisão judicial impediu ação para prender criminosos que atacaram centro de distribuição no RJ**. Disponível em https://g1.globo.com/rj/rio-de-janeiro/noticia/2020/06/22/policia-diz-que-decisao-judicial-impediu-acao-para-prender-criminosos-que-atacaram-centro-de-distribuicao-no-rj.ghtml. Acesso em 30.06.2020.

20 – UOL. **Após STF proibir operações, policiais trocam tiros no Complexo do Alemão**. Disponível em https://noticias.uol.com.br/cotidiano/ultimas-noticias/2020/06/06/apos-stf-proibir-operacoes-policiais-trocam-tiros-no-complexo-do-alemao.htm. Acesso em 30.06.2020.

21 - NAGIMA, Irving Marc Shikasho. **Das Espécies de Prisão em Flagrante**. Disponível em http://www.lex.com.br/doutrina_26400824_DAS_ESPECIES_DE_PRISAO_EM_FLAGRANTE.aspx#:~:text=S%C3%A3o%20nove%20as%20esp%C3%A9ci

es%20de,)%20esperado%3B%20e%20i)%20prorrogado.&text=O%20flagrante%20facultativo%20e%20o,efetua%20a%20pris%C3%A3o%20em%20flagrante. Acesso em 30.06.2020.

22 – G1. **RJ tem queda de 76% nas mortes cometidas por policiais após STF restringir operações em favelas.** Disponível em https://g1.globo.com/rj/rio-de-janeiro/noticia/2020/08/25/rj-tem-queda-de-76percent-nas-mortes-cometidas-por-policiais-apos-stf-restringir-operacoes-em-favelas.ghtml. Acesso em 01.09.2020.

23 – MIGALHAS. **STF confirma suspensão de operações policiais em comunidades do RJ durante pandemia**. Disponível em https://www.migalhas.com.br/quentes/331406/stf-confirma-suspensao-de-operacoes-policiais-em-comunidades-do-rj-durante-pandemia. Acesso em 01.09.2020.

24 - STF. **Expositores criticam eficácia das operações policiais nas favelas do Rio de Janeiro.** 2021. Disponível em http://portal.stf.jus.br/noticias/verNoticiaDetalhe.asp?idConteudo=464371&tip=UN. Acesso em 28.04.2021.

25 - OLIVEIRA, Caroline. **O que se sabe sobre a operação no Jacarezinho que matou 28 pessoas?** 2021. Disponível em: https://www.brasildefato.com.br/2021/05/10/o-que-se-sabe-sobre-a-operacao-no-jacarezinho-que-matou-28-pessoas. Acesso em: 15 jun. 2021.

26 - COELHO, Henrique; BARREIRA, Gabriel. **Jacarezinho: saiba quem são, onde morreram e o que dizem famílias e polícia sobre os 27 mortos**. 2021. Disponível em: https://g1.globo.com/rj/rio-de-janeiro/noticia/2021/05/14/jacarezinho-saiba-quem-sao-onde-morreram-e-o-que-dizem-familias-e-policia-sobre-os-27-mortos.ghtml. Acesso em: 15 jun. 2021.

27 - PORTALVIU. **Delegado nega execuções no Jacarezinho, critica “ativismo” e se irrita com perguntas**. 2021. Disponível em: https://www.portalviu.com.br/cidades/delegado-nega-execucoes-no-jacarezinho-critica-ativismo-e-se-irrita-com-perguntas. Acesso em: 15 jun. 2021.

28 - EXTRA. **Jacarezinho: procurador do estado diz ao STF que decisão de Fachin para restringir operações policiais não foi violada**. 2021. Disponível em: https://extra.globo.com/casos-de-policia/jacarezinho-procurador-do-estado-diz-ao-stf-que-decisao-de-fachin-para-restringir-operacoes-policiais-nao-foi-violada-rv1-1-25017376.html#:~:text=21%2011%3A32-,Jacarezinho%3A%20procurador%20do%20estado%20diz%20ao%20STF%20que%20decis%C3%A3o%20de,opera%C3%A7%C3%B5es%20policiais%20n%C3%A3o%20foi%20violada&text=A%20Pol%C3%ADcia%20Civil%20diz%20que,para%20o%20tr%C3%A1fico%20de%20drogas. Acesso em: 15 jun. 2021.

29 - RODAS, Sérgio. **LEVIATÃ À SOLTA: Operação policial que matou 28 no Rio de Janeiro desrespeitou decisões do STF.** 2021. Disponível em: https://www.conjur.com.br/2021-mai-07/operacao-policial-matou-25-rio-desrespeitou-decisoes-stf?. Acesso em: 15 jun. 2021.

30 - SATRIANO, Nicolás. **MP cria força-tarefa exclusiva para apurar mortes no Jacarezinho.** 2021. Disponível em: https://g1.globo.com/rj/rio-de-janeiro/noticia/2021/05/11/ministerio-publico-operacao-jacarezinho.ghtml. Acesso em: 15 jun. 2021

# O DIREITO INTERNACIONAL DOS REFUGIADOS SÍRIOS E O ACORDO UE-TURQUIA

***Solange Aparecida Caetano*** [1*]

***Paloma Caroline D.A. Ferreira*** [2**]

## Introdução

O tema do presente artigo consiste no estudo da política de *hard power*, utilizada, ao longo dos anos, como forma de influenciar a construção dos instrumentos jurídicos do Direito Internacional dos Refugiados, demonstrando como tal pratica restringe a aplicação do estatuto do refúgio, reduzindo a proteção necessária e indispensável para garantir uma vida mais digna para aqueles que deixam seus países em busca de maior segurança.

---

[1] *** Solange Aparecida Caetano**:
-Graduada em Direito pela Universidade São Marcos (2007).
-Mestra em Direitos Humanos em Direito Internacional na Universidade Católica de Santos/SP.
-Atua no ramo sindical desde 1995. Presidente do Sindicato dos Enfermeiros do Estado de São Paulo (SEESP), Presidente da Federação Nacional dos Enfermeiros (FNE), Membra do Fórum Mercosul, Membra da Internacional de Serviços Públicos (ISP) e do Global Nurses United (GNU).

[2] **** Paloma Caroline D.A. Ferreira**:
-Graduada em Direito pela Universidade Presbiteriana Mackenzie (2019).

Diante deste contexto, é importante que se entenda a amplitude do conceito de refugiado, que segundo a Convenção relativa ao estatuto dos Refugiados de 1951[3] , é assim considerado todo indivíduo que, de forma forçada, encontra-se fora de seu Estado de origem, em razão de perseguição motivada por raça, religião, nacionalidade, opinião política ou pertencimento a um grupo social específico. Conceito este que, dada as transformações globais dos últimos anos, veio a ser ampliado, passando a abranger, além do fator perseguição, todo indivíduo obrigado a deixar seu país devido a "graves e generalizadas violações de direitos humanos"[4] .

Neste século, a humanidade se viu diante de uma crescente onda de deslocamento, na qual pessoas de diferentes localidades passaram a se esgueirar ao longo das fronteiras transnacionais em busca de refúgio, fugindo dos múltiplos conflitos armados, o que tornou imprescindível um debate mais aprofundado desta complexa realidade global - tema de grande relevância no cenário internacional, principalmente, em razão da atitude de contenção violente adotada por alguns Estados.

Não obstante, o Relatório de Tendências Globais[5] , publicado pelo Alto Comissariado das Nações Unidas para os Refugiados - ACNUR, apontou que

---

[3] ACNUR. Convenção relativa ao Estatuto dos Refugiados. Disponível em: https://www.acnur.org/fileadmin/Documentos/portugues/BDL/Convencao_relativa_ao_Estatuto_dos_RefugiadoR.pdf. Acesso em: 25/06/2021.

[4] SIQUEIRA, Tainan Henrique. **Country of origin information (COI): uma análise sobre sua utilização pelo Comitê Nacional para Refugiados no Brasil**. Dissertação (Mestrado em Direito) - Universidade Católica de Santos, Santos, 2017. p. 108.

[5] ACNUR. Relatório de Tendências Globais 2020. Disponível em: https://www.unhcr.org/5ee200e37/#_ga=2.80605204.2076560369.1607029655-760299277.1607029655. Acesso em: 25/06/2021.

apenas no ano de 2019 cerca de 79,5 milhões de pessoas encontravam-se em situação de refúgio, fora de seu local habitual, sendo certo que, destes, ao menos 6, 6 milhões eram de refugiados sírios, que representam o maior contingente populacional deslocado mundialmente.

A busca por proteção em outros países sempre esteve presente na história da humanidade, não se tratando de nenhuma novidade no cenário internacional, mas foi apenas em 2015 que tal debate veio efetivamente ocupar a pauta internacional, ante a intensificação dos movimentos migratórios que alcançaram números alarmantes, ocasionando uma verdadeira crise de refugiados por toda a Europa.

Abrigo, trabalho, alimentação, temas envolvendo a recepção e manutenção de refugiados em território estrangeiro levou a debates dolorosos dentro do bloco europeu que, apesar de apresentar um discurso voltado a defesa dos direitos humanos e da necessidade de proteção e respeito ao princípio da *non-refoulement*, a ser destrinchado posteriormente, se viu diante de manifestações xenofóbicas, por parte da população local que, por desconhecimento, são levadas a acreditar que a presença dos refugiados compromete a economia, sobrecarrega o sistema social e afronta a soberania local – Argumentos, inclusive, utilizados por determinados Estados como justificativa para o endurecimento da política de admissão de refugiados.

É diante desta conjuntura, que se faz necessária a reflexão quanto as práxis utilizadas para influenciar ou, até mesmo, impor a vontade de um Estado sobre o outro, subjugá-lo e obrigá-lo a assumir a responsabilidade para com os refugiados. O que ocorre, normalmente, por meio de certa pressão econômica, aplicada de forma subliminar, como no caso do Acordo UE-Turquia.

Assim, procura-se analisar o seguinte questionamento: O que contribuiu para a criação do acordo UE-Turquia?

Partindo-se da análise preliminar dos dados levantados, trabalha-se com a hipótese de que a UE utilizou de seu poder econômico para influenciar a Turquia a assumir a responsabilidade de reter em seu território os refugiados sírios, descongestionando as fronteiras dos Estados-membros, sob o pretexto de resguardar a segurança interna, que passou a ser o tema principal na agenda do bloco em detrimento da proteção aos refugiados, que, na melhor das hipóteses, é tratado em segundo plano.

Incontestavelmente a migração permanece em crescimento, sem qualquer perspectiva de cessar ou diminuir e faz com que milhares de pessoas se desloquem através das fronteiras em busca de segurança e condições de vida mais digna, na tentativa de preservar seus direitos fundamentais. Partindo deste prisma, entende-se que o presente estudo pode contribuir para o despertar, entre graduandos e mestrandos, da necessidade de aprofundamento da temática, ao colocar em foco a verdade sobre a aceitação dos refugiados pelos países do bloco europeu que, a princípio, se mostram favoráveis, mas que após um exame mais detalhado, revelam um conflito entre discurso e práxis. Na conclusão, será verificado se o resultado do trabalho corrobora com a hipótese proposta, visto que o fluxo de indivíduos que vem atravessando as fronteiras da UE reduziu.

## 1. A Europa e o Refúgio

Tão antigo quanto a própria história da humanidade, os fluxos migratórios foram registrados em diversos escritos antigos, bem como nas tradições orais de diferentes povos.

Por milênios, a tradição do acolhimento foi incorporada à religião que transformou a sede religiosa em local de proteção, instituindo o chamado santuário – lugar sagrado e de proteção a todos os perseguidos. Exemplo de grande destaque, a cidade de Atenas foi uma das mais receptoras da antiguidade vindo a ser conhecida como um local de pessoas honradas e abençoadas pelos deuses. Até que a concepção de local de proteção se desprendeu do amago religioso e passou a ser tratado como uma questão política de suma importância para o governo.

Em 376 d.C, por exemplo, durante a Batalha de Adrianópolis, os imigrantes foram vistos pelo Imperador romano *Valens* como uma ameaça, que utilizou de seu poderio militar para atacá-los, levando a um combate sangrento que resultou em sua derrota e perda da coroa para *Theodosius*. Posicionamento diverso do adotado pelo príncipe polonês Boleslaw III que abrigou os judeus da perseguição religiosa do período das cruzadas, concedendo-lhes inúmeros benefícios.

Ocorre que, mesmo a história mostrando que o refúgio é um fenômeno histórico seu reconhecimento legal se deu apenas no século XX com a instituição, por parte da Liga das Nações, do "Ajuste Relativo à Expedição de Certificados de Identidade para os Refugiados Russos", documento que reintegrou os refugiados russos ao mundo jurídico, devolvendo-lhes a personalidade jurídica. Proteção esta que, cerca de onze anos depois, foi ampliada para todos os povos, independentemente da nacionalidade, com a instituição da Convenção Relativa ao Estatuto Internacional dos Refugiados.

Com a chegada da Segunda Guerra Mundial, o número de pessoas deslocadas aumentou consideravelmente, grande parte, segundo a ACNUR, em razão das políticas antissemitas adotadas por diversos países, gerando, em números absolutos, mais de 40 milhões de refugiados em todo o continente.

Não obstante, a União Europeia editou inúmeras normas ao longo dos anos, como o Acordo de *Schengen* e, mais recentemente, a nova lei de emigração, institutos de suma importância para o direito internacional dos refugiados.

## 1.1. O Tratado de Schengen

O primeiro instituto de grande impacto internacional foi o Tratado de *Schengen* - termo utilizado para denominar dois institutos jurídicos internacionais (um Acordo e uma Convenção) subscritos por um determinado conjunto de Estados, membros da União Europeia, com o objetivo de permitir a livre circulação de pessoas, independentemente de sua nacionalidade, por todo o território dos signatários.

Firmado em 14 de junho de 1985, na pequena vila de *Schengen* em Luxemburgo, o acordo assinado entre França, Alemanha, Bélgica,

Luxemburgo e os Países Baixos [6] foi o responsável por inaugurar a negociação para abertura das fronteiras, a qual concretizou-se com a criação da Convenção de aplicação do acordo de *Schengen*.

Inovadora e inspiradora, a convenção de *Schengen* logo tomou proporções monumentais chegando a, no momento de sua entrada em vigor, em 26 de março de 1995, possuir nove Estados signatários: Alemanha, França, Bélgica, Luxemburgo, Holanda, Portugal, Espanha, Itália e Grécia, dentre os quais, apenas os dois últimos foram considerados impossibilitados de para aplicar o acordo, ante a ausência dos requisitos mínimos referentes a proteção de dados.

Após muita negociação o acordo de *Schengen* chegou à proporção atual de 26 membros: Alemanha, Áustria, Bélgica, Chéquia, Dinamarca, Eslováquia, Eslovênia, Espanha, Estônia, Finlândia, França, Grécia, Hungria, Islândia, Itália, Letônia, Liechtenstein, Lituânia, Luxemburgo, Malta, Noruega, Países Baixos, Polônia, Portugal, Suécia e Suíça, integrantes ou não da União Europeia.

Com sua entrada em vigor, foram abolidos, por todos os Estados membros, os controles nas fronteiras internas do espaço *Schengen*, assim considerado os espaços terrestres comuns às partes contratantes, os aeroportos no que diz respeito aos voos entre Estados-membros e os portos

---

[6] Os Países Baixos ou, mais adequadamente chamado, conforme a língua portuguesa, País Baixo, corresponde ao território popularmente conhecido como Holanda, denominação oriunda da região homônima localizada a Oeste do país, a qual é dividida em duas províncias, Holanda do Norte e Holanda do Sul, responsáveis por dominar a região por muito tempo.

marítimos e suas ligações regulares e sem escala empreendidas por navios entre portos. Todavia, insta salientar que, o Acordo de *Schengen* possui uma cláusula de excepcionalidade que permite aos Estados, em situações de natureza pública ou de segurança nacional, realizar o controle em suas fronteiras internas por tempo determinado.

Ainda, é importante ressaltar que, no que pese a abertura das fronteiras internas, o controle externo realizado pelos Estados membros continua em vigor tendo, inclusive, se tornado mais rígido, imputando aos membros externos a função de vistoriar a entrada e permanência de indivíduos externos, dentre eles, imigrantes e refugiados que não foram incluídos no acordo, não existindo qualquer previsão quanto ao direito à instalação e residência destes.

Conforme previsto no documento em questão, seus contratantes reiteram suas obrigações para com a Convenção de Genebra 28 de Julho de 1951 relativa ao estatuto dos refugiados, em consonância com as alterações ocasionadas pelo Protocolo de Nova Iorque de 31 de Janeiro de 1967, sem qualquer restrição geográfica, comprometendo-se a garantir a análise de qualquer pedido de asilo apresentado por um estrangeiro, contudo, sem qualquer obrigação de autorizar em todos os casos o requerente de asilo a adentrar ou a residir no seu território.

Ainda, ficam os contratantes no direito de interditar a entrada ou expulsar um requerente de asilo, assim considerado qualquer estrangeiro que venha a apresentar um pedido de asilo (escrito, oral ou de qualquer outro modo) desde que não tenha ainda sido tomada uma decisão definitiva com o objetivo de obter o reconhecimento da sua qualidade de refugiado, com base nas suas disposições nacionais e compromissos internacionais.

Não obstante, os países podem averiguar os pedidos múltiplos de asilo, que costumam serem feitos com o objetivo de beneficiar seu requente de um direito de permanência quase ilimitado, ficando assim a decisão tomada pelo Estado responsável aplicável para todos os demais membros, impossibilitando que o requerente apresente um novo pedido noutro Estado *Schengen*.

Simultaneamente ao processo de integração, os Estados europeus se viram obrigados a analisar com maior cuidado as questões referentes aos pedidos de asilo e refúgio, haja vista que, conforme Soder (2007, p. 64)[7] “um pedido de proteção internacional seria um pedido feito à instituição União Europeia", razão pela qual criaram um Sistema Comum de Asilo.

## 1.2 A Política Comum para os Refugiados da UE

Sistema Comum de Asilo (SECA) ou do inglês *Crommon European Asylum System* (CEAS) é o nome dado a Política de Asilo e Refúgio introduzida na União Europeia através dos Tratados de Maastricht e Amsterdã.

O Tratado de Maastricht assinado em 1992, após o fim da Guerra Fria, na cidade Holandesa de mesmo nome, representou um marco para o bloco, pois determinou a unificação política e integração econômica de seus

---

[7] SODER, Rodrigo Magnos. **O Direito de asilo na União Europeia: um olhar normativo sobre a “Europa-Fortaleza”.** Dissertação (Dissertação em Direito), Universidade Federal do Rio Grande do Sul - UFRGS, Porto Alegre, 2007. p. 64

Estados-membros, substituindo a anterior Comunidade Econômica Europeia (CEE) pela então conhecida União Europeia (UE), bem como criando regras facilitadoras não só da circulação de pessoas, como vinha sendo feito desde *Schengen*, como também de produtos, serviços e capital.

Com o objetivo de estabilizar a política na Europa após os conturbados anos de guerra, o Tratado de Maastricht foi elaborado sob três pontos: o primeiro diz respeito às questões sociais e econômicos que permitem, de alguma forma, o crescimento e desenvolvimento do bloco, tratando de assuntos como agricultura, meio ambiente, saúde, educação, energia, investigação e desenvolvimento. Já o segundo encarrega-se de abordar temas relacionados ao bem comum, como política externa e segurança. Enquanto ao terceiro resta tratar da cooperação policial e judiciária, no que concerne ao direito penal.

O Tratado de Amsterdã, por sua vez, assinado cinco anos após Maastricht, mais especificamente em 1997, entrou em vigor em 1 de maio de 1999 e transferiu a União Europeia o poder legislativo sob a política de imigração e asilo, imputando a ela a competência para dirimir conflitos e harmonizar as políticas de todas as regiões, devendo fazê-lo com base nos princípios de liberdade, democracia e respeito aos direitos humanos e liberdades fundamentais.

Inaugurando uma nova fase das políticas de imigração e asilo, o Tratado de Amsterdã colocou os direitos fundamentais em primeiro plano, estabelecendo um programa de cinco anos que visava assegurar a circulação de pessoas no território, sejam elas cidadãs ou não da União, criar normas comuns para a imigração e asilo, bem como garantir a segurança de todos combatendo todo e qualquer ato de violência, principalmente o tráfico de pessoas e o terrorismo.

Após muito trabalho e passados os cinco anos previstos no Tratado, fundou-se o Sistema Europeu Comum de Asilo (SECA), responsável por colocar em prática a segunda fase do projeto de harmonização das políticas de imigração e asilo.

Nesta etapa, a política europeia se subdividiu em duas diretivas e dois regulamentos [Figura 1].

Figura 1: Sistema Europeu Comum de Asilo

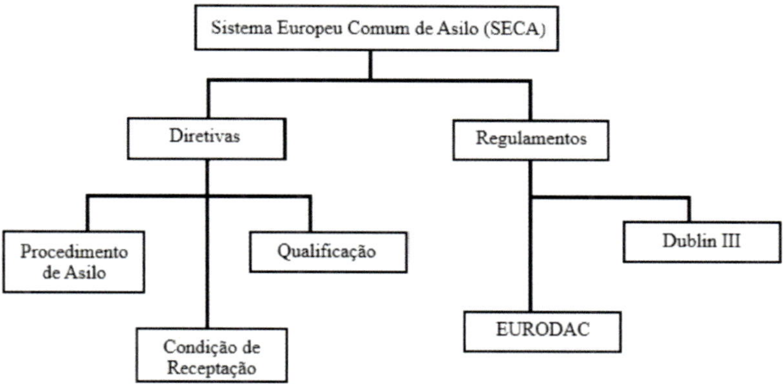


Neste sistema, a diretiva relativa ao Procedimento de Asilo definiu as normas processuais para a apresentação de um pedido de asilo, determinando a forma como deve ser formulado e, posteriormente, analisado.

Muito críticos apontam que a definição de país terceiro seguro, trazido nos artigos 36 a 39 do Tratado, impossibilita a aplicação de um procedimento justo, haja vista que deixa a cargo do Estado-membro classificar quem ele acredita ser um país terceiro seguro. E, diante de tais circunstâncias, o Tribunal Constitucional Federal da Alemanha lutou para classificar todos os Estados-membros da União Europeia como país terceiro seguro, obtendo êxito em seu intento.

A Diretiva Qualificação, por sua vez, tem o objetivo de criar padrões comuns para o reconhecimento do status de refugiado, bem como defini-lo. Vale ressaltar que ambos os conceitos são diversos, sendo o reconhecimento do status de refugiado um ato meramente declaratório enquanto a definição do conceito em si é uma questão jurídica substantiva. Ilustrativamente, conforme determinado pelo ACNUR[8], considera-se que "um refugiado não é refugiado porque é reconhecido como um; em vez disso, um refugiado é reconhecido como refugiado porque é um".

Assim, de acordo com a Diretiva[9], é considerado refugiado:

> *[...] um nacional de um país terceiro que, devido a um medo bem fundamentado de ser perseguido por motivos de raça, religião, nacionalidade, opinião política ou pertencimento a um grupo social específico, está fora do país de nacionalidade e é incapaz ou, devido a esse medo, não está disposto a se beneficiar da proteção desse país ou de um apátrida que, estando fora do país de antiga residência habitual pelos mesmos motivos como mencionado acima, é incapaz ou, devido a esse medo, não quer voltar a ele e a quem o artigo 12 não se aplica.*

---

[8] ACNUR. **Manual de Procedimentos e Critérios para a determinação da condição de refugiado.** Disponível em: https://www.acnur.org/portugues/wpcontent/uploads/2018/02/Manual_de_procedimentos_e_crit%C3%9rios_para_a_determina%C3%A7%C3%A3o_da_condi%C3%A7%C3%A3o_de_refugiado.pdf. Acesso em: 27/06/2021.

[9] Ibidem

A partir da leitura do trecho acima pode-se observar a existência de uma proteção subsidiária, a qual se destina aqueles estabelecidos no artigo 12 da Convenção[10]:

> *[...] um nacional de um país terceiro ou um apátrida que não se qualifica como refugiado, mas em relação a quem foram demonstrados motivos substanciais para acreditar que a pessoa em questão, se retornada ao seu país de origem, ou no caso de um apátrida, ao seu país de antiga residência habitual, correria um risco real de sofrer danos graves, conforme definido no artigo 15, e a quem, nos itens 1 e 2 do artigo 17, não se aplica e é incapaz ou, devido a esse risco, não quer se valer da proteção daquele país*

A última Diretiva, denominada Condição de Recepção, se destina a harmonizar os regulamentos referentes ao acolhimento social e padrões de vida que devem ser garantidos aos requerentes de asilo nos Estados-Membros da União Europeia. Em suma, a Diretiva trata de questões referentes a residência e liberdade de circulação, bem como emprego e condições mínimas de recepção.

No tocante aos regulamentos, o EURODAC, popularmente conhecido como a Dactiloscópica Europeia, representa a base de dados europeia, formada pelas impressões digitais de todos os requerentes de asilo e que passaram irregularmente nas fronteiras, de suma importância, conforme defendido pela Agências de Segurança Nacional, para a identificação de terroristas.

---

[10] Ibidem

E, por fim, o Regulamento de Dublin III, criado pela Convenção de Dublin, com o intuito de distribuir a competência de exame e processamento dos requerimentos de asilo.

Assinada em 15 de junho de 1990, a Convenção de Dublin tinha como fim harmonizar a implementação do Direito Internacional dentro da União Europeia, ao determinar que bastaria a realização do pedido de asilo para ser autorizado a adentrar e circular livremente no território europeu. Todavia, em pouco tempo, surgiram inúmeras críticas apontando a ambiguidade existente em tal convenção, a qual ao invés de evitar os múltiplos pedidos de asilo acabou por abrir caminho para eles.

Os imigrantes, visando a entrada no território europeu passaram a requerer asilo ao membro tido como mais favorável à sua concessão e, posteriormente, dotados da liberdade de locomoção, mudavam-se para o território desejado, seja em razão das políticas ou economia mais benéfica, motivo pelo qual, em 2003 novas alterações foram realizadas no texto legal, transformando a Convenção de Dublin no "Sistema Dublin", inaugurado pelo Regulamento Dublin II (regulamento CE nº 343/2003).

O Regulamento Dublin II determinou que qualquer Estado detinha o direito de reconhecer os pedidos de asilo, baseando-se nos princípios da unidade familiar, cultural e da responsabilidade, assim, independentemente de para qual país tenha sido realizado o pedido, poderia outro membro avaliá-lo, cabendo a este ser responsável pelo solicitando, tenha ele adentrado legal ou ilegalmente no território, impedindo assim que o solicitante exerça seu direito de escolha e com ele se beneficie.

Foram graças a tais mudanças legislativas que, atualmente, é possível contabilizar a quantidade de requisições realizadas dentro de cada Estado membro da UE, o que permite a análise comparativa das demandas, bem como das desproporções na recepção e acolhimento de refugiados.

Ainda, o Regulamento Dublin II, inovou ao autorizar a transferência de competência, permitindo que um Estado, caso considere que a análise da solicitação de refúgio deve ser efetuada por outrem, solicite sua distribuição àquele mais apto. Contudo, importante salientar que, caso o segundo Estado apresente resposta negativa, o primeiro deverá continuar com os trâmites.

Ocorre que, segundo bem apontado por FERREIRA (2019 , p. 22)[11], mesmo ante as reformulações feitas em 2003, o Sistema Dublin se mostrou ineficaz quanto a harmonização das requisições de refúgio dentro da UE, pois, apenas no ano de 2015, tanto o setor público, quanto privado, apresentou inconsistências quanto a solicitação de asilo entre países membros, como foi o caso, por exemplo, entre Alemanha, Suécia e Itália.

Outrossim, salienta LAFRAI (2019, p. 69)[12] que:

> *[...] de um total 922.800 solicitações de proteção internacional nos Estados-Membros da EU ainda estavam sendo analisados pelas autoridades nacionais responsáveis, 46% ainda estava pendente no final do mesmo ano. Desse total, o a Alemanha demonstrou uma*

[11] FERREIRA, Lucas Rogério Carrilho. **Políticas para refugiados na União Europeia no século XXI: O sistema Europeu Comum de Asilo – SECA a partir da realidade italiana.** Dissertação (Dissertação em Relações Internacionais e Integração), Universidade Federal da Integração Latino Americana - UNILA – Foz do Iguaçu, 2019. p. 22

[12] Ibidem.

> *alta participação em número de solicitações aceitas frente a Itália. Por vez, a Suécia se mostrou em uma posição intermediária frente aos outros dois países.*

Diante de tal cenário, observou-se a necessidade de uma terceira e última reforma, ocorrida em 2013, transformando o que foi a Convenção de Dublin no agora Regulamento de Dublin III.

O Regulamento de Dublin III, diferentemente de seus antecessores, estabeleceu obrigatoriamente qual o Estado que seria o responsável pela análise do processo de solicitação de asilo, objetivando, assim, o fim do chamado "fórum shopping" ou *"asylum shopping"*, fenômeno pelo qual os refugiados realizavam inúmeros pedidos de asilo em diferentes Estados membros da UE, aproveitando-se da extensão territorial, controle mínimo nas fronteiras, bem como das política de vistos e imigração[13]. O que, em que pese ter solucionado os múltiplos pedidos ocasionou uma distribuição desproporcional, bem como desvencilhou o caso ao problema principal, o cuidado e apoio para com o refugiado.

De acordo com LINXWEILER (2014) [14]

> *[...] o Regulamento Dublin III não trata do problema principal. Não trata do problema de jurisdição e responsabilidade. Assim, os estados de embarque sobrecarregados não serão revividos de seu fardo e as condições dentro dos campos e instalações de refugiados*

---

[13] *LAFRAI,* Cleopatra. **Die EU- Qualifikationsrichtlinie und ihre Auswirkungen auf das deutsche Flüchtlingsrecht.** Bremen, Alemanha: EHV, 2013. p. 69

[14] LINXWEILER, Jan Alexander. **The European Asylum Policy – Failure of the Dublin III Regulation?.** Disponível em: https://unyouknow.org/2014/07/13/the-european-asylum-policy-failure-of-the-dublin-iii-regulation/. Acesso em: 21/06/2021.

> *não melhorarão. O sistema de alerta precoce introduzido, que deve reconhecer déficits sistêmicos aparentes, não pode - de fato - oferecer proteção suficiente (Tradução livre).*

Outro instituto de caráter inovador, tanto no campo da diplomacia quanto das relações internacionais, foram as Conferências Internacionais de Haia, também conhecidas como Conferências da Paz de Haia, que objetivavam a propagação de movimentos pacifistas na sociedade civil como forma de resposta aos horrores das guerras.

Regidas pelo princípio igualitário de um voto para cada, as Conferências da Paz inauguraram, ainda, a diplomacia multilateral, abrindo portas para a participação de todos, incluindo membros da imprensa e organizações não governamentais.

Conforme a diplomacia multilateral, a Conferência foi constituída por um sistema de comissões para organizar os trabalhos e reportá-los ao plenário, sendo eles: uma comissão de redação que tinha por objetivo assegurar uma boa forma as convenções e declarações acordada e, por fim, por uma Ata Final que abarcava os frutos de todo entendimento.

De acordo com LAFER (2006, p. 4)[15]:

> *A Ata Final, datada de 29 de julho de 1899, elencava os seguintes resultados: (1) Convenção para a solução pacífica de conflitos internacionais; (2) Convenção concernente às leis e usos da guerra terrestre; (3)*

---

[15] LAFER, Celso. **Conferência da Paz de Haia (1899 e 1907).** Verbete. Rio de Janeiro: CPDOC-FGV, 2006. p. 4. Disponível em:https://cpdoc.fgv.br/sites/default/files/verbetes/primeira-republica/CONFER%C3%8ANCIAS%20DA%20PAZ%20DE%20HAIA.pdf. Acesso em: 21/06/2021.

*Convenção para a aplicação à guerra marítima dos princípios da Convenção de Genebra de 22 de agosto de 1864. Também integravam a Ata Final três Declarações concernentes a (1) Proibição de lançamento de projéteis e explosivos, dos balões ou por outros novos meios semelhantes; (2) Proibição do emprego de projéteis que tivessem por fim único espalhar gases asfixiantes ou deletérios e (3) Proibição do emprego de balas que se dilatam ou se achatam facilmente dentro do corpo humano (balas dum-dum).*

Realizada em 1899, a primeira Conferência da Paz ocorreu na cidade de Haia, na Holanda, país considerado neutro politicamente, entre 18 de maio e 19 de julho de 1899, com a participação de 26 países: 20 europeus, equivalente a todos os países do continente a época, 4 asiáticos, sendo eles China, Japão, Pérsia e Sião, bem como EUA e México, membros do continente americano.

Com o intuito de criar e realizar metas de um pacifismo ativo, a Primeira Conferência estimulou conversas sobre a paz, listando medidas propícias a evitar a guerra, tais como o desarmamento, bem como questões relacionadas ao direito humanitário que, posteriormente, levou a criação da Cruz Vermelha.

A Segunda Conferência da Paz, realizada de 15 de junho a 19 de outubro de 1907, por sua vez, teve o escopo de analisar os resultados gerados pela Primeira Conferência com destaque para a atuação internacional na Guerra Russo-Japonesa (1904-1905). Tal Conferência se caracterizou pela existência de um amplo círculo de Estados, formado não só pelos presentes no encontro anterior como, também, pela Noruega (já separada da Suécia), Cuba, Equador, Haiti, Republica Dominicana, Peru, Nicarágua, Venezuela, Honduras, Uruguai, Paraguai, El Salvador, Panamá, Guatemala, Colômbia, Argentina, Brasil, Chile e Bolívia. Totalizando 44 países.

Após inúmeras deliberações, a Ata Final assinada em 18 de outubro de 1907 elencou 13 convenções, conforme LAFER (2006, p. 6)[16]:

> *(1) Convenção para a solução pacífica de conflitos internacionais; (2) Convenção relativa à limitação do emprego da força para a cobrança de dívidas contratuais; (3) Convenção relativa ao início das hostilidades; (4) Convenção relativa às leis e usos de guerra terrestre; (5) Convenção concernente aos direitos das potências e das pessoas neutras em caso de guerra terrestre; (6) Convenção relativa ao regime dos navios mercantes inimigos no início das hostilidades; (7) Convenção relativa à transformação dos navios mercantes em navios de guerra; (8) Convenção relativa à colocação de minas submarinas automáticas, de contato; (9) Convenção relativa ao bombardeio por forças navais em tempo de guerra; (10) Convenção para a adaptação à guerra marítima dos princípios da Convenção de Genebra; (11) Convenção relativa a certas restrições ao exercício do direito de captura na guerra marítima; (12) Convenção relativa ao estabelecimento de um Tribunal Internacional de presas; (13) Convenção concernente aos direitos e deveres das potências neutras em caso de guerra marítima, e uma Declaração relativa à proibição de lançar projéteis e explosivos dos balões. As Convenções e a Declaração estariam abertas a assinaturas dos plenipotenciários dos países*

[16] LAFER, Celso. **Conferência da Paz de Haia (1899 e 1907).** Verbete. Rio de Janeiro: CPDOC-FGV, 2006. p. 6. Disponível em: < https://cpdoc.fgv.br/sites/default/files/verbetes/primeira-republica/CONFER%C3%8ANCIAS%20DA%20PAZ%20DE%20HAIA.pdf> Acesso em: 27/06/2021.

> *representados na Segunda Conferência até 30 de junho de 1908.*

Assim, é possível verificar que a Segunda Conferência se aprofundou nas questões humanitárias, incentivando um pacifismo ativo, pautado em normas jurídicas negociadas que almejavam o bem-estar da humanidade contrapondo a visão anteriormente usada que se pautava na sociedade internacional interestatal.

Em que pese não tratar diretamente do tema refúgio, a Convenção da Paz de Haia foi de suma importância para os indivíduos nessa condição, pois defendeu o bem-estar da humanidade, incentivou a paz e a não utilização de conflitos armados como forma de resolução de problemas, o que, por si só, já diminui a incidência de refugiados que, em regra, buscam auxílio em outros países dado os riscos de permanecer em seu local de origem em razão das guerras locais.

## 2. A Crise de Refugiados Sírios

Desde os primórdios de sua história a Síria passa por momentos de tensão, que em 2011 foram agravados ante a situação política do país, controlado pelo ditador Basha al-Assad que governava com mão de ferro, bem como dada a atuação de grupos terroristas no local, principalmente o Estado Islâmico.

A Síria, comumente denominada de República Árabe da Síria, é uma nação localizada no Oriente Médio, mais especificamente ao Sudoeste da

Ásia, dividindo fronteira com o Líbano e o Mar Mediterrâneo a oeste, a Jordânia no sul, Israel a sudoeste, Iraque no leste e Turquia ao norte.

Habitada por povos semitas até meados de 1000 a.C, a Síria não passava de um aglomerado de Estados (Gesur, Damasco, Zobá e Arã), que a época já lutava por suas terras entrando em conflito com Israel. História que chegou a ser descrita em diferentes textos religiosos que trataram da derrota do governante de Zobá pelo Rei Davi.

Em resposta aos ataques constantes, os habitantes de Damasco iniciaram o movimento de unificação da Síria, a qual já pertenceu a Mesopotâmia, Arameus e Assírios, Egípcios e Romanos. Período em que ocupou todo o espaço conhecido como Levante - uma vasta região do Oriente Médio, localizada ao sul dos Montes Taurus.

Com o fortalecimento do islamismo a Síria logo se tornou um dos polos do universo Árabe, principalmente durante o Império Omíada, dinastia turca de califas de Maomé[17], que tornou a cidade de Damasco sua base de comando.

A dominação do território pelos árabes teve início em 636 d.C. e perdurou até a derrota do califa de Damasco, Hisham ibn al-Malik, em 732 d.C, período em que viu suas tropas serem derrotadas, após a tentativa de dominar o continente europeu.

Em 750 d.C, com a morte do Calife Omíada, Marwan II, o centro de poder do território é deslocado para Bagdá, destituindo-se o status políticos

---

[17] Designação adotada pelo do profeta e seus sucessores para designar os novos líderes do Islã

de Damasco – fato que despertou a apatia dos califas de Damasco para com os de Bagdá. Logo, as proximidades de Damasco foram ocupadas pelos cruzados que deixaram como herança para a nação a comunidade cristã maronita.

No século XVI, a Síria se transformou em uma divisão geográfica do Império Otomano, em poder de quem permaneceu até a Primeira Guerra Mundial, período em que ocorreu o declínio do império.

Após a Primeira Grande Guerra Mundial, por iniciativa do Mandato da Liga das Nações, o território antes pertencente ao Império Otomano, foi dividido juridicamente entre seus integrantes, ficando em poder da Inglaterra e França.

Ingleses ao sul, no espaço que hoje compreende Palestina e Jordânia, e franceses no restante da Síria Otomana, região que equivale, atualmente, a Síria, o Líbano e a Província de Hatay, localizada na Turquia. Vindo a conquistar sua independência apenas em 1946, período em que assumiu o regime parlamentar.

Os anos que se seguiram após a independência foram inconstantes, marcados por inúmeros golpes de estado por parte de organizações militares, bem como por outros atos que vieram a abalar o país de 1949 a 1970.

Dado os constantes conflitos, em 1962 a Síria passou a conviver com o estado de sítio que suspendeu todos os direitos constitucionais de seus cidadãos, sendo que, em 1967 seus cidadãos se viram, mais uma vez, sem chão, no termo literal da palavra, ante a devastação de uma grande porção de terra que foi aniquilada pelos israelitas durante a Guerra de Seis dias.

Sem direitos, terra e segurança, o povo Sírio já se encontrava desesperado, quando as repressões por parte do governo se intensificaram levando a disseminação da luta contra a ditadura e participação da chama Primavera Árabe - nome dado ao conjunto de protestos e revoltas ocorridas nos países de língua árabe no final de 2010.

Iniciada na Tunísia, a Primavera Árabe teve seu estopim quando um jovem, após ter sua barraca de frutas e legumes confiscada pela polícia, ateou fogo ao próprio corpo em protesto as condições de vida no país. A ação corajosa do jovem protestante que sacrificou sua vida em prol da causa, incentivou a população a demonstrar sua insatisfação para com os rumos político-sociais e com isso clamar pelo fim da ditadura de Zine El Abidine Ben Ali, que se encontrava há 23 anos no poder.

As manifestações clamando pela realização de eleições diretas levaram a renúncia do ditador que não apresentou grande resistência. Movimentação que foi batizada de Revolução de Jasmim, a qual rapidamente inspirou os países vizinhos que enfrentavam a mesma problemática dos tunisianos.

Pouco menos de um mês havia passada da derrocada do ditador tunisiano quando Hosni Mubarak, ditador do Egito, deixou sua função no governo em resposta as revoltas populares que exigiam o fim de seu governo após 30 anos no poder: era a chamada Revolução de Lótus.

Mais uma vez os protestos foram incentivados, agora inspirados pelo resultado alcançado pelo Egito. Na Líbia, com o auxílio de uma guerrilha armada, o regime de Muamar Kadhafi, que governou durante 42 anos, foi posto abaixo, com confrontos violentos entre representantes do governo e manifestantes.

A Síria, por sua vez, comandada pela oposição sunita se juntou ao movimento da Primavera Árabe, buscando, assim como seus antecessores, a retirada do então ditador Bashar al-Assal, no poder desde 2000.

Com a intensificação dos conflitos os países vizinhos (Turquia, Líbano, Arábia Saudita e Iraque) logo manifestaram seu apoio aos rebeldes, haja vista que consideravam o regime do ditador xiita sírio uma ameaça as soberanias locais. O Irã, por sua vez, apoiou o governo do país por acreditar que sua derrocada ameaçaria a estabilidade de seu próprio governo.

Logo as potências ocidentais, com destaque para os EUA, manifestaram seu apoio aos rebeldes, fornecendo armas e suprimentos com a clara intensão de derrubar o temido inimigo político da região. Os EUA chegaram, inclusive, a declarar que realizaria uma intervenção militar caso o governo sírio não cessasse o uso de armas químicas, o que é considerado pelo direito internacional como um crime de guerra. Em contraposição, a Rússia e China opuseram-se a ação dos EUA ameaçando interferir no conflito caso este o fizesse primeiro.

Os ânimos estavam alterados, potências internacionais interferiam no conflito e criaram uma esfera internacional frágil, a qual fora vista apenas no período da Guerra Fria. Em razão disso, diversos acordos foram realizados, apaziguando os entes internacionais.

Ocorre que, em que pese a retirada das grandes potências os conflitos permaneceram, sendo considerado o mais longo da Primavera Árabe.

Conforme noticiado por SANZ (2017) em reportagem ao El País[18]:

> *O balanço da guerra é desolador. Mais de 340.000 pessoas perderam a vida, sendo um terço delas civis. Metade da população abandonou seus lares por causa dos combates: cinco milhões se refugiaram nos países vizinhos, e outros 6,5 milhões foram deslocados internamente. A fatura econômica da reconstrução se aproxima dos 800 bilhões de reais, ao mesmo tempo em que as duas principais fontes de renda do país – petróleo e agricultura – desabaram. A guerra destruiu quase metade dos centros médicos e escolas da Síria.*

A moeda síria perdeu o valor, seus cidadãos viram suas poupanças evaporarem, os conflitos armados causaram drásticas mudanças demográficas, famílias foram destruídas. Fome, medo, insegurança, em pouco tempo o número de refugiados que deixou o país alcançou patamares alarmantes.

Apesar dos esforços da ONU e da Liga Árabe, o acordo de cessar-fogo negociado com os governos nunca fora respeitado, fazendo com que o conflito tomasse proporções de guerra civil.

Inicialmente, a força rebelde era comandada pelo Exército Livre da Síria, grupo não religioso de atuação moderada. Todavia, com a resistência do governo em ouvir os clamores da população, logo ocorreu a aliança entre rebeldes e grupos extremistas como o grupo jihadista Jabhat Fateh al-Sham, antiga Frente al-Nusra.

---

[18] SANZ, Juan Carlos. **Sete anos de frustação desde a eclosão da Primavera Árabe.** Jerusalém: El País, 17 de dezembro de 2017. Disponível em: <https://brasil.elpais.com/brasil/2017/12/16/internacional/1513454978_043457.html>. Acesso em: 12/02/2020.

Até que, a partir de 2013, o Estado Islâmico, antigo braço armado da Al-Qaeda, aproveitou-se da instabilidade da Síria para propagar suas ideias, recrutando novos membros por todo o território - Atualmente formado por mais de 50 mil pessoas, o Estado Islâmico se auto declarou um Califado em território Sírio e Iraquiano.

O que inicialmente tratou de uma luta por democracia logo tomou proporções inimagináveis integrando ao conflito temas de cunho religioso, o que colocou em maior risco a população civil já antes fragilizada - Situação que se agravou graças a aplicação, por parte do bloco europeu, de medidas restritivas que tem por intuito, unicamente, combater os fluxos migrantes em seu território.

Sob a alegação da existência de uma crise, os Estados têm se utilizado dos regimes de concessão de visto e pré-inspeção migratória para barrar inúmeros refugiados que se quer têm a chance de chegar ao território. Um exemplo deste tipo de medida é a chamada política "antiembarque", que determina a aplicação de altas multas para as transportadoras que permitirem o embarque de pessoas sem a devida documentação autorizadora. Documentação essa que raramente é concedida, principalmente, perante a aplicação restritiva da Convenção de 1951 adotada por alguns países, como por exemplo a Turquia, que determinou que só considera como refugiado pessoas advindas de certa reserva geográfica.

Outra política restritiva adotada, chamada de "ricochete", determina que os requerentes de asilo que conseguissem chegar ao território terão seu pedido submetido a criteriosa avaliação, a qual não consideraria refugiado indivíduos perseguidos por agentes não-estatais[19], que em nada condiz com as estipulações da Convenção de 1951.

Objetivando desviar os fluxos de seu território, os governos da Europa Ocidental elaboraram as chamadas listas de "países seguros" – territórios localizados a leste da UE para onde poderiam enviar os requerentes de asilo.

Por fim, foram usadas várias medidas de "dissuasão" com o objetivo de deter automaticamente os requerentes de asilo, negando-lhes assistência social e acesso a emprego sendo, ainda, criadas restrições aos refugiados já residentes em alguns países, os quais foram impedidos, por exemplo, de trazer seus familiares para junto de si.

Assim, conforme defendido por CARVALHO (2017, p. 76.)[20]:

> *As implicações do desenvolvimento de medidas de prevenção a chegada para a instituição do refúgio podem ser preocupantes, levando-se em conta que nesses casos não existe a atuação de atores que normalmente poderiam ser esperados para divulgar e contestar as violações de direito dos requerentes de refúgio. Com a dispersão do controle de imigração, torna-se extremamente difícil para os grupos domésticos ter a capacidade de controlar e supervisionar as ações estatais referentes aos requerentes de refúgio nos*

---

[19] ACNUR. **A situação dos Refugiados no mundo.** Almada: A triunfadora – Artes Gráficas, 2000. p 168.

[20] CARVALHO, Raissa Guimaraes. **Da implementação de medidas restritivas para a recepção de refugiados na União Europeia – O Acordo EU e Turquia frente ao princípio de *non-refoulement*.** Dissertação - Programa de Pós-Graduação em Direito. Universidade de São Paulo da faculdade de Direito de Ribeirão Preto – USP Ribeirão, 2017. p. 76. Disponível em: < https://teses.usp.br/teses/disponiveis/107/107131/tde-06022019-094140/publico/RaissaGCarvalhoCorrigida.pdf>. Acesso em 10/01/2020.

*diversos aeroportos do mundo e nas seções de vistas em que países estrangeiros.*

Em que pese as políticas protetivas que a UE se orgulha de possuir, a realidade demonstra que suas ações em nada condizem com a bandeira levantada. Diversas medidas restritivas são aplicadas todos os dias em suas fronteiras e aeroportos, impedindo a entrada de refugiados, limitando os direitos dos já residentes no continente e "realocando" os que com muito esforço conseguem transpor as barreiras - É devido a tal resistência que muitos dos refugiados Sírios são encaminhados a Turquia.

## 2.1. A Geopolítica Turca

A Turquia é um estado de grande dimensão geográfica, principalmente quando comparada aos padrões europeus, ocupando uma área total de 769.604 km², o que equivale a 1,5 vezes a dimensão do maior país da UE, a França.

Quanto as suas fronteiras terrestres, ocupam cerca de 2.648 km, abrangendo oito países, são eles: Arménia, Azerbaijão, Bulgária, Geórgia, Grécia, Iram, Iraque e Síria. O que, geograficamente, faz o território Turco pertencer à Europa, à Ásia, o Cáucaso e o Médio Oriente, sendo banhado pelo mar Negro, Mediterrâneo e Egeu.

É ante a tal diversidade geográfica, associada ao passado do multissecular Império Otomano, que ocupou boa parte do território até o fim da primeira guerra, período em que foi dissolvido, que os traços étnicos e culturais são inumeráveis e, influenciam diretamente nas alianças para contrabalançar os inimigos externos, tornando instável a relação entre seus vizinhos.

Os embates envolvendo Turquia e Armênia, por exemplo, se arrastam ao longo dos anos tendo como ápice o chamado genocídio armênio que contabilizou cerca de 1,5 milhão de pessoas mortas.

Região muito prospera, a Armênia foi conquistada e governadas por diferentes povos, como bizantinos, gregos, romanos, persas, mongóis. Até que o então Império Otomano decidiu torná-la parte de seu domínio, transformando-a em "súdita dos sultões"[21]. Tal dominação perdurou até meados de 1800, período em que os exércitos turcos começaram a perder força, e os jovens armênios iniciaram manifestações clamando por um governo constitucional. Foi então que objetivando "acalmar" os ânimos dos populares, o sultão turco ordenou a repressão dos armênios, incentivando cidades a organizarem suas defesas, acarretando a perseguição e morte de mais de 100 mil habitantes.

Posteriormente, em 1908 foi a vez do povo turco demonstrar seu descontentamento com o então governo formando o partido "Jovens Turcos" que forçou o sultão Abdulhamid II a abdicar em prol de um governo constitucional. Todavia, tal forma de governo durou poucos anos, pois em 1913 três integrantes dos Jovens Turcos (*Mehmed Talaat, Ismail Enver e Ahmed Djemal*) deram um golpe assumindo o controle do governo.

---

[21] FERNANDES, Claudio. **Genocídio Armênio.** História do mundo. Disponível em: <https://www.historiadomundo.com.br/idade-contemporanea/genocidio-armenio.htm>. Acesso em: 26/06/2021.

Sob nova liderança, o governo Turco deu início a seu plano de expansão das fronteiras, principalmente para o leste em toda a Ásia Central e Cáucaso.

Ocorre que, no meio do caminho estava o território Armênio, o que intensificou as desavenças entre os dois povos que já se enfrentavam ante as diferenças religiosas e políticas, principalmente pelo apoio armênio a democracia e o liberalismo.

Foi então que com o despertar da primeira guerra o Governo Jovens Turcos adotou uma retomou sua postura expansionista, objetivando restabelecer o poder do Império através da unificação e doutrinação de todos os povos.

Já nos primeiros anos da guerra, a Turquia subjugou a Armênia, eliminando todos aqueles que eram contrários à sua expansão, chegando ao ponto de, em 1915, prender e executar centenas de intelectuais.

Impiedosos até mesmo com seus aliados, os Turcos aliciaram armênios para lutar na guerra e, posteriormente, ordenaram que fossem eles executados por seus colegas de farda.

Com a aproximação do fim da guerra, mulheres, crianças e idosos armênios foram enviados a centros de realocação, localizados em desertos estéreis da Síria e Mesopotâmia, onde foram deixados para morrer de fome e sede. Campos onde milhares de pessoas foram separadas de suas famílias, estupradas e forçadas a adotar o islamismo.

As marcas destes fatídicos anos ainda estão presentes nos corações do povo Armênio que só conseguiu sua independência da Turquia em 1918. Todavia, ainda não conquistou o reconhecimento do episódio descrito como “genocídio”, atitude que a Turquia se nega a aceitar mesmo diante do posicionamento de mais de 20 países europeus.

No tocante à Bulgária, o ponto de discórdia para com a Turquia reside, ou residia, haja vista que muitos acreditam ter sido ele sanado, nos embates entre a minoria islâmica da Bulgária, denominados búlgaros muçulmanos, que lutava contra o governo de seu país que insistia em doutriná-los através da política de “bulgarização” forçada.

Oriundos do Império Otomano, os búlgaros muçulmanos buscaram então refúgio na Turquia, onde permaneceram até a queda do regime comunista, momento em que puderam enfim retornar aos seus lares.

Atualmente, a relação entre Bulgária e Turquia se mostra pacífica, sendo possível observar o crescimento do comércio bilateral entre os países que almejam alcançar o montante de 10 milhões de dólares.

Diferentemente da Georgia que mantem relações muito próximas com a Turquia a séculos, principalmente após a queda da União Soviética, período em que a fronteira turco-georgiana permaneceu fechada, com o objetivo de impedir um potencial conflito entre o bloco comunista e o bloco capitalista. Até que em 1988, foi instalado o primeiro posto fronteiriço na aldeia de Sarpi, permitindo que milhares de georgianos estreitassem sua relação comercial com a Turquia.

A abertura da fronteira entre os dois países foi um grande marco para a relação comercial, o que permitiu que a Georgia se desenvolvesse e combatesse seus problemas socioeconômicos, herança de sua independência da Rússia.

Outrossim, a Turquia foi o primeiro país a reconhecer a independência, abrindo suas portas a entrada de migrantes, os quais, a partir de 1990 não mais precisavam de visto para adentrar no país.

Embora a Georgia não tenha grandes reservas de petróleo e gás, sua localização é um ponto estratégico, sendo visto como uma ponte que liga o Mar Negro à região do Mar Cáspio e à Europa com a Ásia Central.

Assim, do ponto de vista estratégico, a Georgia desempenha um importante papel nas tentativas da Turquia de se tornar o centro energético euroasiático, sendo a principal via de trânsito para a exportação entre os países. A relação entre tais países é de tamanha magnitude que foi aprovado o Projeto ferroviário Baku-Tbilis-Kars, o qual objetiva construir 826 quilômetros de ferrovias que ligarão a Georgia, Turquia e Azerbaijão.

Semelhantemente a Georgia, o Azerbaijão, vizinho ao longo 17 km de terra da Turquia, possui uma relação pacificada de ajuda mútua com o país, onde significativos projetos econômicos prosperam cada dia mais.

Com a independência do Azerbaijão da então União Soviética, o país se viu desolado, momento em que a Turquia não só reconheceu sua independência como também lhe prestou auxílio econômico, militar, político e humanitário, o que aproximou ambos os governos.

Assim, de acordo com o ex-presidente do Azerbaijão Heydar Aliyed, a relação entre ambos os países pode ser definida como a de "uma nação com dois estados"[22]

[22] Presidente da República do Azerbaijan. **Joint press statements of Presidents of Azerbaijan and Turkey.** Disponível em: <https://en.president.az/articles/736/print>. Acesso em 25/06/2021.

Irã, vizinho da Turquia em uma extensão de 499 km, foi o país que, na última década, mais intensificou a relação para com a Turquia, motivado, principalmente, pelo vasto recurso natural do primeiro combinado com a busca do segundo por energia.

Atualmente, o Irã é o segundo maior fornecedor de gás natural para a Turquia, perdendo apenas para a Rússia, e uma das mais importantes fontes de petróleo bruto. Todavia, certo atrito ainda se faz presente no campo diplomático, haja vista que os territórios são inimigos historicamente.

Durante a Primavera Árabe, a queda dos regimes autoritários na Líbia, Egito e Tunísia, bem como os levantes ocorrido na Síria, Iêmen e Bahrein inflamou os ânimos de todo o Oriente Médio. Turquia e Irã buscaram então explorar a política emergente com o intuito de alcançar seus interesses comerciais no Oriente Médio.

Por muito tempo, a Síria foi a única aliada do Irã, desde 1979 quando o regime secular dominado pelo *alauitas*, o regime *baathista* sírio e a teocracia xiita iraniana se apoiavam nas questões políticas e comerciais, razão pela qual a interferência da Turquia fragilizou a relação entre ambas as potências.

Outrossim, o interesse pela dominação do Iraque, após a retirada das tropas americanas, colocou as duas potencias em lados opostos de uma mesma disputa - xiitas *versus* sunitas.

Localizado em um território de grandes disputas, ante as suas riquezas naturais, desde os primórdios o Iraque lida com inúmeras invasões e conflitos, sendo, o mais recente deles, o ocorrido em 1979, ano em que o general sunita Saddam Hussein assumiu o poder do país, derrubando a república e estabelecendo uma autocracia.

Durante seu governo, Saddam Husseis se envolveu em duas guerras no golfo, sendo a primeira contra o Irã e a segunda contra o Kuwait, região que o Iraque tentara anexar. Todavia, foi a participação de grandes exércitos, como o dos EUA e Inglaterra, que frustraram os planos do autocrata que foi obrigada a reconhecer a independência da região e arcar com diversas sanções econômicas.

Foi então que em 2003 uma nova Guerra do Golfo emergiu, desta vez comandada pelos EUA que, supostamente, almejavam acabar com os crimes cometidos pelo Iraque. O que, na verdade, tratou de uma estratégia estadunidense para se apossar das reservas de petróleo do país.

Com a execução de Saddam Hussein, o conflito terminou, contudo, a instabilidade política e social, bem como ameaças recebidas de grupos terroristas se manteve até os dias de hoje.

Ciente da situação do país, a Turquia logo se aproximou oferecendo ajuda política e financeira, principalmente após a retirada do exército americano, o que rapidamente intensificou a relação dos países, gerando a assinatura de diversos contratos de construção e investimento turco no setor energético iraquiano.

Partilhando uma fronteira de 206 km, as relações entre Grécia e Turquia foram marcadas por períodos de hostilidade e reconciliação, as quais se iniciaram em 1832 com a independência da Grécia do Império Otomano. Desde então, os dois países se enfrentaram em quatro guerras: Guerra Greco-Turca de 1897, Primeira Guerra Balcânica de 1912 a 1913,

Primeira Guerra Mundial de 1914 a 1918 e, finalmente, a segunda Guerra Greco-Turca de 1919 a 1922.

Após a segunda Guerra-Turca, período em que ocorreu a troca de populações, na qual os países forçaram seus cidadãos e se mudarem para outra região – foi a troca dos gregos ortodoxos da Turquia pelos muçulmanos da Grécia, um período de relações amistosas se estendeu nas décadas de 30 e 40.

Até que, em 1950, novas ondas de descontentamento assolaram ambos os países, chegando ao seu estopim em 1974 com a invasão da Turquia a região do Chipre sob a alegação de esmagar um golpe militar apoiado pela Grécia, permanecendo no norte do território até os dias de hoje, bem como ante as discussões envolvendo a exploração de petróleo na chamada Zona Economia Exclusiva de Chipre (ZEE).

Ocorre que, a Convenção da ONU sobre o Direito do Mar determina que as águas territoriais de um país se estendem apenas 12 milhas náuticas para o mar, mas, no caso da ZEE, está se estenderia por mais de 200 milhas. Todavia, conforme a política internacional quando a distância entre dois países é inferior a 424 milhas, devem eles determinar uma linha divisória, e é aí que reside o problema. A Turquia não reconhece a Convenção que estipulou a ampliação das milhas náuticas do Chipre e, devido a isso, mantem a exploração de petróleo na região, com navios de perfuração implantados a leste e oeste de Chipre.

Mais recentemente, a partir de 1999, a relação entre Grécia e Turquia voltou a se normalizar perante os terremotos que assolaram as duas regiões que se viram, pelo bem de seus nacionais, obrigados a se ajudar mutuamente.

Com o surgimento do território Turco e Sírio, logo após a Primeira Guerra Mundial, uma amarga relação nasceu, pautada, principalmente, na divisão territorial, como é o caso, por exemplo, da província turca de Hatay que apesar de ser constantemente reivindicada por Ancara, capital da Turquia, permanece em poder da Síria com base no Mandato Frances da Síria – contrariando até mesmo a decisão do parlamento autônomo de Hatay que decidiu pela união com a Turquia em 1939 – bem como, a partilha de águas que, com a construção de barragens nos rios Eufrates e Orontes por parte da Síria, ocasionou a limitação do fluxo no território Turco.

Em que pese todos os conflitos enfrentados por ambos os territórios, a dinâmica de sua relação com a assinatura do Protocolo de Adana, tornou ambos aliados firmes, havendo, inclusive, o apoio da Turquia ao regime de Assad auxiliando na abertura da região para o comercio árabe.

Ocorre que, com o início da guerra civil na Síria, a Turquia, impactada com o comportamento de seu antigo aliado, se viu obrigada a se posicionar em relação ao conflito, vindo a demonstrar seu apoio a população e pedir abertamente a saída de Bashar al-Assad. Chegando ao ponto de abrir sua fronteira para os rebeldes, o que incentivou a busca de refúgio no território. Todavia, a partir de 2016, o apoio turco a Oposição Síria esfriou com vários dirigentes turcos declarando a necessidade do diálogo entre os rebeldes e Bashar al-Assad, reiterando a importância ao combate as Forças

Democráticas Sírias, a quem acusam de ser uma extensão da organização terrorista Partido dos Trabalhadores do Curdistão (PPK).

## 3. Acordo UE-Turquia

A Comissão Europeia, objetivando tratar do problema da superpopulação de refugiados, realizou parceria com países terceiros, incumbindo a estes a responsabilidade de receber e abrigar tais indivíduos. Dentre estes acordos, um dos que mais repercutiu foi o estipulado entre a União Europeia e a Turquia, o qual levanta inúmeras suspeitas quanto a seu real intuito, seria ele destinado a proteção ou a restrição ao direito do refugiado?

Assinado em 15 de outubro de 2015 pela Comissão Europeia, o acordo envolvendo a Turquia teve por objetivo a criação de um plano de ação conjunta, em matéria de gestão de migrações, num esforço de enfrentar a crise de refugiados.

Lançado apenas em 29 de novembro de 2015, o Plano veio a ser aprovado em 07 de marco do ano seguinte, haja vista a necessidade da aprovação por parte da União Europeia das propostas adicionais realizadas pela Turquia.

Conforme o Acordo, a UE se comprometeu a pagar a Turquia o montante de 6 milhões de dólares, acelerar a liberação de vistos aos cidadãos turcos que desejem viajar pelo continente Europeu e a aceitação dos migrantes aptos a pedir asilo quando estes se encontrarem na Turquia. Já a Turquia, em contrapartida, se comprometeu a aceitar o retorno dos refugiados sírios que se encontravam na Grécia.

Utilizada como rota pelos sírios que almejam chegar à Europa, a Turquia serve de ponto de partida das embarcações em direção à Grécia, local onde os pedidos de asilo são analisados com lentidão, dada a falta de recursos do Estado que se encontra em crise financeira há anos.

Não bastasse a crise, relatos do comportamento hostil da polícia grega são recorrentes, havendo indicação de agressões físicas e prisões arbitrarias de migrantes, que chegam a durar meses em centros de detenção superlotados, sem qualquer higiene ou espaço para privacidade e descanso. Já fora da prisão, a realidade não se mostra mais branda, pois os refugiados vivem em situação de extrema pobreza, sem alimentação, higiene pessoal e moradia

Foi diante de tal cenário que o Acordo foi criado, sob duas frentes a de proteção e suporte aos cidadãos e o fortalecimento dos laços entre UE e Turquia por meio do combate em conjunto das migrações irregulares. Todavia, a análise pormenorizada do texto nos permite auferir a estipulação de uma espécie de expulsão coletiva, a qual é proibida pelo direito da UE, velada sob o uso do termo "política de retorno".

Ocorre que, a verdadeira política de retorno prevê a aplicação de diversas medidas assecuratórias, como, por exemplo, a inexistência do risco de violação a direitos básicos para, em seguida, reintegrar o indivíduo ao local. O que não é previsto no acordo, vejamos.

Focando nos imigrantes irregulares, o Acordo estipula, em seu primeiro termo[23], que os indivíduos que chegarem a Grécia através da Turquia deverão a ela serem devolvidos, *in verbis*:

> *1)Todos os novos migrantes irregulares que cruzam da Turquia para as ilhas gregas a partir de 20 de março de 2016 serão devolvidos à Turquia. Isso ocorrerá em total conformidade com o direito internacional e da UE, excluindo assim qualquer tipo de expulsão coletiva. Todos os migrantes serão protegidos de acordo com as normas internacionais relevantes e com respeito ao princípio de não repulsão. Será uma medida temporária e extraordinária necessária para acabar com o sofrimento humano e restaurar a ordem pública. Os migrantes que chegam às ilhas gregas serão devidamente registrados e qualquer pedido de asilo será tratado individualmente pelas autoridades gregas, de acordo com a Diretiva de Procedimentos de Asilo, em cooperação com o ACNUR. Os migrantes que não solicitarem asilo ou cujo pedido for considerado improcedente ou inadmissível em conformidade com a referida diretiva serão devolvidos à Turquia. A Turquia e a Grécia, assistidas por instituições e agências da UE, tomarão as medidas necessárias e acordarão os acordos bilaterais necessários, incluindo a presença de funcionários turcos nas ilhas gregas e oficiais gregos na Turquia a partir de 20 de março de 2016, para garantir a ligação e, assim, facilitar a bom funcionamento desses arranjos. Os custos das operações de regresso de migrantes irregulares serão cobertos pela UE. (Tradução livre).*

---

[23] Membros do Conselho Europeu e Turco. ***EU-Turkey statement, 18 March 2016.*** Disponível em: < https://www.consilium.europa.eu/en/press/press-releases/2016/03/18/eu-turkey-statement/>. Acesso em: 18/02/2020.

Verifica-se que, em nenhuma parte do termo, há a exigência de se analisar as condições as quais o refugiado será submetido, tampouco se pode o país recepcioná-lo de maneira adequada, concedendo-lhe condições mínimas para a sua subsistência, o que claramente caracteriza uma violação ao princípio do *non-refoulement* e, consequentemente, inexistência da política de retorno.

O segundo termo[24], por sua vez, determina que a cada cidadão sírio enviado de volta à Turquia pela Grécia outro seria restabelecido na UE - resguardados os critérios de vulnerabilidade da ONU, imprescindíveis para o reconhecimento do status de refugiado. Assim, fica estipulado que:

> *2)Para cada sírio que é devolvido à Turquia a partir de ilhas gregas, outro sírio será reassentado da Turquia para a UE, levando em consideração os Critérios de Vulnerabilidade da ONU. Será estabelecido um mecanismo, com a assistência da Comissão, das agências da UE e de outros Estados-Membros, bem como do ACNUR, para garantir que esse princípio seja implementado a partir do mesmo dia em que os retornos começarem. Será dada prioridade aos migrantes que não entraram anteriormente ou tentaram entrar na UE de forma irregular. Do lado da UE, o reassentamento sob esse mecanismo ocorrerá, em primeira instância, honrando os compromissos assumidos pelos Estados-Membros nas conclusões dos representantes dos governos dos Estados-Membros reunidos no Conselho em 20 de julho de 2015, dos quais 18.000 para reassentamento permanecem. Qualquer outra necessidade de reassentamento será realizada por meio de um acordo voluntário semelhante até um limite de 54.000 pessoas adicionais. Os membros do Conselho Europeu congratulam-se com a intenção da Comissão de propor uma alteração à decisão de recolocação de 22 de*

[24] Ibidem

> *setembro de 2015, a fim de permitir que qualquer compromisso de reinstalação assumido no âmbito deste acordo seja compensado com os lugares não atribuídos ao abrigo da decisão. Caso esses acordos não atendam ao objetivo de encerrar a migração irregular e o número de retornos se aproximar dos números previstos acima, esse mecanismo será revisado. Se o número de devoluções exceder os números fornecidos acima, esse mecanismo será descontinuado. Os membros do Conselho Europeu congratulam-se com a intenção da Comissão de propor uma alteração à decisão de recolocação de 22 de setembro de 2015, a fim de permitir que qualquer compromisso de reinstalação assumido no âmbito deste acordo seja compensado com os lugares não atribuídos ao abrigo da decisão. Caso esses acordos não atendam ao objetivo de encerrar a migração irregular e o número de retornos se aproximar dos números previstos acima, esse mecanismo será revisado. Se o número de devoluções exceder os números fornecidos acima, esse mecanismo será descontinuado. (Tradução livre).*

Utilizando-se da proporção "um para um", o presente termo estabelece limites ao acolhimento, determinando, quantitativamente, os refugiados passíveis de serem aceitos pelo bloco europeu.

Já o terceiro termo[25] corrobora a ideia de cooperação entre UE e Turquia para o controle e administração das migrações irregulares, ao determinar que:

> *3)A Turquia tomará as medidas necessárias para impedir a abertura de novas rotas marítimas ou terrestres para a migração ilegal da Turquia para a UE e cooperará com os estados vizinhos e com a UE nesse sentido (Tradução livre).*

---

[25] Ibidem

Dando ensejo ao quarto termo[26] que detalha as perspectivas de diminuição ou término das migrações irregulares através da atuação de um corpo de voluntários:

> *4)Após o término das travessias irregulares entre a Turquia e a UE ou, pelo menos, ter sido substancial e sustentavelmente reduzida, um Programa Voluntário de Admissão Humanitária será ativado. Os Estados-Membros da UE contribuirão voluntariamente para este regime.*

No quinto termo[27] discute-se a política de concessão de vistos aos cidadãos turcos:

> *5)O cumprimento do roteiro de liberalização de vistos será acelerado em relação a todos os Estados-Membros participantes, com vista a suprimir os requisitos de visto para os cidadãos turcos até o final de junho de 2016, desde que todos os parâmetros de referência tenham sido cumpridos. Para o efeito, a Turquia tomará as medidas necessárias para cumprir os restantes requisitos, a fim de permitir à Comissão, após a avaliação exigida do cumprimento dos parâmetros de referência, uma proposta adequada até finais de abril, com base na qual o Parlamento Europeu e o Conselho podem tomar uma decisão final. (Tradução livre)*

No sexto termo[28] fica estabelecida a destinação da verba financeira por parte da UE que se compromete, de certa forma, a sustentar a política migratória imputando a Turquia as decisões operacionais:

> *A UE, em estreita cooperação com a Turquia, agilizará ainda mais o desembolso dos 3 bilhões de euros*

[26] Ibidem

[27] Ibidem

[28] Ibidem

> *inicialmente alocados ao abrigo do mecanismo para refugiados na Turquia e garantirá o financiamento de outros projetos para pessoas sob proteção temporária identificadas com a rápida entrada da Turquia antes do fim de março. Uma primeira lista de projetos concretos para refugiados, notadamente no campo da saúde, educação, infraestrutura, alimentação e outros custos de vida, que podem ser rapidamente financiados pela Facilidade, será identificada conjuntamente dentro de uma semana. Uma vez que esses recursos estejam prestes a ser utilizados ao máximo, e desde que os compromissos acima sejam cumpridos, a UE mobilizará fundos adicionais para o mecanismo de 3 bilhões de euros adicionais até o final de 2018 (Tradução livre)*

Por fim, os três últimos termos do Acordo (sétimo, oitavo e nono) determinam as atualizações do processo de cooperação entre as partes e o trabalho conjunto para a melhoria das condições humanitárias na Síria:

> *7) A UE e a Turquia congratularam-se com o trabalho em curso sobre a modernização da união aduaneira.*
>
> *8) A UE e a Turquia reafirmaram seu compromisso de reorganizar o processo de adesão, conforme estabelecido na declaração conjunta de 29 de novembro de 2015. Eles saudaram a abertura do capítulo 17 em 14 de dezembro de 2015 e decidiram, como próximo passo, abrir o capítulo 33 durante a presidência holandesa. Saudaram que a Comissão apresentasse uma proposta nesse sentido em abril. Os trabalhos preparatórios para a abertura de outros capítulos continuarão em ritmo acelerado, sem prejuízo das posições dos Estados-Membros, de acordo com as regras existentes.*
>
> *9) A UE e os seus Estados-Membros colaborarão com a Turquia em qualquer esforço conjunto para melhorar as condições humanitárias na Síria, em particular em certas áreas próximas à fronteira com a Turquia, o que permitiria que a população local e os refugiados vivessem em áreas mais seguras (Tradução livre).*

A análise do acima exposto demonstra, claramente, a adoção de uma política de retorno, demonstrando uma fraqueza da UE em lidar com a entrada de imigrantes e alcançar um consenso entre seus membros quanto a entrada e recepção destes, optando pela terceirização do serviço e, com isso, transgredindo o princípio do *non-refoulement*.

Princípio considerado como fundamental na política e direito dos refugiados haja vista que, como vimos, o *non-refoulement* visa garantir maior segurança aos migrantes impedindo seu envio arbitrário a zonas não seguras, independentemente do reconhecido formal de seu status de refugiado. O que, de acordo com BORGES (2017)[29], o torna um mecanismo de limitação da soberania dos Estados e do controle que estes têm sobre quem entra ou sai de seu território, devendo ser aplicado por todos, sejam ou não signatários da Convenção de 1951 ou do Protocolo de 1967.

Ocorre que, com a previsão no Acordo UE-Turquia do envio de refugiados ao território turco tal princípio é afrontado tendo em vista que, ainda que não seja enviado a seu país de origem, o refugiado é levado a força a um território que não é de seu interesse, onde pode vir a ter seus direitos violados.

Violação que UE se nega a admitir, justificando que o retorno dos refugiados se dá sob determinadas circunstâncias, as quais são benéficas em alguns casos, como, por exemplo, no caso dos indivíduos que não têm reconhecido seu status de refugiado, sendo então considerados como

---

[29] BORGES, Isabel Mota. **The EU-Turkey Agreement: Refugees, Rights and Public Policy, 18 Rutgers**. Race & L. Rev. 121, 144 (2017).

imigrantes irregulares, que se tornam aptos a retornar para o território turco ou, ainda, àqueles que ao pleitear o refúgio e serem considerados oriundos de países seguros e portanto inadmissíveis na UE, fica garantido o direito de serem encaminhados a Turquia, ao invés de serem enquadrados na política de retorno. Esquecendo, porém, do uso da expressão "de maneira alguma" pelo artigo 33 da Convenção de 1951 que aponta para a proibição de remoção forçada, deportação, expulsão, extradição ou inadmissão na fronteira, valido, inclusive, para os países que não possuírem condições de recebe-lo devendo então permitir o acesso ao território e ao procedimento de requisição de asilo.

Assim, para PEREIRA (2017, p. 37-38) [30] ao citar Lauterpacht e Bethlehen sua interpretação vai muito além do texto legal:

> *[...] a aplicação do benefício nos casos em que "a sua vida ou a sua liberdade seja ameaçada" deve ser visto de modo não só a abranger aqueles que têm fundado medo de perseguição, mas também os que correm risco real de tortura ou de tratamento ou punição cruel, desumana ou degradante, ou que encaram outras formas de ameaça à vida, à integridade física ou ao exercício de sua liberdade. Novas categorias criadas a partir de avanços dos direitos humanos e do direito internacional humanitário também devem ser levadas em consideração para a aplicação do princípio, de modo a impedir que o conteúdo do tratado torne-se ultrapassado e ineficaz para os objetivos a que se propõe.*

---

[30] PEREIRA, José Renato Laranjeira de. **O acordo entre União Europeia e Turquia para readmissão de refugiados e os conceitos de primeiro país de asilo e país terceiro seguro.** Monografia – Programa de Graduação em Direito. Universidade de Brasília, 2017. p. 37-38. Disponível em: < http://bdm.unb.br/bitstream/10483/18836/1/2017_JoseRenatoLaranjeiradePereira.pdf>. Acesso em 21/06/2021. p. 37.

Devendo as formas de restrição serem analisadas de forma restrita e em consonância com as garantias de um devido processo legal.

## 3. A Política de *Hard Power*

De acordo com a teoria do poder idealizada por NYE, a compreensão do direito internacional depende de sua aproximação do conceito de poder, o qual deve levar em consideração suas duas facetas: *behavioral power* e *resource power*[31].

O *behavioral power*, correspondente ao poder baseado nas características comportamentais, o qual se divide em duas vertentes: o *command power* (poder de comando) e o *co-optive power* (poder cooptivo). O primeiro, segundo NYE (1990, p. 267)[32] coincide com a "habilidade de mudar o que os outros fazem" e sua aplicação se baseia no princípio do *sticks and carrots*[33] que nada mais é do que uma combinação de benefícios e punições, uma utilização clara da coerção e indução. Enquanto o segundo condiz com a habilidade de moldar o pensamento do outro levando-o a agir de uma forma determinada.

Seguindo tal pensamento, o poder comportamental tem como base duas fontes distintas, sendo que, no caso do poder de comando que

---

[31] Nye defende, também, a existência do chamado *smart power* ou poder inteligente, que corresponde, nas palavras do autor "a capacidade de combinar *Hard* e *Soft power* em uma estratégia vencedora", ou seja, trata-se de uma espécie de poder misto.

[32] NYE, Joseph S. **Bound to Lead: the Changing Nature of American Power.** New York: Basic Books, 1990. p. 267.

[33] Expressão típica da língua inglesa equivalente, no Português, a paus e cenouras.

consiste, principalmente, em uma ação coercitiva, sua fonte de poder é o *hard power* (poder duro) enquanto que o poder cooptivo que opta por atrair e persuadir, relaciona-se com o *soft power* (poder brando).

Ocorre que, com a passar dos anos, os textos de NYE (2012 e 2015) passaram a usar os termos *hard power* e *soft power* de forma indistinta, servindo o primeiro para denominar "poder duro" (fonte de poder) e "poder de comando (face comportamental), ao passo que, o segundo, é constantemente empregado como sinônimo de "poder brando" (fonte de poder) e "poder cooptivo" (face comportamental). O que nos permite concluir que, com o avanço de seus estudos, Nye compreendeu que o poder brando e poder duro referem-se à face comportamental e da utilização de diversos recursos de poder por determinado Estado.

Assim, compreende-se que o poder duro é uma clara manifestação do poder tradicional e realista, englobando desde o embate em guerras até as chantagens econômicas e políticas realizadas por meio de sanções ou incentivos econômicos como, por exemplo, riquezas minerais, capital, equipamento das forças armadas – recursos qualificados por Nye como tangíveis, razão pela qual o autor classifica o poder duro como um poder tangível.

O *soft power*, por sua vez, se relaciona com as fontes de poder intangíveis, tais como a atuação política externa, os valores políticos e a cultura - componentes que se manifestam no direito internacional de duas formas distintas. A primeira forma, denominada de "direto", tem como foco as elites e a tentativa de influenciar pessoas em ascensão a cargos tomadores de decisão, a atuar de modo a beneficiar o Estado influenciador, ao passo que, o modo nomeado como "indireto" corresponde a atração e persuasão do público de forma a criar, dentro do Estado alvo, um ambiente favorável aos interesses do Estado influenciador, com o intuito de mudar o comportamento das elites políticas por meio da pressão popular.

E, foi partindo da visão do autor supracitado, que MARTINELLI (2016, p. 68)[34], construiu um panorama conceitual sobre a política de *hard power*, descrevendo-a como a competência do Estado de alcançar as metas por si estabelecidas, mesmo que para isso, seja necessário manipular, com estratégias diferenciadas, os recursos disponíveis.

O que torna, para o autor, o conceito de *hard power* uma conjunção do uso do poder militar e econômico, ambos utilizados na coerção dos demais Estados, sendo que, a primeira forma de poder abrange todos os âmbitos do poder militar dentro da articulação bélica de um Estado, indo muito além do conflito armado, incluindo estratégias como a coerção, indução e dissuasão. Como é o caso, por exemplo, da situação em que um país determinado, que se encontra em posição de subjugar um outro, utiliza de seu poder, ligado a ameaça, medo ou punição, para persuadir, dissuadir ou induzir o Estado subjugado a fazer o que é de seu interesse.

MARTINELLI (2016, p. 68)[35], como exemplo citou:

> *O Acordo de Munique de 1938 que foi uma forma de articular o Hard Power militar sem que se necessite do conflito, dado que o acordo cedia à Alemanha Nazista, parte do território da então Tchecoslováquia, sem o*

---

[34] MARTINELLI, Caio Barbosa. **O Jogo Tridimensional: o Hard Power, o Soft Power e a Interdependência Complexa, segundo Joseph Nye.** Paraná: Conjuntura Global, 2016. V. 5. p. 68.

[35] Ibidem

> *consentimento da mesma. Tal fato pode ser efetivado pelo medo de que houvesse uma nova guerra mundial, já que a França e a Grã-Bretanha, as potências vencedoras da Primeira Grande Guerra assinaram o Acordo para evitar que um possível conflito se instalasse*

É importante ressaltar, ainda, que a prática do *hard power* militar não é exclusivamente agressiva, podendo ser vista como uma forma de defesa, com o intuito de se evitar ataques, formar alianças ou outros tipos de diplomacias belicamente estratégicas.

Nesse prisma, um exemplo clássico do uso do *hard power* de forma não agressiva está na realização de desfiles militares em grandes avenidas, sendo praticas comumente utilizadas em regimes Comunistas, como o chinês e o soviético, principalmente, durante a Guerra Fria, como forma de intimidar inimigos, dissuadir revoluções internas e induzir aliados do regime.

O que, segundo NYE (2012, p. 33-45)[36] pode impulsionar quatro tipos de ações: o combate físico, o respaldo a ameaças na diplomacia coercitiva, a promoção da proteção e manutenção da paz e a proporção de diferentes formas de assistência. Condutas que produzem efeitos no comportamento dos Estados alvos levando-os a realizar o desejado pelo detentor do poder militar.

A segunda forma de poder, por sua vez, denominada de econômica gira em torno do potencial financeiro de um ator e de sua capacidade de articulação sobre temas ligados a este setor, como por exemplo, o uso de

---

[36] NYE, Joseph S. **O futuro do poder**. São Paulo: Benvirá, 2012. p. 33-45.

instrumentos como sanções, embargos, suspensão de subsídios, parcerias e investimentos, de forma a tornar o outro dependente e submisso, ainda que de forma inexplícita, para que assim realize as ações desejadas.

Vale lembrar um exemplo histórico desta situação, ocorrido no fim da Primeira Guerra Mundial, quando as principais potências europeias estavam destruídas e os EUA passaram a ser credor dos demais Estados, emprestando dinheiro para que pudessem se reerguer - Articulação norte-americana que nada mais foi do que uma maneira de transformar o volume econômico em *hard power* na sua vertente econômica.

Segundo NYE (2012, p. 33-45)[37], alguns economistas compreendem o poder econômico como "a força econômica usada para conseguir dominação ou controle", e outros como "a capacidade absoluta para punir (ou recompensar) outra parte".

Desta forma, os países que possuem uma economia desenvolvida e potente têm uma base mais sólida para a utilização de todos os instrumentos de poder. Mas devemos lembrar que este está submetido a variáveis como o contexto político e social que podem influenciar o resultado.

Assim, é necessário ter em mente que o *hard power*, atualmente, é exercido nas suas mais variadas formas (força militar, geografia, população, recursos naturais) e não só mediante o emprego da força como também com a inclusão, nos espaços internacionais, de novos instrumentos de informação e comunicação.

---

[37] Ibidem

## 4.1. A Política de *Hard Power* no Acordo EU-Turquia e suas Consequências para o Refúgio

As relações internacionais são marcadas por mudanças constantes, fruto, em sua maioria, das incertezas provenientes da vontade política das grandes potências e da utilização dos instrumentos de poder como forma de resposta as diversas ameaças ou imposição de seus objetivos. Conforme CEPIK (2018)[38]:

> *As relações internacionais são constituídas pelos fluxos produzidos pelos humanos que atravessam as fronteiras entre os estados e os espaços comuns (a Antártida, os oceanos, o espaço sideral, etc.). Fluxos materiais e imateriais, legais e ilegais, que abrangem relações de poder [...]*

Poder que pode ser definido como a capacidade de um Estado atuar em prol de seu interesse, seja individual ou coletivo, utilizando-se de mecanismos coercitivos e de dissuasão, os quais, no direito internacional, são denominados de *hard* e *soft power.*

O *hard power*, normalmente associado as nações mais fortes, se refere as táticas coercitivas empregadas, em sua maioria, com o uso das forças armadas e pressão econômica forçando os países a agirem conforme a vontade do mais abastado.

Adepto fiel deste tipo de política, os EUA é atualmente o mais poderoso utilizador do *hard power* em sua vertente militar, garantindo a

---

[38] CEPIK, Marco. **Relações Internacionais: conceitos, atores, processos, instituições e teorias.** https://clippingcacd.com.br/uploads/cepik-abin-2018/Texto%20Cepik%20-%20Semana%203.pdf. Acesso em: 28/06/2021.

execução de sua vontade através de seu poderio bélico enquanto que a UE baseia sua ação estratégica no campo econômico, onde o bloco utiliza seus recursos de modo a garantir a segurança social de seus membros. Pensamento que o bloco utilizou para criar políticas com o intuito de diminuir a entrada de migrantes em seu território.

Um exemplo claro da utilização de seu poder econômico se fez presente na estipulação do Acordo UE-Turquia, por meio do qual o bloco se comprometeu a pagar o montante de 6 bilhões de euros para que a Turquia freasse os fluxos migratórios antes direcionados a Grécia.

Altamente dependente de investimentos externos, a Turquia encontra-se em crise monetária, enfrentando uma inflação de dois dígitos e grande desvalorização da moeda local, a lira, que em 2018 caiu cerca de 7% em um único dia, chegando a desvalorização total de 45%[39] - situação acentuada pelos conflitos políticos internos.

Com o argumento de que a Turquia vem sendo alvo de uma guerra econômica, Erdogan, o então líder político, defende a não elevação das taxas de juros pelo Banco Central corroborando a queda da moeda.

Ainda, não bastasse a situação interna, o arredor do país sofre com intensos conflitos políticos, fruto de diferentes fatores, que, como vimos, afetam diretamente o país.

---

[39] WELIE, Da Deustche. **A turbulência econômica na Turquia e como ela afeta o mundo.** Disponível em: <https://economia.uol.com.br/noticias/redacao/2018/08/14/a-turbulencia-economica-na-turquia-e-como-ela-afeta-o-mundo.htm>. Acesso em: 08/03/2020.

O cenário interno e externo, não propicia em momento algum, sua classificação como primeiro país de asilo e/ou terceiro país seguro, conforme previsto na Diretiva Europeia para Procedimento de Asilo (Diretiva 2013/32/UE), o que evidencia sua incapacidade atual de abrigar pessoas em situação de risco. Fato já declarado pelo ACNUR e Conselho da Europa.

O bloco europeu persuadiu a Turquia a assinar o acordo prometendo-lhe fundos para auxiliar na recepção e manutenção dos refugiados, bem como para o crescimento do país, transformando a ajuda monetário em *hard power* de vertente econômica, semelhantemente ao comportamento adotado pelos EUA após a Segunda Guerra Mundial – período em que os países europeus devastados buscaram subsídios financeiros na potência americana que se comprometeu a financiar a reconstrução desses. Aproveitam-se, ainda, do interesse do país de integrar a União Europeia, para leva-lo a concordar com as vontades do bloco.

Segundo dados apresentados pela Lusa Irena VojackváSollorano na conferência "Perspectivas sobre as Migrações: Ação Política e Compromisso Cívico" existem mais de 3,6 milhões de sírios refugiados em território turco, dos quais apenas 10% vivem em acampamentos enquanto os demais residem nos centros urbanos, trabalhando de forma ilegal sem qualquer estudo e conhecimento do idioma.

Aqueles que conseguiram ser alocados em um dos vinte e dois campos de refugiados do país vivem sob vigilância constante, cercados por policiais a quem devem pedir autorização para sair do local durante o dia, devendo regressar antes do anoitecer como se vivessem em uma espécie de regime prisional semiaberto.

As condições de alimentação variam conforme o campo, em alguns os refugiados são levados a refeitórios onde recebem porções diárias de comida, em outros são distribuídas pequenas mesadas as famílias que deverão usa-las para comprar e cozinhar o próprio alimento.

No local não há trabalho para os adultos nem escola para as crianças, as famílias passam o dia à mingua sob os olhares atentos dos militares. Razão pela qual o número de pessoas que permanece nos campos é ínfimo, sendo preferível por muitos deixar o campo em busca de trabalho ilegal nas cidades.

A ONG *Business & Human Rights Resource Centre* (BHRRC) calcula que entre 250 mil e 400 mil refugiados sírios trabalhavam ilegalmente na Turquia no final de 2015 não sendo contabilizada as 400 mil crianças sem acesso à educação que trabalham no mercado informal.

Situação que não parece afetar o bloco que publicou os chamados *First* e *Second Report on the Progress Made in the Implementation of the EU-Turkey Statement* onde reafirmou seu compromisso em remover os incentivos dos imigrantes de buscarem rotas ilegais rumo à Europa e comemorou a diminuição dos números de refugiados em seu território, demonstrando uma preferência pela diminuição quantitativa em detrimento de uma vida digna aos que se encontram em situação de vulnerabilidade.

## Considerações Finais

No ano de 2011, a Síria veio a ser palco de diversos conflitos envolvendo seu governante, o ditador Bashar al-Assad, e seus opositores de origem sunita que, inspirados pela Primavera Árabe, buscavam a independência do território e instauração de uma democracia. Conflito que se arrastou ao longo dos anos vindo a se intensificar quando o chamado Estado Islâmico, antigo braço armado da Al-Qaeda, recrutou cidadãos sírios para lutar contra seus opositores religiosos.

Temendo por sua vida e segurança, inúmeros sírios se deslocaram em direção ao território Europeu, incentivados principalmente pela política de *Schenger* que autoriza o trânsito livre entre países de indivíduos.

Ao se deparar com a intensificação da movimentação em suas fronteiras, a primeira medida adotada pela UE foi a chamada política de "ricochete" que determinou que os requerentes de asilo que conseguissem chegar ao território europeu teriam seu pedido submetido à criteriosa avaliação, a qual desconsiderava como refugiado os indivíduos perseguidos por agentes não-estatais.

Ainda, países da Europa Ocidental começaram a enviar os refugiados para outras localidades, principalmente a leste do continente, sob a alegação de que estaria os salvaguardando nos chamados "países seguros".

Dentre as inúmeras medidas adotadas pela UE, uma das mais preocupantes é o chamado Acordo UE-Turquia, que teve por objetivo a criação de um plano de ação conjunta para diminuir os fluxos migratórios no bloco europeu, o qual se comprometeu a pagar mais de 3 milhões de euros para que o governo Turco aceitasse o retorno a seu território dos indivíduos que utilizaram país como rota de fuga – Não existindo qualquer penalidade em caso de descumprimento.

Questionado sobre sua política, o bloco europeu declarou que tais medidas, as quais batizou de "política de retorno", objetivavam a reintegração, proteção e suporte dos refugiados, os quais, por vezes, eram hostilizados, bem como se viam sem o adequado suporte para subsistência. Todavia, uma análise minuciosa do documento demonstra que tudo não passou de uma expulsão coletiva velada, haja vista que sua aplicação descarada é proibida pelo direito da UE.

De acordo com as políticas internacionais uma verdadeira política de retorno prevê a aplicação de diversas medidas assecuratórias, como, por exemplo, a constatação da inexistência do risco de violação a direitos básicos para, em seguida, realizar a reintegração do indivíduo ao local. O que, como vimos, não é previsto no acordo.

Em todo o texto legal, não há qualquer obrigatoriedade da análise das condições as quais os refugiados serão submetidos, tampouco do país que irá recepcioná-lo, o que demonstra uma fraqueza da UE em lidar com os fluxos migratórios e de alcançar um consenso entre seus membros, quanto à entrada e recepção dos que buscam por refúgio, optando então pela terceirização do serviço e transgressão ao princípio do *non-refoulement*.

Princípio que, como vimos, é fundamental na política e direito dos refugiados, pois visa garantir maior segurança aos migrantes impedindo seu envio arbitrário a zonas não seguras, independentemente do reconhecimento formal de seu status de refugiado.

Assim, ainda que não seja enviado a seu país de origem, o refugiado é levado à força a um território que não é de seu interesse, onde pode vir a ter seus direitos violados - Violação que a UE se nega a admitir, justificando que o retorno dos refugiados se mostra benéfico principalmente para os considerados como imigrantes irregulares. Esquecendo-se da expressão "de maneira alguma" trazida no artigo 33 da Convenção de 1951 que proíbe a remoção forçada, deportação, expulsão, extradição ou inadmissão na fronteira, devendo o país, ainda que não possua condições, receber o indivíduo e permitir a este o acesso ao território e ao procedimento de requisição de asilo.

Não obstante, a Turquia encontra-se em crise monetária, enfrentando uma inflação de dois dígitos juntamente com uma grande desvalorização da moeda local, a lira, que em 2018 registrou uma queda de cerca de 7% em um único dia, bem como se vê cercada por intensos conflitos políticos, fruto de diferentes fatores, que, como vimos, afetam diretamente o país.

O cenário interno e externo do país não propicia em momento algum a sua classificação como primeiro país de asilo e/ou terceiro país seguro, conforme previsto na Diretiva Europeia para Procedimento de Asilo (Diretiva 2013/32/UE), o que evidencia sua incapacidade atual de abrigar pessoas em situação de risco então como pode ele ser parte de um acordo que tem por objetivo primário a recepção de pessoas em situação de fragilidade?

Isso se deu, como demonstrado ao longo do trabalho, em razão do poder econômico do bloco europeu que persuadiu a Turquia a assinar o acordo prometendo-lhe fundos para auxiliar na recepção e manutenção dos refugiados, bem como para o crescimento do país. Medida que transforma a ajuda monetária em *hard power* em sua vertente econômica.

O acordo UE-Turquia além de claramente contrário ao direito internacional é prejudicial para mais de 3,6 milhões de sírios, que em sua condição de refugiado foram "encaminhados" a território turco e que, atualmente, residem nos centros urbanos e trabalham de forma ilegal sem qualquer estudo e conhecimento do idioma. Dos quais apenas 10% vivem em acampamentos sob vigilância constante, cercados por policiais a quem devem pedir autorização para sair do local durante o dia, devendo regressar antes do anoitecer como se vivessem em uma espécie de regime prisional semiaberto.

Com uma alimentação precária, no local não há trabalho tampouco escola para as crianças, as famílias passam o dia à míngua sob os olhares atentos dos militares.

Assim, em que pese a UE acolher uma parte daqueles que buscam por refúgio, tanto nos moldes do acordo UE-Turquia quanto na política interna de cada país, inegável é o fato de que o bloco utilizou de seu poderio econômico para outorgar a Turquia a obrigação de recepcionar aqueles que buscam em seu território condições melhores de vida. Pagou para criar uma política de expulsão e enviar os refugiados, já em condições precárias, a locais sem qualquer estrutura para sua recepção e hoje comemora a diminuição quantitativa de refugiados em seu território em detrimento de uma vida digna aos que se encontram em situação de vulnerabilidade.

Diminuição que, vale ressaltar, não corresponde a totalidade do fluxo migratório, mas sim, dentre outros motivos, a mudança da escolha da rota, ante o receio de atravessar a Turquia e ser para ela devolvido ou, ainda, enviado por ela a outra localidade, e intensificação da fiscalização nas fronteiras, o que acaba por impedir a entrada de pessoas no bloco europeu.

## Referências Bibliográficas

ACNUR. **Ajuste Relativo à Expedição de Certificados de Identidade para os Refugiados Russos e Armênios**, 1926.

______. **A situação dos refugiados no mundo: cinquenta anos de acção humanitária. Almada: A Triunfadora Artes Gráficas,** 2000a.Disponivel em: <https://www.google.com/url?sa=t&rct=j&q=&esrc=s&source=web&cd=1&cad=rja&uact=8&ved=2ahUKEwjB9Za4_ZznAhWvHbkGHa_uA64QFjAAegQIBRAB&url=http%3A%2F%2Fwww.cidadevirtual.pt%2Facnur%2Fsowr2000%2Fintro.pdf&usg=AOvVaw2kcqiK7M-Z9qkI6TrZcTKQ. >

______. **Convenção relativa ao Estatuto dos Refugiados.** Disponível em: <https://www.acnur.org/fileadmin/Documentos/portugues/BDL/Convencao_relativa_ao_Estatuto_dos_RefugiadoR.pdf.>

_____. **Manual de Procedimentos e Critérios para a Determinação da Condição de Refugiado: de acordo com a Convenção de 1951 e o Protocolo de 1967 Relativos ao Estatuto dos Refugiados.** 2011. Disponível em: <http://www.acnur.org/biblioteca/pdf/3391.pdf?view=1>.

_____. **Protocolo de 1967 relativo ao Estatuto dos Refugiados.** Disponível em: <https://www.acnur.org/fileadmin/Documentos/portugues/BD_Legal/Instrumentos_Internacionais/Protocolo_de_1967.pdf>. Acesso em: 07/01/2020.

_____. **Relatório de Tendências Globais 2017.** Disponível em: <www.unhcr.org/global-trends-2017-media.>. Acesso em: 07/03/2020.

_____. **Relatório de Tendências Globais 2020.** Disponível em: <https://www.unhcr.org/5ee200e37/#_ga=2.73209872.2076560369.1607029655-760299277.1607029655.>. Acesso em: 04/12/2020.

ALMEIDA, A. O. **A proteção internacional e brasileira aos refugiados**. In: IX Seminário Internacional de Direitos Humanos - GT6 - Os Desafios da Migração para as Democracias Latino-Americanas. Complexo Educacional Faculdades Metropolitanas Unidas (FMU), Brasil. 2016. Acesso em 21/01/2020. Disponível em: <https://www.google.com/url?sa=t&rct=j&q=&esrc=s&source=web&cd=2&ved=2ahUKEwio_qfyh5_nAhUQJ7kGHWPsCmAQFjABegQIARAB&url=http%3A%2F%2Fwww.ufpb.br%2Fevento%2Findex.php%2Fixsidh%2Fixsidh%2Fpaper%2Fdownload%2F4381%2F1668&usg=AOvVaw30S5h3T16UHDFLzDZPl2i3>

ALMEIDA, Mariana Martins. **O acordo entre União Europeia e Turquia para migrações: uma análise de seus reflexos para o regime internacional de direitos humanos.** 3° Seminário de Relações Internacionais – Repensando interesse e desafios para a inserção internacional do Brasil no século XXI, Florianópolis, 2016.

ALVES, A.L.A. **Refúgio e Soberania Estatal. "Refugiados Ambientais"**/Liliana Lyra Jubilut, ... [et al.] organizadoras; Amanda Allgayer ... [et al.]. – Boa Vista: Editora da UFRR, 2018.

ANDRADE, José Henrique Fischel de. **Direito Internacional dos refugiados: evolução histórica (1921-1952).** Rio de Janeiro: Renovar, p.50-52. 1996.

ARENDT, Hannah. **Origens do totalitarismo.** Tradução: Roberto Raposo. 9ª reimpressão. São Paulo: Companhia das Letras.

ARIAS, Carlota Sofia Garza. **Refugiados na União Europeia: Análise da Política Europeia para os Refugiados.** (Mestrado em Ciências Políticas e Relações Internacionais) Faculdade de Ciências Sociais e Humanas. Universidade Nova de Lisboa, jan. de 2017, 97f.

ARIBAS, Gloria Fernández. ***The EU-Turkey Agreement: A Controversial Attempt at Patching up a Major Problem.*** European Papers , Vol. 1, 2016, No 3, European Forum: Insight, 2016. p. 1097-1104.

ASSEMBLEIA GERAL DA ONU. **Declaração Universal dos Direitos Humanos.** Nações Unidas, 217 (III) A, 1948, Paris. Disponível em: <http://www.un.org/en/universal-declaration-human-rights/>.

BAENINGER, Rosana; CANALES, Alejandro. **Migrações Fronteiriças.** Universidade Estadual de Campinas – UNICAMP, Campinas, 2018.

BAKEWELL, Oliver. **Researching Refugees: Lessons From The Past, Current Challenges And Future Directions. Refugee Survey Quarterly**. United Kingdom: International Migration Institute, University of Oxford, 2007. v.26. n.3.

BARBAS, Stela. **A livre circulação de pessoas e os refugiados no espaço Schengen**. Janus Online, 2017. Disponível em: <https://www.janusonline.pt/arquivo/1997/1997_3_11.html.>

BARICHELLO, Stefania Eugenia; ARAÚJO, Luiz Ernani Bonesso. **Aspectos Históricos da Evolução e do Reconhecimento Internacional do Status de Refugiado**. Universitas Relações Internacionais, v.12, n.2, p.63-76. 2014.

BÉLGICA. Comissão Europeia. **A UE e a crise dos refugiados. Direção Geral da Comunicação,** 2016. Disponível em: <https://www.google.com/url?sa=t&rct=j&q=&esrc=s&source=web&cd=4&cad=rja&uact=8&ved=2ahUKEwjGytus3aLnAhXSD7kGHe6JDQgQFjADegQIBBAB&url=http%3A%2F%2Fpublications.europa.eu%2Fwebpub%2Fcom%2Ffactsheets%2Fmigration-crisis%2Fpt%2F&usg=AOvVaw39I-dRM03tABjgN1HXcZu8.>

BERTONHA, João Fabio. **A crise Ucraniana e as Estratégias Nacionais de Defesa dos EUA e da Europa: a volta do hard power?.** Boletim Meridiano 47 vol. 15,n. 145, set-out 2014. P.25 a 33.

BILGIN, PINAR, AND BERIVAN ELIS. **Hard power, soft power: toward a more realistic power analysis.** *Insight Turkey*, vol. 10, no. 2, 2008, p. 5+. *Gale Academic Onefile*. Accessed 10/12/20. Disponível em: https://go.gale.com/ps/anonymous?id=GALE%7CA180749257&sid=googleScholar&v=2.1&it=r&linkaccess=abs&issn=1302177X&p=AONE&sw=w .>

BONAVIDES, Paulo. **Curso de direito constitucional**. 6ª ed., São Paulo: Malheiros, 1996.

BORGES, Isabel Mota. **The EU-Turkey Agreement: Refugees, Rights and Public Policy, 18 Rutgers.** Race & L. Rev. 121, 144 (2017).

CALEGARI, Marilia. **Panorama do refúgio no século XXI: Os refugiados sírios no Brasil e no mundo.** In: Encontro Nacional de Estudos Populacionais, XXI, ABEP, 2018. São Paulo. Acesso em 12/01/2020. Disponível em: <http://www.abep.org.br/publicacoes/index.php/anais/article/view/3015/2879.>

CARNEIRO, W. P. **A Declaração de Cartagena de 1984 e os Desafios da Proteção Internacional dos Refugiados, 20 Anos Depois**. *in* César Augusto S. da Silva, (org.), Direitos Humanos e Refugiados. 2012, Brasil: UFGD Editora.

CARPENTER, Kirsty; MANSEL, Philip. ***The French émigrés in Europe and the struggle against revolution. 1789–1814***. Londres: MacMillan, 1999.

___________. **Conference of Plenipotentiaries on the Status of Refugees and Stateless Persons: Summary Record of the Twentieth Meeting**, 26. 1951a. Disponível em:<http://www.refworld.org/docid/3ae68cde4.html>

CEPIK, Marco. **Relações Internacionais: conceitos, atores, processos, instituições e teorias.** <https://clippingcacd.com.br/uploads/cepik-abin-2018/Texto%20Cepik%20-%20Semana%203.pdf>. Acesso em: 08/03/2020.

COLON, Leandro. **Países da Europa se dividem sobre acolhida a refugiados.** Folha de São Paulo.2015. Disponível em: <https://www.google.com/url?sa=t&rct=j&q=&esrc=s&source=web&cd=1&cad=rja&uact=8&ved=2ahUKEwiY5c3P3qLnAhVbD7kGHXEJBjkQFjAAegQIARAB&url=http%3A%2F%2Fwww1.folha.uol.com.br%2Fmundo%2F2015%2F09%2F1679805-paises-da-europa-se-dividem-sobre-acolhida-a-refugiados.shtml&usg=AOvVaw3J7ZYEJIXz48AEhfOLB3NB.>

COMPARATO, Fábio Konder. **A afirmação histórica dos direitos humanos**. [S.l: s.n.], Ed. Saraiva, 2001.p.62

CONSELHO DA EU 2016. ***European Commission Press Database Release. EU-Turkey joint action plan. First Report on the progress made in the implementation of the EU-Turkey Statement.*** Disponível em: <http://ec.europa.eu/dgs/home-affairs/what-wedo/policies/european-agendamigration/proposalimplementationpackage/docs/20160420/report_implementation_euturkey_agreement_nr_01_en.pdf>.

________________________. ***Convention and Protocol Relating to the Status of Refugees.*** mar. 1996c. Acesso em 04/01/2020. Disponível em:<http://www.unhcr.ch/cgibin/texis/vtx/protect/opendoc.pdf?tbl=PROTECTION&id3b66c>.

________________________. **Convenção Relativa ao Estatuto dos Refugiados: protocolo sobre o estatuto dos refugiados de 1967.** Disponível em: <http://www.pge.sp.gov.br/centrodeestudos/bibliotecavirtual/direitos/tratado12.htm>. Acesso em: 05 de ago. de 2019.

CRUZ JR., Ademar Seabra da. **Um novo bipolarismo: notas metodológicas para a definição do sistema internacional.** Contexto int., Rio de Janeiro , v. 28, n. 2, p. 399-464, Dec. 2006 . Available from <http://www.scielo.br/scielo.php?script=sci_arttext&pid=S0102-85292006000200003&lng=en&nrm=iso>.

CHINYAEVA, Elena. ***Russian émigrés: Czechoslovak refugee policy and the development of the international refugee regime between the two world wars.*** Journal of Refugee Studies, v. 8, 2, pp. 142-162. 1995.

CHUEIRI, Vera Karam de; CAMARA, Heloisa Fernandes. **Direitos humanos em movimento: migração, refúgio, saudade e hospitalidade.** Rio de Janeiro: Revista Direito, Estado e Sociedade, 2010.

ERALP, Nilgün Arisa. ***Challenges of the german-led refugeee deal between Turkey and the EU***, CESifo Forum, ISSN 2190-717X, ifo Institut – Leibniz-Institut für Wirtschaftsforschung na der Universität München: Munique, 2016. Vol. 17, Iss. 2, pp. 21-24.

ESPIELL, Hector Gross. ***Los derechos económicos, sociales y culturales en el sistema interamericano.*** San José, Libro Libre, 1986, p. 16-17.

FERNANDES, José Pedro Teixeira. A geopolítica da Turquia: um desafio às sociedades abertas da União Europeia. Disponível em: <http://www.ipri.pt/images/publicacoes/revista_ri/pdf/r5/RI5_JPTFernandes.pdf.>

FERNANDES, Claudio. **Genocídio Armênio. História do mundo.** Disponível em: <https://www.historiadomundo.com.br/idade-contemporanea/genocidio-armenio.htm>.

FERREIRA, Lucas Rogério Carrilho. **Políticas internacionais para refugiados na União Europeia no século XXI: o Sistema Europeu Comum de Asilo - SECA – a partir da realidade italiana.** 2019. 40 p. Trabalho de Conclusão de Curso (Graduação em Relações Internacionais e Integração) – Universidade Federal da Integração Latino-Americana, Foz do Iguaçu, 2019

FILHO, S.T.C. **A fragilidade da união europeia e do paradigma dos blocos comunitários diante da crise migratória de sírios e do Brexit**. Dissertação (Mestrado em Direito) - Pontifícia Universidade Católica de Minas Gerais. Belo Horizonte, 2017. Disponível em: https://www.google.com/url?sa=t&rct=j&q=&esrc=s&source=web&cd=1&cad=rja&uact=8&ved=2ahUKEwjR_7ufwJrnAhXKH7kGHe97Cb0QFjAAegQIAxAB&url=http%3A%2F%2Fwww.biblioteca.pucminas.br%2Fteses%2FDireito_CostaFilhoST_1.pdf&usg=AOvVaw3Cu86crmF0if-dGjeZUZXN. Acesso em 13/01/2020.

FRANGUIADAKIS, S. **A pragmática do asilo: política de acolhimento e Os limites do espaço público**. Refúgio e Hostilidade, edited by José Antonio Peres Gedial e Gabriel Gualano de Godoy. Curitiba : Kairós Edições, 2016, p 204.

FRIEDRICH, T.S.; BENEDETTI, A.R. **A visibilidade dos invisíveis e os princípios de proteção aos refugiados: notas sobre os acontecimentos recentes.** In *Refúgio e Hostilidade,* edited by José Antonio Peres Gedial e Gabriel Gualano de Godoy. Curitiba: Kairós Edições, 2016.

Grand National Assembly of Turkey. **Law on foreigners and international protection.** Disponível em: <http://www.goc.gov.tr/files/_dokuman28.pdf.>. Acesso em: 19/02/2020.

GILBERTO, Camila Marques. **A Proteção aos Refugiados no Sistema Interamericano de Direitos Humanos: reflexões a partir do caso Pacheco Tineo.** (Dissertação de Mestrado em Direito Internacional), Universidade Católica de Santos - UNISANTOS, 2016

GODWIN, Roger. **O desafio da imigração na África do Sul.** Jornal de Angola, 14/02/2020. Disponível em: <http://jornaldeangola.sapo.ao/opiniao/mundo_africano/o_desafio_da_imigracao_na_africa_do_sul>.

GROSS ESPIELL, Hector. ***Los derechos económicos, sociales y culturales en el sistema interamericano.*** San José: Libro Libre, 1986.

G. LOESCHER E J. SCANLAN. ***Calculated Kindness: Refugees and America's Half- Open Door.*** New York, The Free Press, Macmillan, 1986.

HADDAD, Emma. ***The refugee in international society: between sovereigns.*** New York: Cambridge University Press, 2008.

HAFERLACH, Lisa; KURBAN, Dilek. **Lessons Learned from the EU-Turkey Refugee Agreement in Guiding EU Migration Partnerships with Origin and Transit countries**. Global Policy 8, 2018.

HATHAWAY, James C; FOSTER, Michelle. ***The law of refugee status.*** Cambridge: Cambridge University Press, 2014.

HOBSBAWM, Eric. **Era dos Extremos**. São Paulo: Companhia das Letras, 2002. ICAN (International Campaign to Abolish Nuclear Weapons). Disponível em: http://www.icanw.org/the-facts/nuclear-arsenals/, Acesso em: 16/01/2019.

HORA, José Roberto Sagrado da. **O refugiado africano no Brasil**. 2005. 301 f. Dissertação (Mestrado em Direito Internacional e Direito Ambiental) - Universidade Católica de Santos, Santos, 2005. p.40. Disponível em: http://bibloteca.unisantos.br:8181/handle/tede/96. Acesso em: 07/06/2019.

İÇDUYGU, Ahmet. **The Irregular Migration Corridor between the EU and Turkey: Is it Possible to Block it with a Readmission Agreement?,** EU-US Immigration Systems, 2011/14. Retrieved from Cadmus, European University Institute Research Repository, at: http://hdl.handle.net/1814/17844

IMMI CANADA. **Confira a nova lei do Canadá para a entrada e saída de estrangeiros.** Destaques, imigrações, News e vistos, 14/03/2019. Disponível em: <https://www.immi-canada.com/lei-canada-entrada-saida-estrangeiros/>. Acesso em: 12/02/2020.

JUBILUT, Liliana Lyra. **Os fundamentos do Direito Internacional Contemporâneo: da coexistência aos valores compartilhados**. Anuário Brasileiro de Direito Internacional. v.1, n.1, 2006. Belo Horizonte: CEDIN,

2006. p. 203-219 apud GILBERTO, C. M. Compreendendo a leitura: A proteção aos Refugiados no Sistema Interamericano de Direitos Humanos: reflexões a partir do caso Pacheco Tineo, Dissertação (Mestrado em Direito Internacional) – Universidade Católica de Santos, p. 24. 2016. Disponível em: http://biblioteca.unisantos.br:8181/handle/tede/3301.

JUBILUT, Liliana Lyra. **O Direito internacional dos refugiados e sua aplicação no orçamento jurídico brasileiro**. São Paulo: Método, 2007.

JUBILUT, Liliana Lyra; LOPES, Rachel de Oliveira. **Direitos Humanos e vulnerabilidade e a Declaração Universal dos Direitos Humanos**. Editora Universitária Leopoldianum: Santos, 2018.

KARATANI, Rieko. ***How History Separated Refugee and Migrant Regimes: In Search of Their Institutional Origins***. International Journal of Refugee Law, 17 (3), 2005. KRASNER, Stephen D. (1999). Sovereignty: organized hypocrisy. Princeton: Princeton University Press.

LAFER, Celso. **Relações Internacionais, política externa e diplomacia brasileira: pensamento e ação.** Brasília: FUNAG, 2018. Disponível em: <http://funag.gov.br/biblioteca/download/relacoes-internacionais-politica-externa-diplomacia-brasileira-volume-1.pdf>

LEE, Tony C. ***When Hard Power Shrinks: The Midlife Crisis of Realism***. E-Internacional Relations, 2018. Disponível em: <https://www.e-ir.info/2018/01/14/when-hard-power-shrinks-the-midlife-crisis-of-realism/>.

LEAGUE OF NATIONS. Convention Relating to the International Status of Refugees. 28 October 1933. League of Nations, Treaty Series. V. CLIX, n. 3663.Disponivel em: <htpp://www.unhcr.org/refworld/docid/3dd8cf374.html>.

LEAGUE OF NATIONS. Arrangement Relating to the Issue of Identify Certificates to Russian and Armenian Refugees. 12 May 1926. League of Nations, Treaty Series, v. LXXXIX, n. 2004. Disponível em: <http://www.unhcr. org/refworld/docid/3dd8b5802.html>.

LEAGUE OF NATIONS. Provisional Arrangement concerning the Status of Refugees Coming from Germany. 4 July 1936. League of Nations Treaty

Series, v.CLXXI,n 3952.Disponivel em:<htpp://www.unhcr.org/refworld/deocid/3dd8d0ae4.html>.

LEE, T.C. When Hard Power Shrinks: The Midlife Crisis of Realism. E-Internacional Relations, 2018.Acesso em 10/12/2019. Disponível em: <https://www.e-ir.info/2018/01/14/when-hard-power-shrinks-the-midlife-crisis-of-realism/.>

LEITHEAD, Alastair. ***Can Kenya close Dadaab, the world's biggest refugee camp?*** *BBC news,* 15 Nov. 2016. Disponível em: <http://www.bbc.com/news/world-africa-37953344>.

LIMA, J.B.B. et al. **Refúgio no Brasil : caracterização dos perfis sociodemográficos dos refugiados (1998-2014)** / Brasília : Ipea, 2017. Disponivel em:https://www.google.com.br/url?sa=t&rct=j&q=&esrc=s&source=web&cd=1&cad=rja&uact=8&ved=2ahUKEwjhkKTF3N3iAhXXHLkGHZRqCSMQFjAAegQIABAB&url=http%3A%2F%2Fwww.ipea.gov.br%2Fportal%2Findex.php%3Foption%3Dcom_content%26view%3Darticle%26id%3D30866&usg=AOvVaw0QXhM0_THTAqfxCAM2xdAI.

LIMA, Maria Regina Soares de. **A atualidade do pensamento de Hans Morgenthau.** Lisboa: Relações Internacionais, 2018. p. 27- 40. Disponível em <http://www.scielo.mec.pt/scielo.php?script=sci_arttext&pid=S1645-91992018000200003&lng=pt&nrm=iso>.

MACMILLAN, Margareth. **Paris 1919: six months that changed the world**. New York: Random House. 2001.

MACENA, Natalia E; OBBREGON, Marcelo F.Q. **Impactos causados pelos refugiados nos países acolhedores: analise se os impactos negativos prevalecem sobre os positivos e vice-versa.** 2018. Disponível em <https://www.derechoycambiosocial.com/revista052/IMPACTOS_CAUSADOS_PELOS_REFUGIADOS.pdf.>

_________. **Manual de Procedimentos e Critérios para a Determinação da Condição de Refugiado.** 2011. Disponível em:

<http://www.acnur.org/t3/fileadmin/Documentos/portugues/Publicacoes/2013/Manual_de_procedimentos_e_criterios_para_a_determinacao_da_condicao_de_refugiado.pdf?view=1>

MAGALHÃES, P.S. **A União Europeia e a segurança Humana – O caso dos refugiados sírios.** Dissertação em Relações Internacionais – Universidade do Ninho (Escola de economia e Gestão). Braga, 2016.

MARFLEET, Philip. **Refugees and History: why we must address the past**. Refugee Survey Quarterly, v.26, Issue 3, 2007.

MARTINELLI, Caio Barbosa. **O Jogo Tridimensional: o Hard Power, o Soft Power e a Interdependência Complexa, segundo Joseph Nye.** Paraná: Conjuntura Global, 2016. V. 5.

Membros do Conselho Europeu e Turco. **EU-Turkey statement, 18 March 2016.** Disponível em: < https://www.consilium.europa.eu/en/press/press-releases/2016/03/18/eu-turkey-statement/>. Acesso em: 18/02/2020.

MENEZES, Fabiano L. **Proteção e exclusão no regime dos refugiados.** In: Encontro Nacional da Associação Brasileira das Relações Internacionais. Redefinindo a diplomacia em um mundo em transformação. Belo Horizonte, 2015.

MENEZES, Thais Silva. **Refúgio e soberania: tensões na política internacional relativa aos refugiados (de 1949 a 2016).** 2017. 318 f., il. Tese (Doutorado em Relações Internacionais) —Universidade de Brasília, Brasília, 2017.

MILES, Richard. ***What the Romans can teach us about refugees***. The Guardian, Londres, 24 jun. 2011.

MINISTERIO DA JUSTIÇA E SEGURANÇA PÚBLICA. ***Refúgio em números***. 4ª Ed. Brasília, 2019.Aecsso em 10/01/2020. Disponível em: <https://www.justica.gov.br/seus-direitos/refugio/refugio-em-numeros.>

MOREIRA, Julia Bertino. **A problemática dos refugiados no mundo: evolução do pós-guerra aos dias atuais.** Campinas. 2006. Disponivel em: <https://www.google.com/url?sa=t&rct=j&q=&esrc=s&source=web&cd=1&cad=rja&uact=8&ved=2ahUKEwiswfLU36LnAhX5JrkGHfClDQYQFjAAegQIARAB&url=http%3A%2F%2Fwww.abep.org.br%2F~abeporgb%2Fpublicacoes%2Findex.php%2Fanais%2Farticle%2FviewFile%2F1489%2F1454&usg=AOvVaw1ONwbiNcFXXKm7bJAlsfjV.>

MOREIRA, Julia Bertino. **A questão dos refugiados no contexto internacional (de 1943 aos dias atuais).** 2006. 207 f. Dissertação (Mestrado) - Programa de Pós-Graduação em Relações Internacionais San Tiago Dantas, Departamento de Ciência Política, Instituto de Filosofia e Ciências Humanas, Universidade Estadual de Campinas, Campinas, 2006. Acesso em 15/01/2020. Disponível em: <http://www.santiagodantassp.locaweb.com.br/novo/dissertacoes-e teses/item/download/17_16bb9101f2316c75ace3f1d4accea8e0.html]>

MOREIRA, Julia Bertino; ROCHA, Rossana Reis. **Regime internacional para refugiados: mudanças e desafios.** Curitiba: Revista de Sociologia e Política. 2010. Disponível em: < <http://www.scielo.br/scielo.php?script=sci_arttext&pid=S0104-44782010000300003.>

NOGUEIRA, Alex Ignacio; KROHLING, Aloisio. **As Limitações do Instituto do Refúgio na Convenção Relativa ao Estatuto dos Refugiados de 1951 e no Protocolo de 1967.** Direitos Humanos e Democracia. v.6, n.12, p.248-263, dez. 2018.

_______. **Nota de Orientação sobre Extradição e Proteção Internacional de Refugiados.** Genebra: 2008. Disponível em: <http://www.acnur.org/fileadmin/Documentos/portugues/BD_Legal/Documentos_do_ACNUR/Diretrizes_e_politicas_do_ACNUR/Extradicao/Nota_de_orientacao_sobre_extradicao_de_refugiados.pdf?view=1>.

NUNES, P.P. M. **Invisíveis e Irreconhecíveis: entre a proteção dos deslocados ambientais e a soberania estatal.** 2016, 105 f. Dissertação (Mestrado em Relações Internacionais ) – Universidade Federal da Bahia, Salvador, 2016. Disponível em: https://repositorio.ufba.br/ri/handle/ri/21431

NYE, Joseph; KEOHANE, Robert. **Paradoxo do Poder Americano.** São Paulo: Editora UNESP, 2002.

NYE, Joseph S. **O futuro do poder**. Tradução de Magda Lopes. São Paulo: Benvirá, 2012.

_____________. ***Soft Power***. New York, Estados Unidos: Public Affairs, 2004.

ONU. **Global Trends: Forced displacement in 2018.** *Disponível em:* <https://www.unhcr.org/5d08d7ee7.pdf#_ga=2.83994777.1225343878.1560779393-685702386.1530279534.>

ONU. **Protocolo de 1967 Relativo ao Estatuto dos Refugiados**. Disponível em:<http://www.acnur.org/fileadmin/scripts/doc.php?file=fileadmin/Documentos/portugues/BD_Legal/Instrumentos_Internacionais/Protocolo_de_1967>.

ORGANIZAÇÃO DA UNIDADE AFRICANA. Disponível em: <https://www.infopedia.pt/$organizacao-de-unidade-africana-(oua)>.

ORGANIZAÇÃO DOS ESTADOS AMERICANOS. **Declaração de Cartagena.** [S.l.]:

Nações, 1984. Disponível em: <http://www.acnur.org/t3/fileadmin/Documentos/

portugues/BD_Legal/Instrumentos_Internacionais/Declaracao_de_Cartagena.pdf?view=1>

ÖZDEN, Şenay **Syrian Refugees in Turkey.** MPC Research Reports 2013/05, Robert Schuman Centre for Advanced Studies, San Domenico di Fiesole (FI): European University Institute, 2013. Disponível em: <http://cadmus.eui.eu/handle/1814/29455.>

PARLAMENTO EUROPEU. **Schengen: um gruia do espaço europeu sem fronteiras**. Disponível em: <https://www.europarl.europa.eu/news/pt/headlines/security/20190612STO54307/schengen-um-guia-do-espaco-europeu-sem-fronteiras.>

PEREIRA, José Renato Laranjeira de. **O acordo entre União Europeia e Turquia para readmissão de refugiados e os conceitos de primeiros pais de asilo e pais terceiro seguro.** Dissertação (Dissertação em Direito), Universidade de Brasília, Brasília, 2017.

PER JANSSON. **Smartness as prudence: smart power and classical.** Realism, Journal of Political Power, 11: 3, 341-358, DOI: 10.1080/2158379X.2018.1523317. Disponível em: <https://doi.org/10.1080/2158379X.2018.1523317>.

PITA, A.C. **Direitos Humanos e Direito Internacional dos Refugiados.** *Refúgio e Hostilidade,* edited by José Antonio Peres Gedial e Gabriel Gualano de Godoy. Curitiba : Kairós Edições, 2016, pp 12-15

PIOVESAN, Flávia. **Direitos Humanos e o Direito Constitucional Internacional**. São Paulo: Max Limonad, 2004.

PORTELLA, E.A. **Crítica à Política Bilateral Brasil e Haiti na Questão Imigratória.** In: CEDIN, Centro de Direito Internacional, 2015., 2015.Disponivel em: <https://www.academia.edu/40627789/Critica_%C3%A0_Politica_Bilateral_Brasil_e_Haiti_na_quest%C3%A3o_Imigrat%C3%B3ria.>

PRESSE, France. Tratado Schengen, um espaço sem fronteiras, mas com exceções. Disponível em: <http://g1.globo.com/mundo/noticia/2015/09/tratado-schengen-um-espaco-sem-fronteiras-mas-com-excecoes.html.>

Presidente da República do Azerbaijão. **Joint press statements of Presidents of Azerbaijan and Turkey.** Disponível em: <https://en.president.az/articles/736/print>. Acesso em 18/02/2020.

RAMOS, André de Carvalho. Teoria geral dos direitos humanos na ordem internacional. 6 ed. São Paulo: Saraiva, 2016.

REZEK, José Francisco. **Direito internacional público**. São Paulo: Saraiva, 1991. Disponível em: <http://www.pge.sp.gov.br/centrodeestudos/bibliotecavirtual/direitos/tratado12.htm>.

ROCCA, P. M. D. **Os assim chamados "corredores humanitários" e o possível papel da sociedade civil nas políticas de refúgio e migração regular**. Revista Interdisciplinar as Mobilidade Humana. Disponível em: <https://www.redalyc.org/revista.oa?id=4070 (2017).>

ROCHA, Rossana Reis and MOREIRA, Julia Bertino. **Regime internacional para refugiados: mudanças e desafios.** *Rev. Sociol. Polit.* [online]. 2010, vol.18, n.37, pp.17-30. ISSN 1678-9873. <http://dx.doi.org/10.1590/S0104-44782010000300003. >

RODRIGUES, V.M; SIMOES, R.C. **Direitos dos Refugiados como Direitos Humanos: processo histórico de construção.** Anais do VI Congresso Internacional UFES/Paris-Est, 2017. Disponível em: <http://periodicos.ufes.br/UFESUPEM/article/view/18159>.

ROSA, Waleska Marcy; FERREIRA, Kélvia Faria. **A atual crise de refugiados na União Europeia: uma análise à luz da teoria crítica**. Revistas das Faculdades Integradas Vianna Júnior: Vianna Spiens, v.2, n.2, p21, Juiz de Fora, dez. 2017.

SANTOS, Aline Pavan dos**. Inserção Internacional do Brasil: o Poder Brando e a política externa do governo Lula.** São Paulo, 2009. Acesso em 02/01/2020. Disponível em: <https://docplayer.com.br/322697-Insercao-internacional-do-brasil-o-poder-brando-e-a-politica-externa-do-governo-lula.html.>

SANTOS, Henrique José Pereira dos. ***Soft power e hard power:* dicotomia ou complementaridade**. Trabalho de Investigação Individual, Instituto de Estudos Superiores Militares, Pedrouços, 2015.

SIMEON, J. C. (ed.). ***The UNHCR and the Supervision of International Refugee Law***. Cambridge University Press, 2013.

SIQUEIRA, Tainan Henrique. **Country of origin information (COI): uma análise sobre sua utilização pelo Comitê Nacional para Refugiados no Brasil.** Dissertação (Mestrado em Direito) - Universidade Católica de Santos, Santos, 2017.

SOARES, Carina. ***States Parties to the 1951 Convention relating to the Status of Refugees and the 1967 Protocol***. 2015b. Disponível em: <http://www.unhcr.org/3b73b0d63.html.>

SODER, Rodrigo Magnos. **O Direito de asilo na União Europeia: um olhar normativo sobre**

**a "Europa-Fortaleza".** Dissertação (Dissertação em Direito), Universidade Federal do Rio Grande do Sul - UFRGS, Porto Alegre, 2007.

SWIFT, Laura. ***If only we could ask Euripides about refugees*.** Boston: The Conversation, 2 out. 2015.

TAMS, Christian J. ***Enforcing Obligations Erga Omnes in International Law***. Cambridge University Press. New York, 2005.

TORPEY, John. ***Passports and the development of immigration controls in the north atlantic world during the long nineteenth world***. In: FAHAMEIR, Andreas; FARON, Oliver; WEIL, Patrick. **Migration control in the north atlantic world: the evolution of state practices in Europe and the united states from the French revolution to the inter-war period.** New York, Berghahn books, 2003.

*Turkey: Law No. 6458 of 2013 on Foreigners and International Protection (as amended 29 Oct 2016)* [Turkey], 29 October 2016, available at: https://www.refworld.org/docid/5a1d828f4.html.

UE (União Europeia). **Diretiva 2013/32/UE do Parlamento Europeu e do Conselho de 26 de junho de 2013 relativa a procedimentos comuns de concessão e retirada do estatuto de proteção internacional (reformulação) (APD).** Disponível em http://eur-lex.europa.eu/legal-content/PT/TXT/HTML/?uri=CELEX:32013L0032&from=EN. Acesso em: 21/02/2020.

UNHCR. **Improving Asylum Procedures: Comparative Analysis and Recommendations for Law and Practice - Detailed Research on Key Asylum Procedures Directive Provisions.** Disponível em: http://www.refworld.org/docid/4c63e52d2.html. Acesso em 21/02/2020.

VISENTINI, P. F. **A primavera árabe: entre a democracia e a geopolítica do petróleo.** Leitura XXI, 2012.

WEINRYB, Bernard D. The Jews of Poland***: A Social and Economic History of the Jewish Community in Poland from 1100 to 1800***. Philadelphia: Jewish Publication Society of America, 1973.

WELIE, Da Deustche. **A turbulência econômica na Turquia e como ela afeta o mundo.** Disponível em: <https://economia.uol.com.br/noticias/redacao/2018/08/14/a-turbulencia-economica-na-turquia-e-como-ela-afeta-o-mundo.htm>. Acesso em: 08/03/2020.

WIMMER, A. e GLICK Schiller N. ***Methodological Nationalism and the Study of Migration***. Archives of European Sociology, LXVII, 2. 2000.

ZARD, Monette. ***African Union***. In: GIBNEY, Matthew; HANSEN, Randall (Ed.). *Immigration and asylum:* from 1900 to the present. Santa Barbara: ABC-Clio, 2005. v. 1, p. 5-9.

ZOLBERG, Aristide R. **The Formation of New States as a Refugee-Generating Process.** The Annals of the American Academy of Political and Social Science Vol. 467, The Global Refugee Problem: U. S. and World Response, 1983.

# PARTE II - TPI – COMPLIANCE – ANTICORRUPÇÃO GLOBAL

# PERSPECTIVAS DE COOPERAÇÃO DO TRIBUNAL PENAL INTERNACIONAL PERANTE O OBJETIVO PARA O DESENVOLVIMENTO SUSTENTÁVEL Nº 16 (ODS 16) DA AGENDA 2030

*Giulia Santos Arouca* [1*]

*Daniel Freire e Almeida* [2**]

---

[1] * **Giulia Santos Arouca:**
-Graduanda em Direito pela Universidade Católica de Santos.
-Bolsista de Iniciação Científica.
-Membro do Grupo de Estudos de Direito Internacional da UNISANTOS e do Grupo de Pesquisa em "Governança Global e Regimes Internacionais".
-E-mail: giuliaarouca@hotmail.com .

[2] * **Daniel Freire e Almeida:**
-Pós-Doutor em Direito Internacional pela Georgetown University, Law Center, em Washington DC, Estados Unidos da América (2015-2017).
-Doutor em Direito Internacional pela Faculdade de Direito da Universidade de Coimbra, em Portugal, com reconhecimento e revalidação pela Universidade de São Paulo-USP (2008-2012).
-Mestre em Direito Internacional pela Faculdade de Direito da Universidade de Coimbra, em Portugal, com reconhecimento e revalidação pela Universidade de São Paulo-USP (1999-2002).
-Professor Permanente do Programa de Pós-Graduação Stricto Sensu- Doutorado e Mestrado em Direito Internacional da Universidade Católica de Santos (UNISANTOS).
-Vice-líder do Grupo de Pesquisa em Direito Espacial, e do Grupo de Pesquisa em Governança Global e Regimes Internacionais da UNISANTOS.
-Coordenador da Pós-graduação em Direito e Política Espacial da UNISANTOS.
-Advogado, atuando, no Brasil e no exterior, nas áreas de Direito Internacional, Direito Digital, Direito Espacial, Direito Econômico, Direito das Relações Internacionais e Direito Desportivo Internacional.

## Introdução

As atrocidades sofridas pela humanidade durante a Segunda Guerra Mundial ensejaram a necessidade da criação de um órgão internacional que tivesse o intuito de promover a paz e preservar a segurança a nível global. Assim, a Organização das Nações Unidas (ONU) foi criada em 24 de outubro de 1945, a partir da ratificação da Carta das Nações Unidas.

Desde o princípio, instituiu múltiplas agências especializadas, programas e convenções, empenhando-se em mediar conflitos entre Estados; incentivar a cooperação internacional; consagrar a essencialidade dos direitos humanos e promover contribuições significativas para o progresso da humanidade em diferentes âmbitos.

Em 8 de setembro de 2000, durante a 55ª sessão da Assembleia Geral, fora firmada por 191 líderes dos Estados-Membros, a "Declaração do Milênio das Nações Unidas", que fora instituída pela Resolução A/RES/55/2.

Neste documento, foram estabelecidos 8 Objetivos (ODM), com 21 metas, a serem concretizados até o ano de 2015 em todo o mundo, quais sejam: acabar com a fome e a miséria; oferecer educação básica de qualidade para todos; promover a igualdade entre os sexos e a autonomia das mulheres; reduzir a mortalidade infantil; melhorar a saúde das gestantes; combater a AIDS, a malária e outras doenças; garantir qualidade de vida e respeito ao meio ambiente e estabelecer parcerias para o desenvolvimento.

Em 2012, na Conferência Rio + 20, os países-membros concordaram com a proposta de buscar a definição de uma agenda pós-2015, estabelecendo um processo intergovernamental aberto a todos os interessados para formular novas metas globais de desenvolvimento (Portal ODS, s.d., *online*). Assim, durante a 69ª Sessão da Assembleia Geral, em 2013, decidiram iniciar o processo de criação da Agenda 2030.

O documento fora aprovado em 25 setembro de 2015, na 70ª Assembleia Geral, por seus 193 Estados-membros, e instituído pela Resolução A/RES/70/01, em 21 de outubro do mesmo ano. Fora intitulado como "Transformando o nosso mundo: A Agenda 2030 para o Desenvolvimento Sustentável", e é constituído por 17 Objetivos de Desenvolvimento Sustentável (ODS), subdivididos em 169 metas a serem cumpridas até o ano de 2030.

Neste plano de ação, "os objetivos são integrados e indivisíveis, e mesclam, de forma equilibrada, as três dimensões do desenvolvimento sustentável: a econômica, a social e a ambiental", e tem como pilares os "5'Ps": pessoas, planeta, prosperidade, paz e parceria.

No texto redigido em sua introdução, a respeito da relação entre os ODS e os ODM, denota:

> *"Na sua abrangência, entretanto, o marco que estamos anunciando hoje vai muito além dos Objetivos de Desenvolvimento do Milênio. Simultaneamente à continuidade das prioridades de desenvolvimento, tais como a erradicação da pobreza, a saúde, a educação e a segurança alimentar e nutricional, a nova Agenda define um vasto leque de objetivos econômicos, sociais e ambientais. Também promete sociedades mais pacíficas*

> *e inclusivas. Igualmente, de modo crucial, define meios de implementação".*

A fim de que se estabeleçam as "sociedades mais pacíficas e inclusivas" supramencionadas, fora estipulado o ODS 16, que consiste, mais especificamente, em "Promover sociedades pacíficas e inclusivas para o desenvolvimento sustentável, proporcionar o acesso à justiça para todos e construir instituições eficazes, responsáveis e inclusivas em todos os níveis". É constituído por 12 metas, quais sejam:

> *"16.1 reduzir significativamente todas as formas de violência e as taxas de mortalidade relacionada, em todos os lugares*
> *16.2 acabar com abuso, exploração, tráfico e todas as formas de violência e tortura contra crianças*
> *16.3 promover o Estado de Direito, em nível nacional e internacional, e garantir a igualdade de acesso à justiça, para todos*
> *16.4 até 2030, reduzir significativamente os fluxos financeiros e de armas ilegais, reforçar a recuperação e devolução de recursos roubados, e combater todas as formas de crime organizado*
> *16.5 reduzir substancialmente a corrupção e o suborno em todas as suas formas*
> *16.6 desenvolver instituições eficazes, responsáveis e transparentes em todos os níveis*
> *16.7 garantir a tomada de decisão responsiva, inclusiva, participativa e representativa em todos os níveis*
> *16.8 ampliar e fortalecer a participação dos países em desenvolvimento nas instituições de governança global*
> *16.9 até 2030, fornecer identidade legal para todos, incluindo o registro de nascimento*
> *16.10 assegurar o acesso público à informação e proteger as liberdades fundamentais, em conformidade com a legislação nacional e os acordos internacionais*

> *16.a fortalecer as instituições nacionais relevantes, inclusive por meio da cooperação internacional, para a construção de capacidades em todos os níveis, em particular nos países em desenvolvimento, para a prevenção da violência e o combate ao terrorismo e ao crime*
> *16.b promover e fazer cumprir leis e políticas não discriminatórias para o desenvolvimento sustentável (ONU, 2015, p. 28)".*

É de se verificar que além de ser um Objetivo não promovido anteriormente pelos ODM, também é inédito por destacar as instituições como um dos atores principais responsáveis pelo seu alcance.

Cumpre observar que entre muitas das instituições que auxiliam para a conquista desse Objetivo, o Tribunal Penal Internacional (TPI) desempenha um papel crucial, uma vez que é uma instituição internacional tem por objeto pôr fim à impunidade de autores de crimes de maior gravidade, auxiliando diretamente na manutenção da paz e justiça a nível global.

Dessarte, deve haver um acompanhamento de toda a trajetória de atuação da Corte, principalmente pela comunidade acadêmica, a fim de que a partir da análise desta, seja possível estabelecer um indicador de seu nível de progresso rumo ao alcance do ODS 16.

Com base nos resultados encontrados, serão apontados tópicos em que o TPI age em congruência com determinadas metas, bem como questões a serem aprimoradas, acompanhadas de proposições de soluções a serem implementadas pela Corte, para a plena cooperação com o alcance destas.

## 1. O Tribunal Penal Internacional (TPI) e sua atuação

O TPI foi criado com caráter permanente e independente, no âmbito do sistema das Nações Unidas, e com jurisdição sobre os crimes de maior gravidade que afetem a comunidade internacional no seu conjunto, sendo complementar às jurisdições penais nacionais.

Antes de sua implementação, o mundo presenciou conflitos internacionais significativos, com número acentuado de mortes, como as duas grandes guerras, e as centenas de conflitos envolvendo países na órbita global (CIRILLO, TALEB, 2016).

Nesta sequência, o Tribunal Penal Internacional, foi assinado em Roma, Itália, em 17.07.1998, com entrada em vigor internacional em 01.07.2002, com o intuito de proporcionar o adequado tratamento jurídico internacional das atrocidades cometidas (GOUVEIA, 2013), e ao longo desses dezenove anos de funcionamento, enriqueceu a jurisprudência do Direito Internacional Penal.

Robichez (2018, p.10), esclarece:

> *"O objetivo do TPI é promover uma cooperação mundial para proteger todas as pessoas contra os crimes codificados, em primeiro lugar; obrigar os autores dos crimes de maior gravidade com alcance internacional a responder pessoalmente pelos seus atos, em segundo lugar; e contribuir para pôr fim à impunidade ao prevenir tais crimes, em terceiro lugar".*

Ao ler o Estatuto de 1998, conclui-se que o TPI foi pensado como uma instituição puramente judiciária, apolítica, neutra, objetiva e imparcial (KAUL, 2016, p.2). Porém, foi concebido também como uma "corte de segurança", pois é dotado de uma finalidade pacificadora: os crimes que entram no seu campo de competência, segundo o Preâmbulo do diploma, são os que "constituem uma ameaça à paz, à segurança e ao bem-estar da humanidade".

A competência do Tribunal atém-se ao julgamento dos mais graves crimes internacionais, compreendendo os crimes de genocídio, os crimes contra a humanidade, os crimes de guerra e os crimes de agressão, conforme art. 5° do Estatuto de Roma.

Os crimes de Genocídio, estipulados no art. 6° do Estatuto, são definidos pela "prática de atos com intenção de destruir, no todo ou em parte, um grupo nacional, étnico, racial ou religioso". Tais atos destrutivos podem ocorrer por meio de homicídio de membros do grupo; ofensas graves à integridade físicas ou mental de membros do grupo; sujeição intencional do grupo a condições de vida com vista a provocar sua destruição física, total ou parcial; imposição de medidas destinadas a impedir nascimentos no seio do grupo e transferência forçada de crianças do grupo para outro grupo.

Os crimes contra a Humanidade, por sua vez, possuem previsão no art. 7° do Estatuto de Roma, e são definidos como "a prática de ataques, generalizado ou sistemático, contra qualquer população civil". Os atos listados são, dentre outros, homicídio, extermínio, escravidão, deportação ou transferência forçada de uma população, tortura, desaparecimento forçado de pessoas e o crime de *apartheid.*

Já os Crimes de Guerra, estão compreendidos no art. 8 do Estatuto de Roma, e consistem em:

> *"Art. 8, 2: a) As violações graves às Convenções de Genebra, de 12 de Agosto de 1949, a saber, qualquer um dos seguintes atos, dirigidos contra pessoas ou bens protegidos nos termos da Convenção de Genebra que for pertinente (...) b) Outras violações graves das leis e costumes aplicáveis em conflitos armados internacionais no âmbito do direito internacional (...); c) Em caso de conflito armado que não seja de índole internacional, as violações graves do artigo 3 o comum às quatro Convenções de Genebra, de 12 de Agosto de 1949 (...); e) As outras violações graves das leis e costumes aplicáveis aos conflitos armados que não têm caráter internacional, no quadro do direito internacional (...)".*

No que tange ao crime de agressão, o art. *8 bis*, inserido pela RC/Res.6, de 11 de junho de 2010, o define como "o uso da força armada por um Estado contra a soberania, integridade territorial ou independência política de outro Estado, ou de qualquer outra maneira inconsistente com a Carta das Nações Unidas".

A jurisdição do Tribunal é adicional e complementar à dos Estados, ficando condicionada à incapacidade ou à omissão do sistema judicial interno. Seu Estatuto consagra, ainda, o princípio da Cooperação Internacional, que está regulamentado no Capítulo IX, do art. 86 ao 102, em que estabelece que os Estados Partes devem "cooperar plenamente com o

Tribunal no inquérito e no procedimento contra crimes da competência deste".

Isto posto, pode-se concluir que o Estatuto de Roma declara nitidamente que busca equacionar a garantia do direito à justiça, o fim da impunidade de autores de crime de maior gravidade e a soberania do Estado, à luz do princípio da complementaridade, contando com a cooperação internacional para lograr êxito em suas investigações e procedimentos.

A fim de que se possa avaliar o grau de contribuição da Corte para com as metas do ODS 16, será analisada sua atuação em seus 30 casos, quais sejam:

1. Caso Abd-Al-Rahman - O Promotor contra Ali Muhammad Ali Abd-Al-Rahman ("Ali Kushayb");
2. Caso Abu Garda - O Promotor contra Bahr Idriss Abu Garda;
3. Caso Al Bashir - O Promotor contra Omar Hassan Ahmad Al Bashir;
4. Caso Al Hassan - O Promotor contra Al Hassan Ag Abdoul Aziz Ag Mohamed Ag Mahmoud;
5. Caso Al Mahdi – O Promotor contra Ahmad Al Faqi Al Mahdi;
6. Caso Al-Werfalli – O Promotor contra Mahmoud Mustafa Busayf Al-Werfalli;
7. Caso Banda – O Promotor contra Abdallah Banda Abakaer Nourain;
8. Caso Barasa – O Promotor contra Walter Osapiri Barasa;
9. Caso Bemba – O Promotor contra Jean-Pierre Bemba Gombo

10. Caso Bemba et al. - O Promotor contra Jean-Pierre Bemba Gombo, Aimé Kilolo Musamba, Jean-Jacques Mangenda Kabongo, Fidèle Babala Wandu e Narcisse Arido;
11. Caso Bett – O Promotor contra Philip Kipkoech Bett
12. Caso Gaddafi - O Promotor contra Saif Al-Islam Gaddafi;
13. Caso Gbagbo e Blé Goudé - O Promotor contra Laurent Gbagbo e Charles Blé Goudé;
14. Caso Gicheru - O Promotor contra Paul Gicheru;
15. Caso Harun - O Promotor contra Ahmad Muhammad Harun ("Ahmad Harun");
16. Caso Hussein - O Promotor contra Abdel Raheem Muhammad Hussein;
17. Caso Katanga - O Promotor contra Germain Katanga;
18. Caso Kenyatta - O Promotor contra Uhuru Muigai Kenyatta;
19. Caso Khaled - O Promotor contra Al-Tuhamy Mohamed Khaled;
20. Caso Kony et al. – O Promotor contra Joseph Kony e Vincent Otti;
21. Caso Lubanga - O Promotor contra Thomas Lubanga Dyilo;
22. Caso Mbarushimana - O Promotor v. Callixte Mbarushimana;
23. Caso Mudacumura - O Promotor contra Sylvestre Mudacumura;
24. Caso Ngudjolo Chui - O Promotor contra Mathieu Ngudjolo Chui;
25. Caso Ntaganda - O Promotor contra Bosco Ntaganda;
26. Caso Ongwen - O Promotor contra Dominic Ongwen;
27. Caso Ruto e Sang – O Promotor contra William Samoei Ruto e Joshua Arap Sang;

28. Caso Said – O Promotor contra Mahamat Said Abdel Kani
29. Caso Simone Gbagbo - O Promotor contra Simone Gbagbo;
30. Caso Yekatom e Ngaïssona - O Promotor contra Alfred Yekatom e Patrice-Edouard Ngaïssona.

Para efeitos deste estudo, foram levantados os dados de cada caso: quem são os indivíduos e suas respectivas nacionalidades; por quais crimes estão sendo acusados; o contexto do conflito que gerou os supostos crimes; a atuação do TPI nos casos; as perspectivas futuras e a complexidade enfrentada pela Corte em cada um deles. Com o resultado, diferentes questões foram levantadas e serão colocadas em pauta nos capítulos 2 e 3, expondo-as frente a frente com as metas estipuladas no ODS 16.

A primeira questão a ser analisada é que todos os casos abertos pelo TPI tratam de pessoas africanas, o que despertou acusações de "seletividade" e "neocolonialismo" em alguns setores (CHARLEAUX, 2016, *online*).

A reação africana ao TPI culminou, no ano de 2016, com manifestação da África do Sul, do Burundi e da Gâmbia de que deixariam a Corte. Esse movimento, apoiado pela União Africana – percebida como sua legítima organização representante –, revela as tensões entre poder e justiça no Direito Internacional (PERES, 2017, p. 2).

Segundo o comunicado do partido governante na África do Sul (Angola Press, 2016, *online*), o "TPI tem permitido aos Estados não membros a ditar e a interferir no seu trabalho de acordo com os seus próprios interesses imperialistas". Já o poder burundês, vê no TPI um "meio político" utilizado pela comunidade internacional para "oprimir os países africanos".

Ao anunciar sua saída do TPI, o ministro de comunicação da Gâmbia, xerife Bojang, alegou que a comunidade internacional “ignora os crimes de guerra cometidos pelas nações ocidentais”, e ainda afirmou que denunciou a União Europeia perante o TPI a respeito de mortes de imigrantes de seu país na Europa, mas segundo o governo do país, não obteve resposta (SPÍNOLA E GOMES, 2017, *online*). Ainda, disse que "Há muitos países ocidentais, pelo menos 30, que cometeram crimes de guerra contra Estados soberanos e os seus cidadãos desde a criação do TPI nunca foram imputados como criminosos de guerra" (ANGOLA PRESS, 2016, *online).*

Os líderes africanos acusam o TPI de injustamente os perseguir enquanto ignora atrocidades em outras partes do mundo (SHILAHO, 2011, p.65).

“Muitos ativistas políticos acreditam que há um conluio internacional, manifestado por meio das ações do TPI, para perseguir países africanos por não concordarem com as diretrizes políticas adotadas por seus respectivos governos” (SPÍNOLA E GOMES, 2017, *online*).

Dando continuidade à análise, o próximo tópico a ser abordado é que o Conselho de Segurança das Nações Unidas (CSNU) possui amplo poder de participação no TPI, estabelecida nos artigos 13 e 16 do Estatuto de Roma, sujeitando suas decisões a critérios políticos, e não jurídicos; podendo, dessa forma, ferir em um de seus principais princípios: a imparcialidade.

O Estatuto confere ao CSNU a capacidade de submeter alguma situação ao Promotor que haja indícios de terem sido cometidos crimes de competência do TPI; o poder de suspender um inquérito em curso no TPI por doze meses e a dependência do TPI de determinação do CSNU para constatar se houve crime de agressão.

No que tange ao seu poder de submeter situações ao Procurador, estabelecido no artigo 13 do Estatuto, como mencionado acima, pode inclusive indicar situações de Estados que não são signatários do Estatuto, o que segundo Kowalski (2011, p. 124):

> *"(...) permite contornar a vontade dos Estados e, assim, alargar a jurisdição do Tribunal. (...) o mecanismo de submissão pelo Conselho de Segurança assegura, potencialmente, que o Tribunal possa julgar crimes cometidos em qualquer local por qualquer pessoa".*

Feijó e Neves (2013, p.21), acerca do assunto:

> *"(...) sua ligação com o Conselho de Segurança da ONU, órgão eminentemente político, nas questões referentes à denúncia e embargos, afeta significativamente a sua credibilidade e legitimidade. Essa ligação atinge o Tribunal, na medida em que o Conselho de Segurança da ONU não age com justiça e imparcialidade, demonstrando-se altamente seletivo, não evidenciando nenhum critério credível para propor denúncias perante a Corte".*

Registre-se que até o dia de hoje, as únicas situações em que o CSNU referiu ao TPI, foram as da Líbia e do Sudão, dois países africanos, que por sua vez, não são signatários do Estatuto de Roma.

O poder de encaminhamento de situações ao TPI poderia ser um meio de concretizar justiça e paz; no entanto, se transforma em um mecanismo político à medida que o CSNU deixa de encaminhar situações em que ocorreram crimes de igual gravidade, o que pode indicar certa parcialidade por parte do Conselho. Acerca dessa questão, Barham pondera o seguinte (2018, p. 163):

> *"Lamentavelmente, a maioria dos crimes atuais de guerra e crimes contra a humanidade ou mesmo o crime de genocídio ocorridos não se enquadra na jurisdição do Tribunal, pois são e estão ocorrendo em países que não ratificaram Estatuto de Roma: Iêmen, Rússia, China, Iraque, Paquistão e Turquia, apenas para citar um pouco. Portanto, todo o desafio e pressão não devem estar apenas no Tribunal per se, mas também no Conselho de Segurança das Nações Unidas e nos próprios Estados conforme descrito no artigo 13 do Estatuto de Roma. A deficiência da Segurança da ONU Conselho ao encaminhar casos de violações de direitos humanos em países não-Partes do TPI, onde apenas dois casos foram encaminhados desde a criação do TPI, ambos em relação a Casos africanos: Darfur em 2005 e Líbia em 2011 (Aregawi, 2017)".*

Em complemento sobre as situações em que o CSNU poderia ter encaminhado ao TPI, Barham (2018, p. 158) aponta que:

> *"Por exemplo, apesar da intensidade da crise síria, o TPI não conseguiu intervir. A China já havia vetado três projetos de resolução sobre a Síria no Conselho de Segurança em dezembro de 2012 e apoiou a opção de diálogo com o regime de Assad em vez de coerção e punição.*
>
> *Portanto, é improvável que a China ou a Rússia consintam com um encaminhamento do TPI sobre seus*

> *aliados na Síria[3]. O mesmo se aplica aos outros membros permanentes do Conselho de Segurança[4]".*

Dando prosseguimento à análise realizada a partir do conglomerado de dados da atuação do TPI nos 30 casos, tem-se que 17 mandados de prisão não foram cumpridos, e a razão disso é a falta de cooperação internacional, que é de suma importância para as investigações e cumprimento dos mandados de prisão.

Embora a cooperação internacional seja uma obrigação prevista no Estatuto de Roma, o mesmo dispositivo, em seu Artigo 87, 7, elucida que o Tribunal poderá elaborar relatório e remetê-lo à Assembleia dos Estados Partes ou ao CSNU, caso algum Estado Parte se recuse a cooperar. No entanto, conforme se pode verificar, tal medida não é "punitiva" o suficiente para obrigar os Estados a cooperarem.

> *Acerca do tema, Miranda (2010, p. 107), pontua:*
> *"A cooperação dos Estados condiciona a efetividade do procedimento judicial do Tribunal Penal Internacional, sendo para ele uma necessidade. A obrigação de cooperar de um Estado perante o Tribunal concretiza a aspiração a uma justiça penal internacional e, dessa forma, deve ser conciliada com a realidade da sociedade internacional".*

---

[3] WUTHNOW J., China and the ICC. The Diplomat, 07/12/2012. Disponível em: <thediplomat.com/2012/12/china-and-the-icc/>. Acesso em: 25/07/2021.

[4] NDUBUISI E ONORIODE. ICC and Afrocentrism: The Laws, Politics and Biases in Global Criminal Justice. Groningen Journal of International Law, vol 6(1): Open Submissions, p. 146 a 160, 2018. Disponível em: https://ugp.rug.nl/GROJIL/article/view/32078/29492. Acesso em: 25/07/2021.

Neste lanço, Jamshidi (2013, *online*), afirma que na falta de uma força policial associada ou de outro órgão de execução, o TPI depende principalmente de dois elementos para garantir que suas decisões sejam implementadas, sendo o primeiro deles a cooperação internacional e o segundo, sua imagem como uma instituição internacional confiável e respeitável, que depende em grande parte da solidez e objetividade legais de seu trabalho.

Cumpre ressaltar que alguns mandados de prisão obtiveram êxito, como foi no caso de Kushayb, Al Hassan, Gicheru, Ntaganda, Ongwen, Said, Yekatom e Ngaissona.

É de se verificar também que o TPI é um órgão de caráter subsidiário ao sistema judiciário interno dos países, devendo agir somente quando o sistema doméstico dos países é incapaz de julgar os indivíduos responsáveis pelos crimes de maior gravidade. No entanto, o Sudão estabeleceu vários tribunais especiais, comissões, Comitês e outros órgãos para investigar e processar crimes em Darfur (REDRESS, 2007, p. 17), e ainda assim foi julgado incompetente pelo para processar tais crimes.

Outra questão relevante, consiste na análise de alguns pontos sobre a atuação do TPI em dois casos em particular, demonstrados a seguir.

No caso Katanga e Lubanga, os acusados foram julgados pela Corte e ambos estão cumprindo suas respectivas penas de reparação/compensação, no entanto, a atuação do TPI na República Democrática do Congo (país de origem dos criminosos) fora muito criticada, pois não apresentou acusações contra funcionários do governo e forças armadas, mas somente contra integrantes do grupo de oposição, prejudicando a reputação de imparcialidade do Tribunal, de acordo com a *Coalition for the International Criminal Court* (s.d., *online*).

Já no Caso Mbarushimana, o acusado foi absolvido pela Câmara de Pré-Julgamento I, com a fundamentação de que não houve "contribuição significativa para os crimes cometidos ou tentados", para que ele fosse responsabilizado. Em recurso, o Ministério Público apontou que havia um limite alto para que a Câmara considerasse uma "contribuição significativa", pois se entende que o Estatuto de Roma considera que podem ser responsabilizados indivíduos que contribuem de qualquer forma para os crimes.

Por fim, impende destacar que a atuação do TPI fora eficaz e satisfatória nos casos Ntaganda, Yaketom e Ngaissona.

## 2. Congruências entre a atuação do TPI e as metas do ODS 16

A partir da análise sobre a criação TPI, seu Estatuto e a atuação dele em seus 30 casos, pôde-se extrair algumas considerações sobre quais assuntos podem ser tidos como obstáculos para que ele aja totalmente de acordo com o ODS 16 e suas 12 metas, (dentre as que estão dentro de sua alçada), sendo apresentadas propostas de potenciais meios de solução para cada uma delas.

Antes de elencar as conexões das propostas apresentadas no capítulo anterior com as metas do ODS 16, mister se faz observar que a Corte já coopera em grande escala em direção ao alcance das metas, como demonstrado a seguir.

A respeito da meta 16.1, que promove a redução de violência, o peso do TPI, de acordo com as Nações Unidas (s.d., *online*), "reside tanto na punição dos perpetradores quanto na prevenção de crimes futuros. Já há evidências de que houve uma contribuição significativa nesse sentido". Isto porque, de acordo com as palavras do então Secretário Geral das Nações Unidas, Kofi Annan, em 2004[5]:

> *"Onde surgem tensões, anunciar publicamente que o TPI está seguindo a situação pode ser uma forma poderosa de alertar quaisquer perpetradores em potencial de que eles podem ser responsabilizados por suas ações. Além disso, pode chamar a atenção local e internacional para a situação e induzir as partes interessadas nacionais e outras partes interessadas a tomar as medidas necessárias para neutralizar a crise. Não faz muito tempo, um ministro de um dos Estados Partes do Estatuto de Roma me disse que a possibilidade de uma intervenção do TPI foi um fator importante que ajudou a prevenir a violência em grande escala no contexto das eleições do país".*

No que tange à meta 16.2, que consiste em acabar com a exploração de crianças, a Corte se mostrou o ex-líder congolês Thomas Lubanga por alistamento de menores de 15 anos, o que segundo a *Coalition For the ICC* (s.d., *online*), "é apenas um exemplo do potencial do TPI. As provas de

[5] RELATÓRIO DO SECRETÁRIO-GERAL, 23/08/2004, S / 2004/616, para. 49.

Dominic Ongwen e Bosco Ntaganda representam oportunidades para testar o alcance desse potencial".

A promoção do Estado de Direito está situada na meta 16.3. Acerca disso, pode-se afirmar que "ao punir as violações das normas jurídicas internacionais e ao promover a adesão a essas normas, o TPI e o sistema mais amplo do Estatuto de Roma desempenham um papel importante no avanço do Estado de Direito" (Nações Unidas, s.d., *online*). Esta meta também compreende a promoção da igualdade de acesso à justiça, que será um tópico analisado mais adiante.

No que diz respeito à meta 16.8, que visa "ampliar e fortalecer a participação dos países em desenvolvimento nas instituições de governança global", cumpre observar que o então presidente do TPI, Sang-Hyun, em seu discurso na Assembleia Geral da ONU, em 2014, pediu a todos os Estados que "considerassem aderir ao Estatuto de Roma - o tratado fundador do TPI - exortando-os a "dar o presente da esperança às crianças, homens e mulheres de amanhã" (ICC, 2014, *online*).

Ainda, uma eficaz maneira de auxiliar no alcance da meta 16.8, é que siga ocorrendo a "Campanha de Ratificação", promovida pela *Coalition for the International Criminal Court*, para acelerar o processo de países que já assinaram o Estatuto, porém ainda não o ratificaram.

De acordo com as Nações Unidas (s.d., *online*), "a universalidade do Estatuto de Roma não apenas estenderia sua proteção legal às pessoas em todos os lugares, mas também aumentaria a igualdade dos perpetradores perante a lei". Sendo assim, tanto o pedido declarado por Hyun, quanto a

Campanha de Ratificação, contribuem não somente para o alcance da meta 16.8, no quesito de *ampliar* a participação dos países em desenvolvimento nas instituições de governança global, mas também coopera com a meta 16.3, de "garantir a igualdade de acesso à justiça, para todos" – que será melhor analisada no próximo capítulo.

Ainda sobre a meta 16.8, no que tange a "*fortalecer* a participação dos países em desenvolvimento nas instituições de governança global", cumpre observar que a cooperação internacional entre os Estados membros do TPI é a mais eficiente forma de alcançá-la. No entanto, conforme apontado anteriormente, não ocorre da maneira que deveria. Por isso, no próximo capítulo serão propostas algumas soluções para esta questão.

Ao analisar a meta 16.10, que busca "assegurar o acesso público à informação e proteger as liberdades fundamentais, em conformidade com a legislação nacional e os acordos internacionais", é possível afirmar que o TPI contribui para o seu alcance, uma vez que, além de o Estatuto de Roma estar disponível na *internet* para todos lerem, em seu *site* estão disponíveis todas as informações acerca de como o Tribunal funciona, sua jurisdição, os juízes e promotores que o compõem, as situações em investigações preliminares, investigações, casos abertos, decisões da Corte no curso dos processos, documentos etc. (ressalvadas, certamente, as informações sigilosas).

Por fim, o TPI também auxilia a concretização da meta 16.a., que visa "fortalecer as instituições nacionais relevantes, para a construção de capacidades em todos os níveis, em particular nos países em desenvolvimento, para a prevenção da violência e o combate ao terrorismo e ao crime". Este auxílio se dá em razão de seu caráter subsidiário. Acerca do assunto, as Nações Unidas (s.d., *online*) declarou:

> *"Em seu relatório de 2004, o Sr. Annan observou que "o Tribunal já está tendo um impacto importante ao servir como um catalisador para a promulgação de leis nacionais contra os mais graves crimes internacionais"[6]. De fato, a Assembleia dos Estados Partes do Estatuto de Roma sublinhou repetidamente a importância da implementação nacional do Estatuto e do fortalecimento da capacidade das jurisdições nacionais e considerou formas de atingir esses objetivos.*
> *(...)*
> *Mesmo quando a intervenção do TPI é necessária, não precisa necessariamente levar a julgamentos perante o ICC. Uma investigação do TPI pode, em vez disso, levar as autoridades nacionais competentes a investigarem os alegados crimes de maneira expedita e a processar os suspeitos de crimes nos tribunais nacionais".*

Entretanto, a Corte, por outro lado, pode melhorar seu desempenho a respeito desta meta, pois como visto anteriormente no caso do Sudão, há uma lacuna normativa e/ou jurisprudencial no que tange ao nível de atuação das instituições nacionais consideradas suficientes para impedir sua atuação.

---

[6] RELATÓRIO DO SECRETÁRIO-GERAL, 23/082004, S / 2004/616, p. 16.

## 3. Proposições de soluções para maior cooperação do TPI no alcance do ODS 16

A depender da atuação do Tribunal sobre todo e qualquer assunto, o alcance do ODS 16 será diretamente afetado, e isto pode ocorrer tanto de maneira positiva ou negativa.

Felizmente, como demonstrado previamente, há uma contribuição significativa do TPI para com as metas definidas. Entretanto, conforme análise feita no capítulo 1, também foram observadas questões em que a Corte age em divergência para com estas.

Portanto, a fim de que o TPI possa cooperar plenamente com a conquista do ODS 16, a seguir serão apontadas tais questões juntamente com a meta que corresponde a cada uma delas, seguidas de propostas de soluções que a Corte pode implementar.

Primeiramente, cumpre observar que meta 16.3 já fora analisada no capítulo anterior no que tange à promoção do Estado de Direito. No que diz respeito a "garantir igualdade de acesso à justiça, para todos", tem-se que a Corte permite a participação das vítimas nos processos judiciais, podendo solicitar reparações. Estabeleceu um Fundo Fiduciário para as Vítimas, que além de providenciar as reparações ordenadas pelo TPI, também fornecem assistência às vítimas e suas famílias. As Nações Unidas (s.d., *online*) informam que:

> *"Atualmente, mais de 80.000 beneficiários recebem assistência do Fundo Fiduciário e seus parceiros locais e internacionais. Em resposta às necessidades específicas de indivíduos vitimizados, permitindo-lhes reconquistar*

> *seu lugar dentro de suas comunidades e reconstruir meios de subsistência sustentáveis, **o Fundo Fiduciário está se tornando uma presença cada vez mais visível no nexo entre justiça e desenvolvimento***
> *(...)*
> *Essas são características inovadoras e progressivas em processos criminais internacionais que dão poder às vítimas e aproximam a justiça retributiva e a restaurativa" (grifo nosso).*

Ainda, foi demonstrado no capítulo anterior como o esforço da Corte para alcançar a meta 16.8, também favorece indiretamente a igualdade de acesso à justiça, para todos.

No entanto, verificou-se que na situação que ensejou a abertura do caso Katanga e Lubanga, decorrente da guerra civil instalada na República Democrática do Congo, a Corte não apresentou acusações contra funcionários do governo e forças armadas, mas somente contra integrantes do grupo de oposição.

Isso fez com que o TPI virasse alvo de muitas críticas, principalmente entre os congoleses, que alegam que a Corte agiu com parcialidade. A fim de que as supostas vítimas dos alegados crimes cometidos pelos funcionários do governo e forças armadas, tenham acesso à justiça, propõe-se que o Tribunal também investigue os atos executados por eles. Assim, se aproximará ainda mais da meta 16.3.

Ao observar a meta 16.8, tem-se que o TPI já vem atuando satisfatoriamente para *ampliar* a participação dos países, como visto no capítulo anterior. Porém, no que diz respeito a *fortalecer* a participação destes nas instituições de governança global – registre-se que o TPI é uma instituição que se enquadra neste termo -, nota-se que esse aspecto deve ser aprimorado. Isto porque 17 mandados de prisão não foram cumpridos, o que é resultado da falta de cooperação internacional, que não é vigorosa o suficiente, uma vez que não há severa punição para os Estados que não cooperarem, ainda que seja um princípio consagrado no Estatuto de Roma. A fim de que os mandados sejam cumpridos, há a necessidade de serem criados mecanismos coercitivos mais severos, como por exemplo a alternativa sugerida por Barnes (2011, p. 161), que indica como possível solução, a suspensão de Estados que não cooperarem. Uma outra alternativa viável, seria imposição de multas para estes Estados. Assim, a Corte chegaria mais próxima ao alcance da meta 16.8.

No que diz respeito à meta 16.a., sobre o fortalecimento de instituições nacionais relevantes, o TPI já colabora de forma significativa, como demonstrado no capítulo anterior. Entretanto, há de ser observada a questão do Sudão, que estabeleceu vários tribunais especiais, comissões, Comitês e outros órgãos para investigar e processar crimes em Darfur, e ainda assim foi julgado incompetente pelo TPI para processar tais crimes.

Já que a Corte é um órgão de caráter subsidiário ao sistema judicial interno dos países, devendo agir somente quando o sistema doméstico dos países é incapaz de julgar os indivíduos responsáveis pelos crimes de maior gravidade, deve estabelecer um ato normativo e/ou jurisprudência sobre quais procedimentos domésticos são considerados suficientes para impedir sua atuação. Caso assim o faça, cooperará ainda mais para o alcance da meta 16.a.

Passando à análise da meta 16.b, que visa "promover e fazer cumprir leis e políticas não discriminatórias para o desenvolvimento sustentável", é de suma importância destacar, mais uma vez, que todos os casos que o TPI possui, são contra indivíduos africanos, sendo criticado por deixar de investigar e julgar crimes de igual ou maior gravidade em outros lugares do mundo. É evidente que os crimes ocorridos na África não devem ficar impunes apenas porque houve outros crimes cometidos em outros países; no entanto, estes outros também devem ser investigados, e os indivíduos devem ser punidos.

Segundo Onoriode e Ndubuisi (2018, p. 156):

> *"Conclui que, a menos que a inclinação imerecida para as situações africanas seja retificada, o Tribunal continuará a experimentar a resistência dos Estados africanos, que já começou a testemunhar.*
> *(...)*
> *A suspeita que essa abordagem despertou entre os líderes africanos será vista em outro lugar no futuro, à medida que o Tribunal começar a tomar medidas fora do continente africano (...)".*

Assim, se almeja contribuir para o alcance da meta 16.b, propõe-se que a Corte, além de investigar e julgar casos de crimes cometidos por africanos, também o faça com crimes cometidos ao redor de todo o mundo.

Felizmente, apesar de não haver nenhum caso aberto contra indivíduos não africanos, a Corte está em fase de investigação de situações na Palestina, no Afeganistão e na Geórgia, bem como investigações preliminares de situações na Colômbia, Guinea, Filipinas, Venezuela, Ucrânia e Bolívia. Embora não haja previsão para quando outros casos serão abertos, pode-se considerar o fato de que países não africanos estejam sob investigação, um indicador de que a Corte está se mobilizando para atuar também nas demais situações de investigação e julgamento de indivíduos responsáveis por crimes que ocorrem por todo o globo.

A respeito da meta 16.6, que promove o desenvolvimento de "instituições eficazes, responsáveis e transparentes em todos os níveis", impende destacar que a fim de que o TPI possa cooperar com o alcance desta meta, alguma atitude deve ser tomada em relação à grande influência que o CSNU exerce sobre ele, como discutido no capítulo 2, uma vez que se trata de um Conselho parcial, que age de acordo com seus interesses políticos próprios.

Uma solução para esta situação que se põe como um obstáculo para que a Corte consiga contribuir para com esta meta, seria a desvinculação entre os órgãos, ou que o TPI criasse um mecanismo para a revisão judicial em estágio inicial das referências do CSNU para considerar questões de propriedade jurisdicional, impondo alguma supervisão sobre as ações do Conselho, o que também reafirmaria a independência do TPI como instituição judicial.

Ainda, para que não haja, ou pelo menos diminua, a discussão acerca do viés político existente nos casos em que o CSNU refere ou deixa de referir ao TPI, de países ainda não signatários do Estatuto de Roma, é que siga ocorrendo a "Campanha de Ratificação", promovida pela *Coalition for the International Criminal Court*, para acelerar o processo de países que já assinaram o Estatuto, porém ainda não o ratificaram.

Muito embora não haja hierarquia de importância entres as 12 metas que compreendem o ODS 16, pode-se considerar que a meta 16.6, desde a perspectiva do TPI em relação a elas, engloba todas as outras. Melhor dizendo, se o TPI seguir contribuindo com as metas as quais já o faz, bem como adotar as medidas propostas neste capítulo, consequentemente o levará a ser uma instituição eficaz, responsável e transparente.

**Considerações finais**

Conforme disposto na Agenda 2030, o desenvolvimento sustentável compreende três dimensões: a econômica, a social e a ambiental. Para que ela se concretize, é necessário que todos os atores empreguem esforços para contribuírem com a conquista dos 17 Objetivos e 169 metas estabelecidos pelo plano de ação.

Com a finalidade de que se saiba se os atores estão se mobilizando nesse sentido, é imprescindível que sejam feitas análises sobre a atuação destes, a fim de que se possa ter um indicador de sua taxa de progresso em direção aos ODS.

Dentre os 17 ODS previstos na Agenda 2030, que são todos interdependentes e de igual nível de importância, a presente pesquisa se dedicou a analisar especificamente o ODS 16, que promove sociedades pacíficas, acesso à justiça a todos e instituições eficazes, responsáveis e inclusivas.

Por sua vez, o Tribunal Penal Internacional é uma instituição que tem por objeto justamente promover uma sociedade pacífica, por meio da justiça, uma vez que busca pôr fim à impunidade de autores de crimes de maior gravidade.

Posto isso, tem-se que o papel que a Corte desempenha afeta diretamente as metas implicadas no ODS 16. Assim, fora feita uma pesquisa sobre a atuação da Corte, a fim de avaliar seu nível de contribuição para com alcance de cada meta.

Como resultado, foram encontrados pontos em que a atuação do TPI já age de acordo com as metas do ODS 16, bem como posturas divergentes à estas. Diante disso, para cada questão apontada foram apresentadas propostas de soluções a serem implementadas pela Corte, a fim de que possa auxiliar ainda mais no alcance do ODS16.

Por fim, mister se faz destacar a importância de que o desempenho do TPI siga sendo acompanhado, a fim de que seja possível acompanhar seu avanço, bem como propor soluções para melhorias, para que o ODS 16 chegue a ser uma realidade cada vez mais próxima, uma vez que

> *"(...)a promoção de sociedades pacíficas e inclusivas para o desenvolvimento sustentável, com a devida provisão de acesso à justiça para todos, com a construção de instituições eficazes, que de fato respondam aos anseios das pessoas em todo o mundo, são objetivos nobres e decisivamente fundamentais para o futuro do planeta e para o atingimento da paz".*

## Referências Bibliográficas

Abd-Al-Rahman Case, ICC-02/05-01/20. Disponível em: <https://www.icc-cpi.int/darfur/abd-al-rahman>. Acesso em: 18/07/2021.

Abu Garda Case, ICC-02/05-02/09. Disponível em <https://www.icc-cpi.int/darfur/abugarda>. Acesso em 17/07/2021.

ACCESS TO JUSTICE. COALITION for the International Criminal Court, s.d., *online*. Disponível em: https://www.coalitionfortheicc.org/global-challenges-ICC-access-to-justice. Acesso em: 29/07/2021.

Accountability and Justice for International Crimes in Sudan: A Guide on the Role of the International Criminal Court. REDRESS, 2007. Disponível em: https://redress.org/wp-content/uploads/2018/01/May-Accountability-and-Justice-for-International-Crimes-in-Sudan-A-Guide-on-the-Role-of-the-International-Criminal-Court.pdf. Acesso em: 25/07/2021.

Al Bashir Case, ICC-02/05-01/09. Disponível em <https://www.icc-cpi.int/darfur/albashir>. Acesso em 17/07/2021.

Al Hassan Case, ICC-01/12-01/18. Disponível em: <https://www.icc-cpi.int/mali/al-hassan>. Acesso em 17/07/2021.

Al Mahdi Case, ICC-01/12-01/15. Disponível em: <https://www.icc-cpi.int/mali/al-mahdi>. Acesso em: 17/07/2021.

Al-Werfalli Case, ICC-01/11-01/17.Disponível em: <https://www.icc-cpi.int/libya/al-werfalli>. Acesso em: 17/07/2021.

ANTOS, V. C.. A ATIVAÇÃO DA JURISDIÇÃO DO TRIBUNAL PENAL INTERNACIONAL (TPI) SOBRE CRIMES DE AGRESSÃO: HISTÓRICO E DESAFIOS. Orientador: Professor Dr. Eugênio José Guilherme de Aragão. 2019. 58 f. Monografia (Graduação em direito) - UNIVERSIDADE DE BRASÍLIA, Brasília, 2019. Disponívelem:https://bdm.unb.br/bitstream/10483/23571/1/2019_ViniciusCardosoSantos_tcc.pdf. Acesso em: 28/07/2021.

BACELAR GOUVEIA, Jorge. Direito Internacional da Segurança. Coimbra: Almedina, 2013.

Banda Case, ICC-02/05-03/09. Disponível em: <https://www.icc-cpi.int/darfur/banda>. Acesso em 17/07/2021.

BARNES, Gwen. The International Criminal Court's Ineffective Enforcement Mechanisms: The Indictment of President Omar Al Bashir. Fordham International Law Journal, Volume 34, Issue 6, 2011, Article 4. Disponível em: https://ir.lawnet.fordham.edu/cgi/viewcontent.cgi?article=2313&context=ilj. Acesso em: 27/07/2021.

Bemba Case, ICC-01/05-01/08. Disponível em <https://www.icc-cpi.int/car/bemba>. Acesso em 19/07/2021.

CHARLEAUX, João Paulo. Por que o Tribunal Penal Internacional só julga africanos. Nexo Jornal, 29/01/2016. Disponível em: https://www.nexojornal.com.br/expresso/2016/01/29/Por-que-o-Tribunal-Penal-Internacional-s%C3%B3-julga-africanos. Acesso em: 26/07/2021.

CIRILLO, Pasquale, TALEB, Nassim Nicholas. The Decline of Violent Conflicts: What Do the Data Really Say? The Nobel Foundation, Causes of Peace, Forthcoming; NYU Tandon Research Paper n. 2876315, 2016, Disponível em: Acesso em: 26/07/2021.

FEIJÓ; NEVES. A INFLUÊNCIA DO CONSELHO DE SEGURANÇA DA ONU NAS DECISÕES DO TRIBUNAL PENAL INTERNACIONAL: CASOS DO IRAQUE E DE DARFUR. Publica Direito, 2013. Disponível em http://publicadireito.com.br/artigos/?cod=98ecba69accf2944. Acesso em: 25/07/2021.

FREIRE E ALMEIDA, Daniel et al. Desafios de Governança Global nos Conflitos Bélicos e o Objetivo de Desenvolvimento Sustentável nº16. Santos: Ed. Leopoldianum, 2019. Disponível em: https://www.unisantos.br/wp-content/uploads/2019/10/governanca-global-conflitos-internacionais.pdf#page=115. Acesso em: 02/08/2021.

GOMES, Arthur Felipe Cerqueira; SPÍNOLA, Luiza Moura Costa, O fenômeno da retirada de países africanos do Tribunal Penal Internacional, 2017. Âmbito Jurídico. Disponível em:

https://ambitojuridico.com.br/edicoes/revista-158/o-fenomeno-da-retirada-de-paises-africanos-do-tribunal-penal-internacional/. Acesso em: 26/07/2021.

ICC President addresses United Nations General Assembly, calls for universal ratification of the Rome Statute. International Criminal Court, 2014. Disponível em: https://www.icc-cpi.int/Pages/item.aspx?name=pr1057. Acesso em: 01/08/2021.

JAMSHIDI, Maryam. A lacuna de aplicação: como o Tribunal Penal Internacional falhou em Darfur. Aljazeera, 2013. Disponível em: https://www.aljazeera.com/indepth/opinion/2013/03/201332562714599159.html. Acesso em 26/07/2021.

Katanga Case, ICC-01/04-01/07.Disponível em: https://www.icccpi.int/drc/katanga. Acesso em: 24/07/2021.

KAUL, H.-P. La Cour pénale internationale. Un jouet aux mains des pouvoirs politiques? Afrique Presse. 28 jan. 2016. Disponível em: <https://docplayer.fr/165411-La-cour-penale-internationale-un-jouet-auxmains-des-pouvoirs-politiques.html>. Acesso em: 25/07/2021.

Khaled Case, ICC-01/11-01/13. Disponível em: <https://www.icc-cpi.int/libya/khaled>. Acesso em: 22/07/2021.

KOWALSKI, Mateus (2011). "O Tribunal Penal Internacional. Reflexões para um teste de resistência aos seus fundamentos". JANUS.NET e-journal of International Relations, Vol. 2, N.º 2, Outono 2011. Disponível em: observare.ual.pt/janus.net/pt_vol2_n2_art6. Acesso em: 24/07/2021.

Mbarushimana Case, ICC-01/04-01/10 Disponível em: <https://www.icc-cpi.int/drc/katanga>. Acesso em 25/07/2021.

MIRANDA, João I. R.O modelo de cooperação do tribunal penal internacional. Prismas: Dir., Pol. Publ. e Mundial., Brasília, v. 7, n. 2, p. 103-135, jul./dez. 2010. Disponível em: researchgate.net/publication/315154435_O_modelo_de_cooperacao_do_tribunal_penal_internacional. Acesso em: 24/07/2021.

Mudacumura Case, ICC-01/04-01/12. Disponível em: <https://www.icc-cpi.int/drc/mudacumura>. Acesso em 23/07/2021.

NDUBUISI, Nwafor; ONORIODE, Mukoro Benjamin. ICC and Afrocentrism: The Laws, Politics and Biases in Global Criminal Justice. Disponível em: https://ugp.rug.nl/GROJIL/article/view/32078/29492. Acesso em: 25/07/2021.

Ngudjolo Chui Case, ICC-01/04-02/12. Disponível em <https://www.icc-cpi.int/drc/ngudjolo>. Acesso em 21/07/2021.

Ntaganda Case, ICC-01/04-02/06. Disponível em <https://www.icc-cpi.int/drc/ntaganda>. Acesso em:21/07/2021.

ODM, ODS, HEIN?. Portal ODS, s.d. Disponível em: http://portalods.com.br/odm-ods-hein/. Acesso em: 16/07/2021.

Ongwen Case, ICC-02/04-01/15. Disponível em: https://www.icccpi.int/uganda/ongwen. Acesso em: 22/07/2021.

Países africanos anunciam retirada do Tribunal Penal InternacionaL. Agência Angola Press, outubro de 2016. Disponível em: https://www2.stf.jus.br/portalStfInternacional/cms/destaquesClipping.php?sigla=portalStfNoticia_es_es&idConteudo=329506#:~:text=Em%2027%20de%20outubro%20de,Tribunal%20Penal%20Internacional%20(TPI).&text=%22Por%20consequ%C3%AAncia%2C%20a%20situa%C3%A7%C3%A3o%20exige,Internacional%22%2C%20concluiu%20a%20ministra. Acesso em: 18/07/2021.

PERES, Leonardo A. PODER E JUSTIÇA: A REDEFINIÇÃO DO TRIBUNAL PENAL INTERNACIONAL. 6º ENCONTRO NACIONAL DA ASSOCIAÇÃO BRASILEIRA DE RELAÇÕES INTERNACIONAIS, Belo Horizonte, 25 a 28 de julho de 2017.

República Democrática do Congo. COALITION FOR THE INTERNATIONAL CRIMINAL COURT. Disponível em: http://www.coalitionfortheicc.org/country/democratic-republic-congo. Acesso em: 28/07/2021.

ROBICHEZ, Juliette. A JUSTIÇA PENAL INTERNACIONAL E A ÁFRICA ANÁLISE CRÍTICA DO "AFROCENTRISMO" DO TRIBUNAL PENAL INTERNACIONAL. Científico. V. 18, N. 38, Fortaleza, jul./dez. 2018.

Ruto and Sang Case, ICC-01/09-01/11.Disponível em: https://www.icc-cpi.int/kenya/rutosang. Acesso em: 22/07/2021.

SHILAHO, Westen K. O TRIBUNAL PENAL INTERNACIONAL (TPI), IMPUNIDADE E A ASCENSÃO DE UMA MENTALIDADE DE CERCO NA CLEPTOCRACIA DO QUÊNIA. Revista Brasileira de Estudos Africanos e-ISSN 2448-3923 | ISSN 2448-3907 | v.2, n.3 | p. 53-77 | Jan./Jun. 2017. Acesso em:23/07/2021.

Said Case, ICC-01/14-01/21. Disponível em: https://www.icc-cpi.int/carII/said. Acesso em: 18/07/2021.

Simone Gbagbo Case, ICC-02/11-01/128. Disponível em <https://www.icc-cpi.int/cdi/simone-gbagbo>. Acesso em 22/07/2021.

The Role of the International Criminal Court in Ending Impunity and Establishing the Rule of Law. United Nations, s.d., *online*. Disponível em: https://www.un.org/en/chronicle/article/role-international-criminal-court-ending-impunity-and-establishing-rule-law. Acesso em: 29/07/2021.

USACKA, J.A. Promises Fulfilled? Some Reflections on the International Criminal Court in Its First Decade. Crim Law Forum 22, 473–492 (2011). https://doi.org/10.1007/s10609-011-9155-z. (p. 492).

WUTHNOW J., China and the ICC. The Diplomat, 07/12/2012. Disponível em: <thediplomat.com/2012/12/china-and-the-icc/>. Acesso em: 25/07/2021.

Yekatom and Ngaïssona Case, ICC01/14-01/18. Disponível em: https://www.icc-cpi.int/carII/yekatom-nga%C3%AFssona. Acesso em: 22/07/2021.

# ESTUDO COMPARADO ENTRE AS LEIS FOREIGN CORRUPT PRACTICE ACT E SARBANES-OXLEY ACT E A LEI Nº 12.846/2013 E SEUS IMPACTOS PARA A CRIAÇÃO DO COMPLIANCE

*Alder Thiago Bastos* [1]*

*Paulo Antonio Rufino de Andrade* [2]**

---

[1] * **Alder Thiago Bastos:**
-Doutorando em Direito Ambiental Internacional pela Universidade Católica de Santos – UNISANTOS, contemplado pelo programa de Bolsas pela CAPES.
-Mestre em Direito da Saúde – Dimensões Individuais e Coletivas pela Universidade Santa Cecília - UNISANTA.
-Especialista em Direito do Trabalho pela Escola Paulista de Direito e em Direito Processual Civil pela IBMEC.
-Presidente da Comissão de Direito Processual do Trabalho da OAB/SP, Subseção do Jabaquara.
-Advogado.
-Professor.

[2] ** **Paulo Antonio Rufino de Andrade**:
-Doutorando em Direito Ambiental Internacional pela Universidade Católica de Santos – UNISANTOS.
-Mestre em Direito (UNIMES).
-Especialista em Violência doméstica contra crianças e adolescentes, pela Universidade de São Paulo.
Servidor Público Municipal.
-Coordenador do Curso de Direito e Diretor da Faculdade Bertioga.

## Introdução

O Brasil, entre os anos de 2005 e 2015, deparou-se com uma série de escândalos políticos ligados a diversas operações de corrupção que culminaram em prisões de importantes políticos brasileiros e de grandes empresários ligados às empresas transnacionais investigadas nas operações policiais deflagradas neste período.

A comoção social provocada pelos atos de corrupção trouxe a implementação de duas legislações que visavam o combate de prática de corrupção, uma na seara empresarial, civil e administrativa, denominada "Lei Anticorrupção" (Lei nº 12.846/2013), em que se buscou consolidar a corresponsabilidade de pessoas jurídicas nacionais e estrangeiras nas boas práticas empresariais. Anos mais tarde também foi promulgada a Lei nº 13.934/2019 (denominada de "Pacote Anticrimes") que trouxe sensíveis alterações no Código Penal e nos crimes de corrupção quando deflagrado dentro da territorialidade brasileira[3].

Dentre os conceitos contidos na Lei Anticorrupção, foi a implementação da ferramenta *compliance* no meio empresarial, conforme leitura do art. 7º, Inciso VIII, da Lei nº 12.846/2013, trazendo uma responsabilidade que transcendem os meios privados, bem como também não se restringe à territorialidade brasileira.

---

[3] Em 2019, também houve mudanças no Código Penal com a promulgação da Lei nº 13.964, que foi denominada de "Pacote Anticrimes", que alterou o estatuto penal no que tange aos crimes de corrupção, contudo, por um recorte epistemológico, este não será alvo do presente estudo.

É de salientar que tais conceitos já se identificavam nas Leis Foreign Corrupt Practice Act e Sarbanes-Oxley Act, cujos pontos de convergências com a legislação brasileira é justamente as suas respectivas promulgações em meios aos escândalos que se identificavam nos idos de 1977, com a renúncia do então presidente Richard Nixon e em 2000, com a alteração dos balancetes financeiros da empresa Enron, chancelada pela então empresa de auditoria Arthur Andersen e a implementação de mecanismos legislativos para coibir o escárnio de corrupção alinhavada na política e no meio empresarial norte-americano.

É de se lembrar que a Foreign Corrupt Practice Act reconheceu a responsabilidade por atos de corrupção das empresas americanas, não apenas em território nacional, mas também das empresas com transnacionalidade, em que sua atuação não se restringisse aos solos americanos.

No mesmo sentido, foi a promulgação da Lei Sarbanes-Oxley Act também impunha responsabilidade às empresas nacionais ou transacionais americanas que alteram seus balancetes financeiros para se mostrar mais atrativas ao mercado de investidores.

Verifica-se grande similaridade dos pontos atacados pelas legislações acima, com a lei brasileira, sendo certo que, diante dos pontos de convergências existentes, justifica-se o presente estudo, por intermédio do direito comparado, a fim de centrar a importância das ferramentas de governança corporativa e, principalmente, de *compliance*, para uma higidez empresarial que assegura, ao mesmo tempo, a liberdade econômica, mas sem perder de vista a responsabilidade socioeconômica empresarial.

Esta pesquisa está amparada na metodologia de revisão bibliográfica, em referenciais publicados em meios digitais e físicos.

## 1. O Direito Comparado

De início, é de se lembrar que o sistema jurídico mundial contemporâneo, independentemente da sua regionalização, parte de um eixo comum, a Revolução Francesa ocorrida na Europa no fim do Século XVIII. Ela foi deflagrada contra os governos autoritaristas existentes à época e buscava centralizar as garantias sociais e liberdades individuais do cidadão.

Neste contexto, o ideário Liberdade, Igualdade e Fraternidade tomava conta da Europa do Século XVIII, tendo como principal objetivo a validação das liberdades individuais, inclusive no que tange às opiniões dos cidadãos dentro da participação coletiva junto ao Estado, rechaçando-se a ideia de que os acontecimentos eram simplesmente por vontade divina. Neste contexto, houve limitação do poder exercido pelo monarca enquanto chefe de Estado e buscou-se consolidar a contrariedade de expropriações abusivas e criação e cobrança de tributos de forma arbitraria (COMPARATO, 2015, p. 164).

De se ressaltar que, também houve uma mudança do paradigma que defendia o casamento arranjado, adotando-se o consentimento e o amor como meios para união matrimonial (BASTOS, 2019, p. 36), trazendo uma noção preliminar de proteção à opinião do homem e da mulher, enquanto cidadãos. Idêntica foi a postura ao preconizar o rudimentar direito ao exercício da liberdade de expressão, inclusive de cunho religioso (art. 10º, da Declaração Universal dos Direitos do Homem e do Cidadão, 1789).

Evidentemente que este movimento não era inédito, vinha das referências trazidas pela promulgação da Bill of Rights, de 1689, e da própria declaração da Independência Americana, de 1776, que criava um regime de governo (federalismo) que buscava conciliar os interesses dos estados-membros daquela nação, refletindo-se na Revolução Francesa que se desencadearia no ano de 1789 (COMPARATO, 2015, p. 106, 112-113 e 142-144).

A mudança paradigmal, como anota Eduardo Tomasevicius Filho também se dava porque a "economia estava em formação" com transformações significativas dos meios de produção a fim de justificar e fortalecer o capitalismo em razão da nova sistemática que se adotava à época. (2020, p. 23-25).

Verifica-se que é corriqueiro a aplicação do direito comparado, justificando a própria transposição do ordenamento jurídico baseado nas referências portuguesas, adotadas pelo Brasil, originária do Direito Romano (Civil Law). Como anotam Antonio Elian Lawand Junior e Luiz Sales do Nascimento (2020, p. 184): "A suma deste diálogo (aplicabilidade da norma jurídica internacional em âmbito interno soberano) versa, em termos gerais, sobre a formação da norma jurídica nacional a partir da norma jurídica internacional (ainda que soft law)".

Grande parte da estrutura constitucional brasileira é adotada pela implementação de normas editadas em outros países ou em textos consolidados como basilar à proteção humana (como por exemplo a Declaração Universal de Direitos Humanos, de 1948), com a internalização dentro do direito interno. Tal fenômeno, são os próprios "valores morais e políticos (fenômeno por vezes designado como materialização da Constituição), sobretudo em um sistema de direitos fundamentais autoaplicáveis" (MENDES e BRANCO, 2015, P. 53).

Referida técnica não é apenas adotada no âmbito constitucional, haja vista que diversas leis infraconstitucionais são editadas, justamente para consolidar o entendimento comportamental social contemporâneo e as regras de vivência social adotadas com base no atual entendimento da sociedade.

Segundo David Renê (2020, p. 37):

> *O direito comparado foi considerado por alguns como um simples aspecto da sociologia jurídica. Pondo umas certas reservas sobre este modo de ver, convém reconhecer que entre direito comparado e sociologia jurídica existem numerosos pontos de contacto e alguns domínios comuns. O direito comparado deve, em primeiro lugar, com a sociologia, procurar a medida em que o direito determina o comportamento dos homens, e o lugar que lhes reconhecem como factor de ordem social (sic).*

Portanto, de antemão, é possível constatar que a denominada de "Lei Anticorrupção", promulgada pela Lei nº 12.846/2013, sofreu grande referência de um direito comparado, sendo certo que tal legislação adota as premissas estabelecidas na Foreign Corrupt Practice Act e na Lei Sarbanes-Oxley Act, que sintetizam a impossibilidade de prática de corrupção em qualquer hierarquia governamental, bem como inadmite que o direito privado enfrente a boa-fé para mascarar atos escusos alinhavados na prática empresarial privada.

Conforme anota Eduardo Tomasevicius Filho (2020, p. 89): "(...) a boa-fé subjetiva é o objeto de proteção da boa-fé objetiva, pois não é lícito lesar a confiança legítima despertada em terceiros", verificando-se que a adaptação das *Foreign Corrupt Practice Act* e na Lei Sarbanes-Oxley Act no ordenamento jurídico nacional buscou centrar uma inadmissibilidade de práticas de corrupção e a responsabilização empresarial na adoção desta ou na omissão do combate previsto dentro do ambiente empresarial privado.

Portanto, evidencia-se a utilização do Direito Comparado como modelo referencial nas adoções das medidas administrativas transcritas no art. 7º, em especial no inciso VIII, da Lei nº 12.846/2013, que será tratado de forma mais acurada no próximo capítulo, mostrando a referência ao modelo adotado pelas legislações promulgada nos Estado Unidos da América.

## 2. *Foreign Corrupt Practices Act* e Lei Barbanes-Oxley

A Foreign Corrupt Practice Act é a legislação interna dos Estados Unidos da América com o objetivo de combater a corrupção dentro e fora dos limites fronteiriços daquele Estado. Ela foi promulgada em 1977 e se origina após a deflagração do escândalo que ficou conhecido como Watergate.

Os prolegômenos do mencionado escândalo são "evidenciados por uma série de condutas ilícitas realizadas pela classe política e empresarial do país" (tradução livre, SÁNCHES, 2018, p. 20), com pagamentos de propinas e subornos a funcionários públicos, tendo a referida legislação, segundo Demelsa Benito de Sánches, tendo como principal enfoque desincentivar à corrupção ativa e passiva dos meios políticos e empresariais evidenciados naquela oportunidade (2018, p. 20-21).

A corrupção e a manutenção ao poder, segundo Nuno M. M. S. Coelho e Helimara Moreira Lamounier Heringer impõe aumento de custos com negócios, desperdícios e ineficiência de recursos públicos, desigualdade social e aumento da pobreza e abala a confiança e pode deslegitimar o estado (2017, p. 167).

Contudo, como aponta Luciana Dutra de Oliveira Silveira, a aplicação da legislação *Foreign Corrupt Practice Act* foi sutil, tendo sido necessária a promulgação, anos mais tarde, especificamente em 2002, da Lei Barbanes-Oxley, trazendo um complexo de institutos jurídicos que refutaram a atuação de auditorias como meio de mascarar balancetes, acobertando-se prática de corrupção. Trata-se, pois, de um complemento às regras já instituídas em 1977 com o objetivo de minar práticas de corrução transfronteiriças (2018, p. 115-116).

A Lei Barbanes-Oxley foi deflagrada após um novo escândalo envolvendo as empresas Enron Corporation e a Auditoria Arthur Andersen.

Anota William Eustaquio de Carvalho (2004, p. 01) que a empresa Enron Corporation era uma das seis maiores no mundo no segmento de energia e foi à ruína porque não houve a isenção necessária à demonstração dos balancetes e ausência de transparência ao mercado de investidores, haja vista que foram manipulados resultados, sob à chancela da auditoria Arthur Andersen, que exercia, segundo o autor, papel de consultoria contábil e não de auditoria independente.

É de ressaltar, por oportuno, que as leis norte-americanas acima citadas são de caráter público e privado, não atingindo apenas aspectos de corrupção no âmbito público, haja vista que os Estados Unidos, especialmente em relação às empresas transacionais, consolidam um mercado de investimento através de bolsa de valores.

Portanto, a legislação aplicada no mercado norte-americano, próprio de um regime jurídico alinhavado pelo sistema *Common Law* que não tem um grande complexo de legislação positivada em ordenamento jurídico, vincula-se a um sistema de precedentes e de autonomia e independência de estados-membros, características herdadas da colonização e da independência dos Estados Unidos da América. (DAVID, 2000, p. 429) (RAMM, 201, P 2312-2313).

No entanto, quando houver comoção ou interesse nacional, é possível que o processo legislativo norte-americano positive os direitos e deveres a serem seguidos. Neste caso, em caráter excepcional, a legislação transpassa a independência dos estados subnacionais e tem vigência nacional (DAVID, 2000, p. 417).

Nesta toada, se tratando de lei que tem aplicação no meio público e privado, as penalidades descritas não estão restritas ao Estado Americano, podendo ser aplicada às empresas transacionais que, porventura, praticarem atos de corrupção fora dos Estados Unidos da América.

Um dos grandes marcos trazidos pela legislação e que tem sido difundido pelo mundo é a criação do mecanismo de *compliance*, que denota, em sua tradução literal como "andar de acordo com a lei", utilizando-se boas práticas empresariais e agindo em conformidade com as normas legislativa e com os próprios regimentos internos e/ou compromissos assumidos objetivando uma ação em conduta correta em meios empresariais públicos e privados e a efetivação da governança (LIMA, et al, 2020, p. 22).

Referido referencial foi adotado pela Lei nº 12.846, de 1º de agosto de 2013, que incorporou mecanismos próprios, em especial no âmbito público, para combater práticas de corrupção, o que será tratado com maior profundidade no próximo capítulo, mas demonstra que o estreitamento de medidas para combate de corrupção transpassa o ente público, refletindo, corriqueiramente, nas ações e da otimização de lucros de empresas, conforme dados levantados por Luciana Dutra de Oliveira Silveira (2017, p. 123-124).

## 3. Aspectos Gerais de Corrupção

O tema corrupção é um assunto recorrente e transpassa as eras humanas. A etimologia da palavra indica um declínio moral subvertido em busca de benefícios próprios, ainda que os interesses alinhavados não sejam, na sua essência, escusos, traduzindo em um privilégio injustificado ou imoral.

No entanto, embora a corrupção não seja uma novidade da era contemporânea, já se identificava sua passagem nas anotações de Nicolau Maquiavel, quando denota a sua existência em busca de poder e de prestígio para suprir as ganâncias humanas (2020, p. 25). Como afirma Tomás Várnagy (2006, p.74):

> *Em seu breve Draft of a Representation Countaining a Scheme of Methods for the Employment of the Poor [Anteprojeto de uma exposição com um esquema de métodos para o emprego dos pobres], de 1697, Locke afirma que o crescimento da pobreza deve-se ao "relaxamento da disciplina e à corrupção das condutas".*

Diversos Estados objetivam o combate dos atos de corrupção e a própria referência adotada neste estudo, com uma efetiva comparação entre as formas legislativas existentes no Brasil e nos Estados Unidos da América, demonstram que o enraizamento da temática corrupção não é privilégio de países pobres ou ricos, é uma situação que advém da própria fragilidade humana, como anotava Thomas Hobbes na frase emblemática frase "o homem é o lobo do homem" (LEAL e LEAL, 2017, p. 508).

Nos Estado Unidos da América houve a demonstração neste estudo que os atos que levaram a criação de mecanismo anticorrupção se deram após deflagrado o escárnio envolvendo o presidente Nixon, nos idos de 1970 e, anos mais tarde, com a fraude de balancetes da empresa Enron

Corporation que levou à sua falência, não sendo a corrupção um fato isolado ou limitado a países menos desenvolvimento cultural ou economicamente.

No Brasil, a corrupção é positivada expressamente como conduta reprovável em diversas legislações vigentes e, inclusive, penalizada em *ultima ratio*, conforme se depreende dos artigos 317 (corrupção passiva) e 333 (corrupção ativa) do Código Penal. Em território nacional, não apenas aquele que obtém vantagem indevida é penalizado, mas também o indivíduo que oferece vantagem indevida para obtenção de contraprestação ilegal ou reprovável.

Também foi internalizada a Convenção sobre o Combate da Corrupção de Funcionários Públicos Estrangeiros em Transações Comerciais, concluída em Paris, no ano de 1997, sendo internalizada no Brasil através do Decreto de nº 3.678/2000, trazendo uma demonstração da responsabilidade da pessoa física, bem como de empresas jurídicas que colaboram com a prática da corrupção.

A Lei nº 12.846, de 1º de agosto de 2013, por exemplo, adentra à legislação brasileira como uma forma de coibir condutas de corrupção praticadas por empresas nacionais ou transacionais, referendando-se o próprio referencial subscrito no artigo 2º da Convenção sobre o Combate da Corrupção de Funcionários Públicos Estrangeiros em Transações Comerciais de 1997, ao tratar de condutas de corrupção na administração pública, criou a possibilidade do acordo de leniência, com o objetivo de minar atos de corrupção e restituir os valores desviados aos cofres públicos.

Contudo, o que se percebe é que a evolução histórica impõe novas formas de corrupção ou uma reinvenção daquela existente, inclusive, por vezes com a incorporação de mecanismos tecnológicos e grandes equipes de especialistas que objetivam mascarar ou mesmo esconder os atos de corrupção.

Tamanha a sua relevância, é objeto de compromissos internacionais assumido pelo Brasil junto a ONU - Organização das Nações Unidas e, igualmente, na ODCE – Organização para a Cooperação e Desenvolvimento Econômico (OCDE), repercutindo em criações de mecanismos legislativos que tentam desestruturar o ato e as diversas facetas que se constrói em busca da obnubilação da prática corruptiva (FORTINI, SHERMAN, 2018, p. 98).

Neste cenário, é certo que a busca de práticas que coíbam a prática corruptiva torna-se nuclear, afinal de contas, a corrupção acaba por se tornar um círculo vicioso e quem tende a ser prejudicado por ele é a própria sociedade, além de impor riscos à credibilidade e fé as instituições de direito, como anotado nos diversos estudos referenciados neste trabalho.

Dentre os mecanismos adotado contemporaneamente para o combate da corrupção, tem crescido a conscientização populacional, a corresponsabilização das empresas na prática reprovável, bem como o mecanismo de compliance, que se mostra efetivo, porque traz uma norma de soft law em prol do próprio compromisso assumido, típico da característica adotada pela Lei Barbanes-Oxley.

Neste contexto, a corrupção é um marco a ser delineado e, especialmente, a ser combatido, sem perder de vista os impactos sociais que tal escárnio acarreta às diversas camadas sociais.

## 4. *Compliance;* Governança e a congruência com a Lei nº 12.846, de 1º de agosto de 2013

A palavra *compliance* tem origem inglesa e seu significado, em uma tradução literal, extrai-se o significado de "andar de acordo com a lei" (ANTONIK, 2016, p.47), tendo sido amplamente difundida no Brasil após deflagrações de operações de corrupção no meio político, a partir do ano de 2005.

A exemplo da própria referência americana trazida pela "*Foreign Corrupt Practices Act* – FCPA em 1977, conhecida como Lei Anticorrupção Transnacional" (SANTOS, LIEBL, 2020, P. 154), a Lei nº 12.846, de 1º de agosto de 2013, incorporou a essência do *compliance* quando expressamente previu no artigo 7º, Inciso VIII, que:

> *Art. 7º Serão levados em consideração na aplicação das sanções:*
> *(...)*
> *VIII - a existência de mecanismos e procedimentos internos de integridade, auditoria e incentivo à denúncia de irregularidades e a aplicação efetiva de códigos de ética e de conduta no âmbito da pessoa jurídica"*

Na esfera administrativa, a Lei nº 12.846/2013 prevê sanções administrativas severa às práticas empresariais lesivas ao Estado. A multa pecuniária às práticas lesivas pode alcançar entre "0,1% (um décimo por cento) a 20% (vinte por cento) do faturamento bruto do último exercício anterior ao da instauração do processo administrativo, excluídos os tributos, a qual nunca será inferior à vantagem auferida, quando for possível sua estimação", conforme redação do seu art. 6º, Inciso I.

A essência da legislação é a efetivação de mecanismos que suprisse a inexistência de responsabilidade nas práticas corruptivas pelas pessoas jurídicas, em consonância com o próprio compromisso internacional assumido pela internalização da Convenção sobre o Combate da Corrupção de Funcionários Públicos Estrangeiros em Transações Comerciais Internacionais, concluída em Paris, em 17 de dezembro de 1997, alcançada pela promulgação do Decreto de nº 3.678/2000 (RIBEIRO, DINIZ, 2015, p. 98):

Portanto, através do próprio referencial trazido das legislações promulgadas nos Estados Unidos da América, o Brasil adotou como meio de coibir práticas corruptivas a transferência desta fiscalização às empresas privadas, dentro das suas esferas de atuações, impondo que, se ela se beneficiar por qualquer prática de corrupção, poderá ser atingida no faturamento vislumbrado no exercício anterior (SANTOS, LIEBL, 2020, p. 154).

Em uma análise utilizando as bases de direito clássico, é possível questionar o excesso uma prática ou rotina empresarial que se busque apenas cumprir a lei, já que se partir para um conceito basilar, a lei é para ser cumprida, conforme preconiza o entendimento basilar subscrito no art.

5º, Inciso II, da Constituição Federal, que remolda o princípio da legalidade como direito fundamental, pétreo e inafastável.

Contudo, a inteligência da Lei nº 12.846/2013 é justamente imputar aquele que tenha melhor condições de fiscalizar atos lesivos, seja na própria empresa, seja a terceiros (aqui os entes públicos se incorporam), já que práticas lesivas podem acarretar prejuízos aos próprios interesses empresariais, impactando seus acionistas e sócios.

A legislação, ainda, não exclui a responsabilização individual da prática corruptiva por pessoas físicas, que são tratadas de forma própria no ordenamento penal brasileiro, com penas de reclusão a fim de coibir, também sob o viés individual, a prática de corrupção na seara criminal.

Marcia Carla Pereira Ribeiro e Patrícia Dittrich Ferreira Diniz (2015, p. 97-98) apontam que a análise empresarial percorre aspectos culturais e padrões de excelência como meio de alcançar uma análise econômica. As autoras classificam ainda a modalidade da Análise Econômica do Direito como sendo (2015, p. 92):

> *A Análise Econômica do Direito pode ser aplicada em qualquer área do direito e consiste essencialmente em "um movimento interdisciplinar, que traz para o sistema jurídico as influências da ciência econômica, especialmente os elementos valor, utilidade e eficiência" (RIBEIRO; GALESKI JÚNIOR, 2009, p. 69).*

É perceptível que o poder econômico não busca apenas o conteúdo econômico do produto ou do serviço prestado, ele também busca um engajamento cultural e legal, trazendo-se a importância da ciência do direito como meio de compor um valor econômico empresarial. Isto porque, dentro do caráter social da ciência do direito, busca alinhavar conceitos e práticas que visem as boas condutas sociais e uma preocupação com a sociedade.

A transparência, a ética e o compromisso empresarial assumido são valores agregados nos meios empresariais e tem repercussão imediata, não apenas pelo ordenamento jurídico positivado, mas também pela consciência da gama de consumidores que consomem os produtos e serviços utilizados destas empresas, sendo relevante em consonância com O Instituto Brasileiro de Governança Corporativa (IBGC, 2019, p.20/21).

Contudo, é certo que o direito busca fundamentar os acontecimentos do passado em busca de uma sociedade futura melhor e mais adequada à geração, nascendo a figura do *compliance* justamente desta interligação e deste acontecimento passado que geraram a necessidade de centrar as responsabilidades dos gestores públicos e dos empresários, não apenas no âmbito penal, mas também de forma administrativa, com sanções pecuniárias que desincentivem práticas contrárias à lei.

Nas palavras de Rafael Padilha Dos Santos e Helena Liebl (2020, 154):

> *O Programa Compliance consiste em um programa de integridade com o intuito de estabelecer uma conjuntura de atos institucionais, de gerenciamento, controle e regulamentação, promovendo a transparência e a redução do nível de risco de atitudes que violam os princípios de integridade, se adota ferramentas que impedem a ocorrência de casos de corrupção (RIBEIRO, 2016, p. 88).*

Neste contexto, torna-se evidente que a prática do *compliance* busca, em síntese, alinhavar a própria inexistência de atos ilegais, trazendo uma sanção àquela empresa que se beneficie deste, criando-se, dentro da própria legislação a possibilidade de acordo de leniência em prol da reversão do ilícito identificado (art. 16, Lei nº 12.846/2013).

Ademais, para complementar o conceito, as práticas de governança são essenciais, principalmente se pensar em uma prática que transpassa os limites fronteiriços decorrentes das empresas transacionais ou multinacionais.

Percebe-se que o espírito da Lei nº 12.846/2013 é justamente trazer um complexo de arranjos para que conceitos éticos e de transparência não seja enraizado apenas em âmbito nacional, buscando uma conscientização própria da globalização experimentada desde 1948.

## Considerações Finais

Verificou-se com o presente estudo que a Lei nº 12.846/2013 sofreu fortes influências das legislações *Foreign Corrupt Practice Act* e da Lei Barbanes-Oxley, ambas de origem norte-americana, cujo objetivo fulcral foi o de alinhavar o combate à prática de corrupção e busca consolidar a ética e a transparência no meio empresarial.

A promulgação da Lei nº 12.846/2013 reflete no compromisso internacional assumido através da ratificação e da internalização da Convenção sobre o Combate da Corrupção de Funcionários Públicos Estrangeiros em Transações Comerciais, concluída em Paris, no ano de

1997, sendo internalizada no Brasil através do Decreto de nº 3.678/2000. O momento da promulgação da lei brasileira com as norte-americanas se coincide no que tange aos escândalos deflagrados nos meios empresariais, públicos e políticos, com denúncias e investigações de práticas de corrupção.

As legislações brasileira e norte-americana ainda se convergem no raciocínio de que a fiscalização da prática de corrupção dentro dos limites empresariais se torna mais efetivo, transferindo a responsabilidade de fiscalização para o meio empresarial, com a aplicação de sanções pecuniárias pesadas objetivando a coibição do ato corruptivo, bem como redução destas penas quando demonstradas a prática de controle de atos lesivos à sociedade.

Nesta linha, o *compliance* e a governança começaram a tomar entonação, quando se verificam a sua ações institucionalizadas dentro das empresas, cujas suas práticas refletem em valor econômico ao próprio produto e serviço propagado pela empresa, em consonância com os princípios que são alinhavados neste estudo.

## Referências

ANTONIK, Luis Roberto. **Compliance, ética, responsabilidade social e empresarial: uma visão prática**. Rio de Janeiro: Alta Books, 2016.

CARVALHO. William Eustaquio de. Caso Eron: breve análise da empresa em crise. Publicado na Revista Migalhas, em 9 set. 2004. Disponibilizado em: https://www.migalhas.com.br/depeso/6852/caso-enron--breve-analise-da-empresa-em-crise. Acesso em 06 jun. 2021.

*COELHO, Nuno. HERINGER, Helimara Moreira Lamounier. Foreign Corrupt Practices Act: uma breve análise da lei que deu origem ao combate internacional da corrupção. Publicado em* Revista Jurídica vol. 01, n°. 46, Curitiba, 2017. pp. 164-187 DOI: 10.6084/m9.figshare.5172382. disponibilizado em: http://revista.unicuritiba.edu.br/index.php/RevJur/article/view/2004. Acesso em: 24 maio 2021

COMPARATO, Fábio Konder. A Afirmação Histórica dos Direitos Humanos. 11ª ed. São Paulo: Saraiva, 2017.

CONSTANTINESCO, Leontin-Jean. Tratado de direito comparado: introdução ao direito comparado. Rio de Janeiro: Renovar, 1995

CRISÓSTOMO, Vicente Lima. GIRÃO, Aline Maria Coelho. Análise do compliance das empresas brasileiras às boas práticas de governança corporativa. REVISTA AMBIENTE CONTÁBIL. Universidade Federal do Rio Grande do Norte.

DECLARAÇÃO UNIVERSAL DE DIREITOS DO HOMEM E DO CIDADÃO. Promulgada em 1789. Disponibilizada em: http://www.direitoshumanos.usp.br/index.php/Documentos-anteriores-%C3%A0-cria%C3%A7%C3%A3o-da-Sociedade-das-Na%C3%A7%C3%B5es-at%C3%A9-1919/declaracao-de-direitos-do-homem-e-do-cidadao-1789.html. Acesso em: 24 maio 2021.

ISSN 2176-9036. Vol. 11, n.2, Jul./Dez, 2019, Disponibilizada em: https://periodicos.ufrn.br/ambiente/article/view/16369/11849. Acesso em: 24 maio 2021.

CRISTÓVAM, José Sérgio dos/ BERGAMINI, José Carlos Loitey. Governança corporativa na Lei das Estatais: aspectos destacados sobre transparência, gestão de riscos e compliance. Rev. Direito Adm., Rio de Janeiro, v. 278, n. 2, p. 179-210, maio/ago. 2019. Disponibilizado em: http://bibliotecadigital.fgv.br/ojs/index.php/rda/article/view/80054/76588. Acesso em: 24 maio 2021.

DAVID. RENÉ. Os grandes sistemas do direito contemporâneo. Direito Comparado. Traduzido por Hermínio A. Carvalho. 2ª Edição. Editora Meridiano, Limitada. Lisboa: Portugal. Ano de 2000.

FORTINI, Cristiana; SHERMAM, Ariane. Corrupção: causas, perspectivas e a discussão sobre o princípio do bis in idem. Revista de Investigações Constitucionais, Curitiba, vol. 5, n. 2, p. 91-112, mai./ago. 2018. Disponível em: DOI: 10.5380/rinc.v5i2.57614. Acesso em: 24 maio 2021.

INSTITUTO Brasileiro de Governança Corporativa. **Código das Melhores Práticas de Governança Corporativa**. Disponível em: https://conhecimento.ibgc.org.br/Lists/Publicacoes/Attachments/21138/Publicacao-IBGCCodigo-CodigodasMelhoresPraticasdeGC-5aEdicao.pdf. Acesso em: 22 de Junho de 2021.

LAWAND JUNIOR. Antonio Elian. NASCIMENTO, Luiz Sales do. O Papel dos Organismos Não-Governamentais no Direito Comparado. Revista Direito e Justiça: Reflexões Sociojurídicas Santo Ângelo v. 20, n. 38, p. 179-192, set./dez. 2020. Disponibilizado em: http://san.uri.br/revistas/index.php/direitoejustica/article/view/164/48. Acesso em: 24 maio 2021

LEAL, Mauro Lopes. LEAL, Julie Christie Damasceno. O homem, Lobo do próprio homem: diálogos entre Hobbes e Chalámov. Revista Opinião Filosófica. V. 8, n.2, 2017: Hegel-Marx e a contradição que move a história. Disponibilizado em: https://opiniaofilosofica.org/index.php/opiniaofilosofica/issue/view/16. Acesso em: 24 maio 2021.

SÁNCHES, Demelsa Benito. La Lucha Contra La Corrupción Transnacional: El Papel De La Foreign Corrupt Practices Act. Publicado em Revista Paradigma, Ribeirão Preto-SP, a. XXIII, ,v. 27, n. 3 , p. 16-42, set/dez 2018 ISSN 2318-8650. Disponibilizado em: https://revistas.unaerp.br/paradigma/article/view/1344/pdf. Acesso em: 24 maio 2021.

SANTOS, Rafael Padilha dos. LIEBL, Helena. COMPLIANCE E GOVERNANÇA CORPORATIVA: estratégias para uma gestão socioambiental. Revista Húmus. Vol. 10, num. 29, 2020. Disponibilizada em:

http://www.periodicoseletronicos.ufma.br/index.php/revistahumus/article/view/14027/7839. Acesso em: 24 maio 2021.

SANTOS, Rafael Padilha dos. LIEBL, Helena. COMPLIANCE E GOVERNANÇA CORPORATIVA: estratégias para uma gestão socioambiental. Revista Húmus. vol. 10, num. 29, 2020. Disponibilizado em: http://www.periodicoseletronicos.ufma.br/index.php/revistahumus/article/view/14027. Acesso em: 24 maio 2021.

SILVA, Marcos Ricardo Cruz da. MONTEIRO, Augusto de Oliveira. Restruturação Da Governança Corporativa E De Compliance Em Uma Situação De Crise: O Caso Da Odebrecht S.A. Revista Gestão e Planejamento, Salvador, v. 20, p. 420-436, jan./dez. 2019. Disponibilizado em: https://revistas.unifacs.br/index.php/rgb/article/view/5652/3823. Acesso em: 24 maio 2021.

SILVEIRA, Luciana Dutra de Oliveira. A nova geração de leis anticorrupção: os possíveis impactos da Lei da Empresa Limpa para o comércio internacional brasileiro. Tese de Doutorado em Direito defendida perante a Pontifícia Universidade Católica de São Paulo (PUC-SP), disponibilizado em: https://sapientia.pucsp.br/handle/handle/21623. Acesso em: 24 maio 2021

USA. Department of Justice. Cláusulas Anti-Suborno e sobre Livros e Registros Contábeis da Lei Americana Anti-Corrupção no Exterior: Atualizada até a Lei de Direito Público Pub. L. 105-366. De 22 de julho de 2004. Disponível em: https://www.justice.gov/sites/default/files/criminal-fraud/legacy/2012/11/14/fcpa-portuguese.pdf. Acesso em: 24 maio 2021

_______. Foreign Corrupt Practices Act. De 13 de janeiro de 2017. Disponível em: https://www.justice.gov/criminal-fraud/foreign-corrupt-practices-act. Acesso em: 24 maio 2021.

VÁRNAGY, Tomás. O pensamento político de John Locke e o surgimento do liberalismo. En publicacion: Filosofia política moderna. De Hobbes a Marx Boron, Atilio A. CLACSO, Consejo Latinoamericano de Ciências Sociales; DCP-FFLCH, Departamento de Ciencias Políticas, Faculdade de Filosofia Letras e Ciências Humanas, USP, Universidade de São Paulo.

2006. ISBN: 978-987-1183-47-0. Disponibilizado em: http://biblioteca.clacso.edu.ar/clacso/se/20100603074417/04_varnagy.pdf. Acesso em: 24 maio 2021

ZATTONI, A., & CUOMO, F. (2008). Why Adopt Codes of Good Governance? A Comparison of Institutional and Efficiency Perspectives. Corporate Governance: An International Review, 16(1), 1-15. Disponibilizado em: Doi:10.1111/j.1467-8683.2008.00661. Acesso em: 24 maio 2021.

# CRIMINALIDADE ORGANIZADA GLOBAL E A LAVAGEM DE CAPITAL NAS OPERAÇÕES DE CABO

***Waldir Viana Ribeiro Junior*** [1*]

## Introdução

O presente artigo tem o objetivo de relacionar como paralelos os crimes de organização criminosa e lavagem de dinheiro, em suas modalidades transnacionais, como desdobramentos diretos do fenômeno da globalização que afeta a humanidade em todos os aspectos, econômica, social, cultural, entre outros. A macrocriminalidade organizada é movida pela logicidade econômica, buscando obter o maior lucro possível com suas atividades ilícitas, para que seus membros possam usufruir do conforto que bens e serviços podem propiciar. Para tanto, se faz necessária a lavagem de dinheiro, objetivando dar aparência de que ele tenha sido auferido licitamente.

Nesse contexto, ganharam espaço as operações de *dólar cabo* (ou *euro cabo*), capazes de fazer com que enormes somas de dinheiro obtido com crimes *traspassem* as fronteiras dos países, rumo a *paraísos fiscais*, com o emprego de empresas *offshores*, por meio de um sistema internacional de

---

[1] * **Waldir Viana Ribeiro Junior**:
-Juiz de Direito do Poder Judiciário do Estado da Bahia.
-Mestrando em Direito Internacional dos Direitos Humanos, na Universidade Católica de Santos.

compensações clandestinas, operadas por *doleiros*, que usam ferramentas sofisticadas da tecnologia da informação, tudo em questão de horas, sem que as autoridades dos Estados respectivos possam sequer notar.

A comunidade internacional tem se mobilizado e institucionalizado regimes jurídicos que tendem a padronizar as medidas de direito penal, buscando eficácia na prevenção e repressão dessas práticas, inclusive no que se refere aos mecanismos de inteligência financeira. Embora o Brasil participe dessas discussões internacionais, ainda falta empenho por parte dos poderes políticos domésticos, inclusive quanto à celeridade da internalização dessas normas, o que causa grandes embaraços nas atividades dos órgãos e instituições nacionais com atribuição para esse enfrentamento legal.

A prática que modernamente se convencionou no jargão jurídico nominar de *dólar cabo* (mais usual), ou *euro cabo,* consiste em um mecanismo usado para se remeter dinheiro para o exterior sem o registro legalmente exigido da operação perante a autoridade competente, por meio de sistemas clandestinos de compensações contábeis, que são operados por agentes altamente especializados e que atuam à margem da lei, agindo de modo internacionalmente articulado entre si, contando com estruturas jurídicas baseadas em países conhecidos como *paraísos fiscais*, nos quais operam dentro da legalidade local.

No Brasil, as atividades de câmbio imprescindem de autorização específica da autoridade financeira, o Banco Central do Brasil – BACEN, consoante Art. 10, inciso X, alínea "d", primeira parte, da Lei 4.595/64 (que estrutura o Sistema Financeiro Nacional).[2] Embora as operações regulares de remessa de moeda ao exterior, por meio da instituições autorizadas, não exijam prévia autorização, elas devem, necessariamente, ser objeto de registro, para fiscalização a posteriori pelo BACEN, conforme disciplina a Autarquia na Circular nº 3.691, de 16 de dezembro de 2013, Artigo 58.[3]

Por essa razão, embora o recurso ao *mercado negro* de câmbio não seja, necessariamente, um meio para lavar dinheiro auferido com atividades ilícitas, as operações de cabo têm ganhado um espaço crescente no atual contexto evolutivo da criminalidade organizada, sobretudo a transnacional. Trata-se de *efeito colateral* do fenômeno da globalização, agravado com as facilidades propiciadas a essas organizações espúrias pelos avanços da tecnologia da informação.

Três foram as formas desenvolvidas pelos *doleiros* (operadores profissionais desse sistema clandestino de câmbio de moedas: 1) dólar cabo simples ou sem *clarance;* 2) dólar cabo *clearence. e;* e 3) dólar cabo reverso.

A forma mais antiga e usual é o *dólar cabo simples* ou *sem clearence*. Desejando remeter clandestinamente dinheiro para o exterior, um lavador entrega a um doleiro uma determinada quantia em reais e pede que ele

---

[2] Art. 10. Compete privativamente ao Banco Central da República do Brasil: [...] X - Conceder autorização às instituições financeiras, a fim de que possam: [...] d) praticar operações de câmbio, crédito real e venda habitual de títulos da dívida pública federal, estadual e municipal, ações Debêntures, letras hipotecárias e outros títulos de crédito ou mobiliários.

[3] Art. 58 As instituições autorizadas a operar em câmbio devem manter a base de dados de suas operações de câmbio atualizada e disponível ao Banco Central do Brasil, observado que a referida base de dados substitui, para todos os fins e efeitos, o documento Registro Geral de Operações de Câmbio (RGO).

disponibilize, no exterior (quase sempre em um paraíso fiscal), o equivalente em dólar. Graças aos serviços do doleiro, o lavador consegue ter ao seu dispor, em uma conta bancária no exterior (em país considerado paraíso fiscal), o equivalente em moeda estrangeira forte, dólar americano ou euro, num prazo médio de 48 horas, sem que exista, de fato, uma transposição do dinheiro às fronteiras internacionais, nem mesmo eletronicamente.[4]

Casos há em que o mesmo mecanismo é usado para percorrer o *caminho oposto* (como vimos, o dinheiro não chega a ser movimentado efetivamente de um país ao outro), ocasiões em que se convencionou nominar *dólar cabo reverso,* ou *operação cabo revertido.* Em casos assim, alguém que pretenda trazer irregularmente dinheiro que se encontra no exterior em moeda estrangeira para o Brasil, contata um doleiro, que lhe entregará aqui o equivalente em reais, seja em espécie (*casch*), seja mediante transferência bancária interna. O doleiro receberá como contrapartida a transferência dos dólares, lá no exterior, de uma conta do lavador para uma que lhe pertença, ou de um outro doleiro parceiro por ele indicado.

Digna de nota é a descrição da operação de cabo inverso, feita pelo Ministério Público Federal, no bojo da denúncia oferecida em 10 de setembro de 2014, perante o Juízo da 13ª Vara Federal de Curitiba, Seção Judiciária do Paraná, em face de um conhecido doleiro envolvido em

---

[4] MENDRONI, Marcelo Batlouni. Crime de lavagem de dinheiro. 3 ed. São Paulo: Atlas, 2015.

rumorosos casos de corrupção de agentes públicos do alto escalão da República e empresários de grande envergadura financeira.

Inversamente, quando o *doleiro* fecha um negócio de compra de moeda estrangeira por, exemplo, dólar, ele indica para o fornecedor dos dólares (seja uma empresa de remessa internacional de recursos, um outro *doleiro* do seu conhecimento ou alguma pessoa de sua confiança), em qual de suas contas receberá o cabo (*incoming wire*), simultaneamente entregando reais que detém no Brasil para o fornecedor, no câmbio combinado, seja fisicamente (*cash*) ou através de um cheque ou depósito na conta indicada pelo cliente.[5]

Uma outra forma desenvolvida pelos operadores desse mercado ilícito de câmbio é o cabo *clearence*. Essa forma envolve concurso de dois ou mais doleiros, que intermedeiam operações interligadas e contrapostas de *compra e venda* de seus respectivos clientes. O doleiro **A** possui um cliente que deseja converter reais em moeda estrangeira e remeter para o exterior. Ele contactará o doleiro **B**, seu conhecido que, por seu turno, tem um cliente que possui uma quantia equivalente em dólar (ou euro) no exterior e deseja receber o equivalente em reais, aqui no Brasil. Por meio de uma compensação clandestina, o cliente do doleiro **A** terá aberta, em seu nome, uma conta num banco naquele mesmo país (paraíso fiscal) e para a qual será transferido o montante em moeda estrangeira. O cliente do doleiro **B**,

---

[5] Disponível em: <https;///processo-penal-11/denuncia/arquivo>. Acesso em: 13 out. 2020.

em contrapartida, terá disponibilizado para si, aqui no Brasil, o montante em reais.

Atenta à existência arraigada da prática dos cabos por *clearing*, a autoridade financeira nacional (Banco Central do Brasil – BACEN) assim identifica as operações em que:

> *o doleiro aproveita a existência simultânea de clientes nas duas posições anteriores e determina a troca de recursos entre esses clientes, no Brasil e no exterior, atuando como um 'banco de compensações' (clearing), isto é, movimentando recursos sem que nada passe por contas de sua titularidade. Isso se torna mais complexo quando mais de um 'doleiro' entram em ação emprestando entre si recursos, ou harmonizando clientes em posições opostas, numa mesma operação.*[6]

Em todas as formas, as operações dólar cabo conseguem dificultar a fiscalização e detecção por parte dos sistemas de monitoramento e fiscalização, inclusive da Unidade de Inteligência Financeira, papel exercido aqui pelo Conselho de Controle de Atividades Financeiras – COAF, como mais adiante se verá.

## 1. O Fenômeno da Globalização e a Transnacionalização da Criminalidade Organizada e da Lavagem de Dinheiro

Os fenômenos criminalidade organizada e lavagem de dinheiro parecem ser indissociáveis, não se podendo prescindir de um prévio

---

[6] Disponível em: <https://conteudojuridico.com.br/consulta/Dicion%C3%A1rio%20Jur%C3%ADdico/23478/dolar-cabo^> Acesso em: 13 out. 2020.

enfrentamento de algumas questões conceituais e históricas do primeiro, quando se pretende estudar aspectos inerentes ao segundo, seja com enfoque interno de um dado país, seja com enfoque transnacional. Para Pitombo:

> *Crime organizado e lavagem de dinheiro mostram-se temas tão interligados que parece impossível escrever sobre um sem analisar o outro. E, de fato, o começo do estudo depende da delimitação do problema do crime organizado e da superação de algumas questões a ele relacionadas.*[7]

No contexto genuinamente brasileiro, estudos indicam que o fenômeno denominado *cangaço* foi verificado no sertão de vários Estados do Nordeste brasileiro, na primeira metade do século XX. Os *cangaceiros* agiam em grupos, de forma organizada e hierarquizada, praticando crimes e dotados de viés econômico, como extorsões e roubos, saqueando cidades inteiras. O cangaço teve na pessoa de Virgulino Ferreira da Silva, o *Lampião*, seu maior expoente.[8] Apesar de todas as dificuldades experimentadas pelas forças de segurança, elas lograram, ao cabo de mais de duas décadas, aniquilar o *cangaço* no sertão nordestino.

Ainda no final da primeira metade do século XX, dessa feita em ambientes eminentemente urbanos, sobreveio uma modalidade bem mais estruturada e sólida de organização criminosa, cuja finalidade era a

---

[7] PITOMBO, Antônio Sérgio A. De Morais, Lavagem de dinheiro: a tipicidade do crime antecedente. São Paulo: Revista dos Tribunais, 2003, p. 21.

[8] SILVA, Eduardo Araújo. Crime organizado: procedimento probatório. São Paulo: Atlas, 2003, p. 25.

exploração de loterias privadas e clandestinas (*jogo do bicho*), atividade esta que passou a ser reprimida penalmente no início da década de 1940, sendo tipificada como *contravenção penal* (Decreto Lei 3.688/1941 e Decreto Lei 6.259/1944), que punia todos os envolvidos nessa atividade de forte expressão econômica. Não obstante a repressão penal, o poder econômico auferido por esses grupos de contraventores permitiu que eles continuassem a crescer de forma estruturada, perenizando-se no seio social desde meados da década de 1980, sobretudo por meio da corrupção das autoridades públicas.[9]

Contudo, foi entre o final das décadas de 1970 e 1990 que o crescimento das organizações criminosas se deu de forma mais rápida e acirrada, escapando ao controle do aparato estatal de segurança pública. Justamente na região Sudeste, a mais populosa e economicamente desenvolvida do País, notadamente nos Estados do Rio de Janeiro (Comando Vermelho – CV e Terceiro Comando – TC) e São Paulo (Primeiro Comando da Capital – PCC), que se formaram e se desenvolveram como as principais estruturas criminais organizadas que, até os dias que correm, dominam o comércio ilícito de drogas e armas, roubos de cargas e ações contra instituições financeiras, sequestros, homicídios, entre outros.[10]

Contemporaneamente, o mundo viu surgir o fenômeno da *globalização,* que alterou profundamente as relações entre as sociedades e

---

[9] BARROS, Marco Antonio de. Lavagem de capitais e obrigações civis correlatas. São Paulo: Rd; RT, 2004, p. 27-28.

[10] SILVA, Eduardo Araújo. Crime organizado: procedimento probatório. São Paulo: Atlas, 2003, p.26.

respectivos Estados, com infindáveis implicações no cenário internacional, impulsionando novas maneiras de interações entre os indivíduos, entre organizações, entre estas e os Estados, e entre os próprios Estados.[11]

Por se tratar de um fenômeno extremamente complexo e multifacetado, permeando os mais diversos aspectos das relações humanas e interinstitucionais, públicas e privadas, a globalização também impôs limitações aos mecanismos de controle social, até então fortemente atrelados ao conceito de territorialidade do Direito Penal e Processual Penal, construída sob o clássico conceito de soberania dos diversos Estados que, em termos mais gerais, detinham o monopólio da jurisdição sobre os indivíduos que se encontrassem dentro de seus respectivos territórios e aos fatos que lá se passassem, no todo ou em parte.

Para essa perspectiva, nos chama a atenção Pitombo:

> *Importante, assim, ressaltar a nova dimensão dada ao crime organizado pelo tráfico ilícito de entorpecentes, o qual incrementou as atividades criminosas transnacionais. A título de exemplo, podem-se observar as múltiplas ramificações entre as máfias italianas (Camorra, Cosa Nostra, N'dranghetta, Sacro Corona Unita), a máfia japonesa Yacusa, o crime organizado norte-americano, as organizações criminosos russas, os cartéis colombianos, as tríades orientais, as gangues nigerianas, dentre outras.*[12]

---

[11] GONÇALVES, Alcindo. O conceito de governança. Disponível em: <http://conpedi/manaus/arquivos/anais/XIVCongresso/078.pdf>. Acesso em 24 out. 2020.

[12] PITOMBO, Antônio Sérgio A. De Morais, Lavagem de dinheiro: a tipicidade do crime antecedente. São Paulo: Revista dos Tribunais, 2003, p. 26-27.

A globalização, ao que parecem concordar os estudiosos das ciências econômicas, políticas, militares e jurídicas, restringiu sensivelmente o conceito de soberania estatal. Por mais que vigiem física e eletronicamente suas fronteiras, ainda que contando com avançados aparatos tecnológicos – como sistemas de captação e transmissão de imagens em tempo real por satélites espaciais, nenhum país é capaz de exercer um nível desejável de controle sobre quem ou o que entra e sai de seu território.

A globalização leva cada vez mais indivíduos, empresas e associações de vários matizes a atuarem internacionalmente, para além de suas fronteiras. Nesse sentido, é inevitável que alguns atuem ilicitamente, fazendo com que o crime organizado deixe cada vez mais de atuar de forma local, para fazê-lo de forma transnacional, despertando a preocupação da comunidade mundial para esses *efeitos colaterais*, circunstâncias nocivas e indesejadas que desdobram das recentes mudanças impostas por essa nova realidade social, política, econômica e cultural.

A partir dessa percepção, a comunidade internacional consertou reação institucional a essa crescente modalidade de criminalidade, mediante a edição da Convenção das Nações Unidas Contra o Crime Organizado Transnacional, em 15 de novembro de 2000, então denominada Convenção de Palermo. Tal normativa internacional traçou a diretriz conceitual a ser observada pelos Estados-partes, em seu Artigo 2º, composto pelo seguinte conjunto semântico:

> *(a) 'Grupo criminoso organizado' - grupo estruturado de três ou mais pessoas, existente há algum tempo e atuando concertadamente com o propósito de cometer uma ou mais infrações graves ou enunciadas na*

> *Convenção, com a intenção de obter, direta ou indiretamente, um benefício econômico ou outro benefício material; (b) 'Infração grave' – ato que constitua infração punível com uma pena de privação de liberdade, cujo máximo não seja inferior a quatro anos ou com pena superior; (c) 'Grupo estruturado' – grupo formado de maneira não fortuita para a prática imediata de uma infração, ainda que seus membros não tenham funções formalmente definidas, que não haja continuidade na sua composição e que não disponha de uma estrutura elaborada.*

Dentre muitos aspectos juridicamente relevantes, destaca-se que a Convenção de Palermo adotou um critério amplo, abarcando no Direito Penal Internacional tanto aqueles delitos classicamente considerados como internacionais, por afrontarem a um bem jurídico transnacional e terem como vítimas a própria humanidade (por exemplo, o genocídio e o tráfico internacional de seres humanos), como aqueles que, embora afrontem bens jurídicos limitados a alguns, ou, mesmo a um único Estado, tenham os atos componentes da conduta delitiva praticados em dois ou mais países distintos. Daí a designação *ilícitos penais internacionais*.[13]

No Brasil, a internalização da Convenção da ONU sobre crime organizado se deu por conduto do Decreto Legislativo nº 231, de 29 de maio de 2003, seguido do Decreto Presidencial nº 5.015, de 12 de março de 2003, que a promulgou. Hodiernamente, a tipificação do crime de organização

---

[13] SANCTIS, Fausto Martin De. Crime organizado e lavagem de dinheiro: destinação de bens apreendidos, delação premiada e responsabilidade social, 2 ed. São Paulo: Saraiva, 2015.

criminosa no Direito Penal brasileiro consta da Lei 12.850, de 12 de agosto de 2013, que tipifica e sanciona as condutas em seu artigo 1º, *in verbis*:

> *§ 1ºConsidera-se organização criminosa a associação de 4 (quatro) ou mais pessoas estruturalmente ordenada e caracterizada pela divisão de tarefas, ainda que informalmente, com objetivo de obter, direta ou indiretamente, vantagem de qualquer natureza, mediante a prática de infrações penais cujas penas máximas sejam superiores a 4 (quatro) anos, ou que sejam de caráter transnacional.*
> *§ 2º Esta Lei se aplica também:*
> *I- às infrações penais previstas em tratado ou convenção internacional quando, iniciada a execução no País, o resultado tenha ou devesse ocorrer no estrangeiro, ou reciprocamente;*
> *II- às organizações terroristas, entendidas como aquelas voltadas para a prática dos atos de terrorismo legalmente definidos.*

No contexto do liame que une a criminalidade organizada e a lavagem transnacional de dinheiro, maior destaque há de se atribuir à economicidade, enquanto elemento estrutural componente do conceito de organização criminosa concebido na Convenção de Palermo. Tais atividades só podem ter por finalidade a auferição de lucro, grandes ganhos financeiros ou patrimoniais. E, se há uma proximidade tal entre as figuras típicas e conceituais de organização criminosa e lavagem de dinheiro, o combate a esta se revela também eficaz enfrentamento daquela.[14]

A lógica clássica da subjetividade da persecução penal da pessoa do infrator, calcada na pessoalidade da pena criminal corporal, deve ceder

---

[14] Idem.

margem de espaço a novas políticas criminais, com proeminência na busca por valores e bens auridos com as atividades espúrias.[15]

Essa prevalência da logicidade econômica, que impele as atividades das organizações criminosas, certamente, não tem passado ao largo das instituições brasileiras com atribuição para preveni-las e reprimi-las, é certo. É preciso que suas estruturas funcionais sejam dotadas de profissionais especializados nesse tipo de investigação, que sejam auxiliados por pessoal técnico preparado e que possam dispor das ferramentas e meios compatíveis com a complexidade que se posta, tendo-se em vista que a recuperação pelo Estado desse dinheiro acaba por compensar, em muito, os recursos orçamentários destinados.

## 2. Operações de Cabo como Meio de Lavagem de Dinheiro pela Criminalidade Organizada Transnacional

O tema lavagem de dinheiro tem grande destaque na agenda internacional da atualidade. A globalização irradiou seus efeitos para todas as áreas, e a transnacionalidade do crime hoje é evidente. Segundo Sieber (2008, p. 271):

> *(...) proporciona novas de execução de crimes que ultrapassam fronteiras, levando o direito penal a seus 'limites territoriais' e exigindo novos modelos de um direito transnacional eficaz. O crime de lavagem de dinheiro, por ter como inerente ao tipo penal a ocultação, tem na estrutura em diferentes jurisdições*

[15] SAADI, Ricardo Andrade e MACHADO, Diogo de Oliveira: Revista Direito GV, São Paulo, V. 13 N.2, 484-519, mai./ago., 2017.

> *uma maneira eficaz e bastante utilizada no sentido de dificultar a investigação do delito.*[16]

O comportamento de alguns países se apresenta como um grande dificultador do enfrentamento da macrocriminalidade organizada. Partindo da lógica capitalista, que busca menores custos de produção e maior lucratividade, determinados Estados passaram a oferecer baixíssima tributação e alto grau de sigilos fiscal e bancário. Indo além disso, esses Estados removeram procedimentos legais de fiscalização contábil, com o que restaram por se tornar verdadeiros instrumentos usados para a lavagem de dinheiro auferido com práticas criminosas de diversos matizes, tais como sonegação fiscal, fraude contra o sistema financeiro, corrupção de agentes públicos, tráfico ilícito de drogas, armas e, até mesmo, de seres humanos. São os denominados *paraísos fiscais* (*tax havens*).

A doutrina que se debruça sobre o tema procura estabelecer critérios para definir um país como sendo *paraíso fiscal*, e, assim, merecedor de maior atenção das autoridades dos demais Estados quanto às movimentações financeiras de pessoas físicas e jurídicas, a partir de seus territórios e tendo como destinos, finais ou não, *paraísos fiscais*. Traços característicos mais acentuados seriam o baixo custo para a abertura e manutenções de empresas e a ausência de sistema de tributação clássico, sendo possível a existência de *empresas de papel*, que não possuem sede

---

[16] ANSELMO, Márcio Adriano. O ambiente internacional do combate à lavagem de dinheiro. Revista de informação legislativa: Brasília, a 47, n. 188, out/dez 2010. p. 357/358.

física ou funcionários, apenas uma caixa postal para receber os extratos bancários. Nas Ilhas Cayman, por exemplo, a abertura de um banco é possível mediante o pagamento de uma taxa anual de US$ 15.000,00.[17]

O Brasil adota, para fins de atenção necessária dos órgãos de polícia administrativa tributária e financeira, um critério objetivo. O rol de países tidos como *paraísos fiscais* consta de ato normativo próprio, a Instrução Normativa RFB nº 1.037, de 4 de junho de 2010, cujo Artigo 1º elenca atualmente 61 Estados (a última atualização, INRFB nº 1896, de 27 de junho de 2019, excluiu a República de San Marino).

Esse ambiente exageradamente flexível permite também a existência de outra figura legal usada como instrumento de branqueamento de capital, realizado pelas organizações criminosas transnacionais. Os *centros offshore* (ou empresas *offshore*), constituídos legalmente no âmbito dos *paraísos fiscais*, na verdade, são pessoas jurídicas cujos titulares não são residentes naqueles países e nem praticam quaisquer atividades produtivas (serviços ou bens) nos locais de suas sedes. Seus atos constitutivos contam com o sigilo nas leis locais e com a falta de acordos de cooperação internacional. São entidades abstratas, geridas por procuradores locais, dificultando em demasia a identificação dos verdadeiros donos do dinheiro que movimentam. Segundo conceituam Marcella Block e Monique Rabello:

---

17 MACHADO, Diego Pereira. Disponível em: <https://diegomachado2.jusbrasil.com.br/artigos/121933157/as-pessoas-juridicas-e-o-uso-abuso-da-personalidade-os-crimes-economicos-por-meio-de-empresas-em-paraisos-fiscais>. Acesso em: 28 out. 2020.

> *(...) entidades situadas fora do domicílio de seus proprietários e, portanto, não sujeitas ao regime legal vigente naquele país, sendo eventualmente criadas para servirem como sociedades de direito, mas não de fato. Podem ser estas, inclusive, exclusivamente virtuais.; Não apresentam, ademais, qualquer corpo operacional efetivo ou, quando o têm, apresenta-se bastante reduzido para o volume de operações.*[18]

Os centros *offshore*, assim como se dá quanto aos próprios paraísos fiscais que os abrigam, podem até ser usados por corporações legítimas, que operam dentro da legalidade de seus países de origem, com o intuito de buscar um sistema financeiro estável e sigiloso, de baixo custo operacional e vantajoso do ponto de vista fiscal. Entretanto, em razão da falta de controle estatal deliberada, tornaram-se, de fato, instrumentos de lavagem de dinheiro de origem ilícita, auferido pelas grandes organizações criminosas que operam em todas as partes do Globo Terrestre.

Além de adotarem a forma de constituição anônima, as legislações desses países ditos *paraísos fiscais* preveem uma forma de *contrato de gaveta*, denominado *trust instrument,* que permite a pessoas físicas ou jurídicas (*trustees*) exercerem ostensivamente os atos de propriedade de um bem corpóreo ou incorpóreo que, na verdade, pertence a um terceiro. Os *trustees* exercitam, em seus próprios nomes, todos os atos de gestão em favor de beneficiados ocultos, inclusive as movimentações bancárias. Mesmo que requisitados judicialmente para prestarem informações, os

[18] BLOCK, Marcella; RABELLO, Monique. Lavagem de dinheiro envolvendo offshores. Revista de Direito Bancário e do Mercado de capitais. Vol. 8, abr./jun. 2015, p. 238.

bancos não têm acesso aos verdadeiros titulares, mas apenas aos *procuradores* que os representam. O *trust instrument* conta com sigilo profissional legal, não se podendo compelir os *trustees* a revelarem as identidades dos verdadeiros titulares dos bens e valores.

Segundo publicação da Agência Brasil (órgão oficial de comunicação do governo brasileiro), de maio de 2016, entre os anos de 2010 e 2014, o Brasil foi o 5º país do mundo que mais enviou dinheiro para paraísos fiscais, totalizando US$ 23 bilhões, segundo estudo divulgado na Conferência da ONU, sobre Comércio e Desenvolvimento.[19] Segundo dados do BACEN, as Ilhas Cayman lideram o ranking de países que mais recebem remessas de dinheiro do Brasil desde 2014. Em 2019, foram remetidos US$ 85,7 bilhões, valor 27% superior ao ano de 2018. Segundo colocado, as Ilhas Virgens receberam remessas partidas do Brasil, em de 2019, no importe de US$ 57 bilhões, US$ 5 bilhões, US$ 7 bilhões a mais do que no ano anterior. As Bahamas receberam US$ 10 bilhões a mais em 2019 (em relação a 2018), somando um total de US$ 43 bilhões, terceiro colocado.

Cada vez mais vêm ganhando importância nesse submundo da lavagem transnacional de dinheiro uma categoria profissional altamente especializada, que domina esses caminhos e técnicas sofisticadas de ocultação de valores, contando com as ferramentas surgidas com o desenvolvimento da tecnologia da informação, que os permite trocar dados

---

[19] Publicado por Agência Brasil Brasília, em 6 de maio de 2016. Disponível em: <https//agenciabrasil.ebc.com.br/economia/noticia/2016-05/brasil-e-o-5o-no-ranking-de-remessa-de-recursos-para-paraisos-fiscais-diz>. Acesso em: 28 out. 2020.

em tempo real, de modo totalmente virtual, escapando à fiscalização e segurança dos Estados prejudicados. Trata-se dos *doleiros*.

Os *doleiros* lograram considerável evolução e aperfeiçoamento de seus *modus operandi* com o passar dos anos. Hodiernamente, eles formam uma vasta, complexa e intrincada rede que se estende ao longo do planeta, cujos elementos agem de modo interligado e colaborativo entre si, clandestinamente, baseados exclusivamente em relações de confiança. Grandes fluxos de dinheiro deixam os países com destino a paraísos fiscais, com a participação dos doleiros, mediante transferências sucessivas, dentro desse emaranhado de empresas e contas *offshore* que, no mais das vezes, constituem, de per si, produto ou proveito direto de atividades criminosas (sonegação fiscal, fraudes financeiras, tráfico de drogas, entre outros):

> *Acontecimentos recentes em nível nacional comprovam que há uma grande oferta de profissionais especializados na prática de crimes econômicos. Em decorrência dos escândalos do caso Banestado e de denúncias contra a gestão passada do governo federal sobre a prática de crimes contra a Administração Pública, os doleiros ganham notoriedade. Sua participação no processo de lavagem passou a ser decisiva, porque referidos operadores oferecem serviços em que há um vínculo com o cliente lavador de confiabilidade, não mais exploram os recursos como as contas CC-5, mas sim de contas correntes de residentes no país, que podem ser abertas em qualquer site de qualquer banco, e contas de outros doleiros no exterior, em quase cem por cento dos casos em paraísos fiscais, tudo através de operações de cabo. (...). As operações colocadas em prática pelos doleiros indicam que existe uma verdadeira rede bancária paralela sem fronteiras e imune à fiscalização do Banco*

> *Central, porque não há registro no seu sistema (SISBACEN).*[20]

Em suma, aparentemente, não existem operações de lavagem transnacional sem a interposição da figura do doleiro, máxime quando utilizado o mecanismo de *cabo*.

## 3. Tratamento Criminal das Operações de Cabo no Brasil

Há que se distinguir, na seara da lavagem de dinheiro pela criminalidade organizada transnacional, três responsabilidades criminais distintas entre si, mas que se somam para a punição justa e proporcional desses agentes: 1º) responsabilidade que decorre das práticas ilícitas às quais as organizações criminosas habitualmente se dedicam, que podem ser de diversas naturezas (crimes contra a saúde pública, contra os costumes, patrimônio, incolumidade pública, moralidade administrativa, sistema financeiro, entre outros), já que o próprio conceito de organização criminosa traz intrínseca a reiteração delitiva (Artigo 2,º, alíneas "a" e "c" da Convenção de Palermo e artigo 1º, §§ 1º e 2º, da Lei 12.250/2013); 2º) responsabilidade pela prática da própria conduta de integrar organização criminosa, tipificada no preceito primário do Artigo 2º, *caput* e §1º, da LEI 12.250/2013, que se origina em mandado internacional de criminalização, inserto na Convenção de Palermo, Artigo 5, item 1; e 3º) responsabilidade

[20] MACHADO, Diego Pereira. Disponível em: <https://diegomachado2.jusbrasil.com.br/artigos/121933157/as-pessoas-juridicas-e-o-uso-abuso-da-personalidade-os-crimes-economicos-por-meio-de-empresas-em-paraisos-fiscais>. Acesso em: 28 out. 2020.

da lavagem propriamente dita dos proveitos financeiros auferidos pela organização criminosa, com a remessa clandestina dos valores ao exterior. Tal prática logra subsunção a tipos criminais elencados na Lei 9.613/98, que também tem lastro em mandado internacional de criminalização, posto na Convenção de Palermo, Artigo 6, itens 1 e 2.

O tratamento da lavagem de dinheiro na senda do Direito Penal resultou de uma percepção de circunstâncias e momentos distintos nos países. Segundo escol de Carli:

> *(...) inicialmente, a criminalização da lavagem de dinheiro foi uma resposta do Estado italiano a um surto de roubos e de extorsões mediante sequestros. Posteriormente, passou a ser um dos instrumentos utilizados pela política criminal norte-americana na luta contra as drogas, principalmente, em razão da emergência do crime organizado. A partir daí, passou a constar em instrumentos e tratados internacionais e foi, progressivamente, sendo acolhida, sem diferenças significativas de estrutura, em vários países.*[21]

No âmbito da comunidade internacional, o mandado de criminalização resultou da Convenção da Organização da Nações Unidas Contra o Tráfico Ilícito de Estupefacientes e Substância Psicotrópicas – Convenção de Viena, de 20 de dezembro de 1988, consoante seu Artigo 3. Embora o Brasil tenha firmado aludida Norma Convencional, aqui internalizada pelo Decreto nº 154/1991 (obrigando-se a criminalizar as condutas de converter, transferir, ocultar, dissimula e usar bens e valores auferidos com o comércio espúrio

[21] DE CARLI, Carla Veríssimo. Lavagem de Dinheiro – Ideologia da Criminalização e Análise do Discurso. 2 ed. Porto Alegre: Verbo Jurídico, 2012, p. 103.

de drogas), somente em 3 de março de 1998, foi editada a Lei nº 9.613/98, que dispõe sobre os crimes de lavagem ou ocultação de bens, direitos e valores.

A despeito da mora legislativa brasileira ter perdurado por uma década, a Lei 9.613/98 foi além da Convenção de Viena. No que tange ao rol de delitos antecedentes, os crimes de lavagem de dinheiro foram concebidos como *acessórios*, cuja existência depende, necessariamente, da existência de um crime anterior, considerado *principal*. Para além do tráfico de drogas proscritas, integravam o rol de delitos precedentes os crimes de terrorismo, contra a administração pública, contra o sistema financeiro e os praticados por organização criminosa. Posteriormente, houve alterações que incluíram novas figuras delitivas nesse rol: o tráfico de armas e munições, extorsão mediante sequestro, cometidos por particular contra a administração pública de Estado estrangeiro (Lei 10.826/2002) e o financiamento de atividades terroristas (Lei 10.701/2003).

Contudo, o maior e mais significativo avanço legislativo no enfrentamento à lavagem de dinheiro e, pela via reflexa, à criminalidade organizada (sobretudo a transnacional), aqui no Brasil, fora a edição da Lei 12.683, de 18 de abril de 2012 que, dentre outras relevantes providências, expugnou o rol de crimes precedentes e substituiu a elementar *crimes* pela *infração penal*. A possibilidade de punição dos lavadores pode alcançar a todos aqueles que logrem auferir bens e valores com a prática de infrações penais de quaisquer naturezas, inclusive contravenções.

Embora ainda paire alguma dúvida sobre o bem jurídico tutelado pela Lei 9.613/98, cremos que, com a exclusão da taxatividade dos crimes precedentes, maior razão assista àqueles doutrinadores que reputam que os tipos incriminadores da lavagem são *pluriofensivos,* pois protegem mais de um interesse jurídico material, a administração da justiça (crime acessório e que depende da existência de delito anterior, potencializando a efetividade da finalidade da justiça criminal e de impedindo o fomento das atividades ilícitas) e a ordem socioeconômica (considerando também o impacto na quantidade de dinheiro que sai das economias dos países e os efeitos da concorrência desleal para com aquelas empresas honestas, que arcam com os custos reais de produção, gerando queda de arrecadação dos Estados e o desemprego).[22]

## 4. A Relevância da Inteligência Financeira e da Tecnologia da Informação no Enfrentamento das Operações de Cabo e o Contexto Atual Brasileiro

Além dá já apontada exclusão do rol de delitos antecedentes e consequente alargamento do espectro dos delitos de lavagem de dinheiro (para abarcar um número maior de criminosos), outra importantíssima inovação estatuída pela Lei 9.613/98 foi a criação do Conselho de Controle de Atividades Financeiras – COAF, concomitante à imposição de dever a várias categorias profissionais de manter registros de operações de expressão econômica e comunicar ao novo órgão aquelas cujos padrões

[22] MENDRONI, Marcelo Batlouni. Crime de Lavagem de Dinheiro. 2 ed. São Paulo: Editora Atlas S.A., 2013, p. 75-76.

tecnicamente definidos indiquem suspeitas de lavagem de dinheiro, dentre outras relevantes funções fiscalizatórias e regulatórias.[23]

Locado na estrutura do Ministério da Fazenda, o COAF é a Unidade de Inteligência Financeira – UIF e, dentre suas atribuições legais, destaca-se a de monitorar movimentações tidas como suspeitas de constituírem ou derivarem de práticas ilícitas. O COAF parte de informações que recebe de instituições que estão obrigadas prestá-las, tais como os bancos, administradoras de cartões de crédito, corretoras que operam títulos mobiliários, entre outros.

Após recepcionar esses dados, tratá-los metodologicamente, organizá-los, o COAF, mediante indícios reais de práticas criminosas (sobretudo de lavagem de dinheiro), deve confeccionar Relatórios de Inteligência Financeira – RIFs – e difundi-los (guardadas as cutelas de manutenção do sigilo legal que recobre tais dados) aos órgãos com atribuição para persecução criminal (Polícia Judiciária e Ministério Público).

Pertinentemente, a COAF também têm a relevantíssima atribuição de representar o Brasil em organizações internacionais competentes para tratar da lavagem transnacional de dinheiro, como o Grupo de Ação Financeira Internacional – GAFI (criado no âmbito da Organização para a Cooperação e Desenvolvimento Econômico – OCDE, foro internacional que

---

23 GUARNIERI, Pedro Guilherme Ramos. A lei de lavagem de dinheiro e suas especificidades com o instrumento de controle da corrupção – Dissertação (Mestrado) – Faculdade de Direito da Escola Superior do Ministério Público: Porto Alegre, 2018. Disponível em: <https//www.gov.br/fazenda/pt-br/assuntos/atuacao-e-combate-a-lavagem-de-dinheiro-e-ao-financiamento-do-terrorismo>. Acesso em: 11 nov. 2020.

discute a lavagem de dinheiro e expede recomendações tendentes ao seu enfrentamento), Grupo de Ação Financeira da América Latina – GAFICAC (criado em 2000, sob a denominação Grupo de Ação Financeira da América do Sul Contra a Lavagem de Dinheiro e Financiamento do Terrorismo – GAFISUD)e Grupo de Egmont (grupo informal, não criado por tratado, que reúne as UIFs de vários países, visando cooperação recíproca na troca de informações, treinamento e troca de experiências)[24].

Dadas as dimensões econômicas do Brasil, que no ano de 2011 chegou a constituir a sexta maior economia mundial, com um PIB de US$ 2,61 trilhões, e que, mesmo com as diversas crises políticas, econômicas e sanitária que se sucederam nos últimos anos, deve em 2020 ocupar a nona posição, com PIB estimado em US$ 1,89 trilhão,[25] a quantidade de informes de operações remetidas pelas instituições obrigadas ao COAF é descomunal, evidenciando a necessidade de se estabelecer a automatização da análise e tratamento desses dados, com uso de meios tecnológicos avançados.

Como bem observa Guarnieri:[26]

> *Em face do expressivo número de comunicações recebidas diariamente, processo de trabalho do Conselho é direcionado a partir de uma abordagem*

---

[24] Idem.

[25] Disponível em: <https://oglobo.globo.com/economia/pib-do-brasil-deve-terminar-decada-como-9-maior-do-mundo-atras-de-reino-unido-italia-india-24168816. Acesso em 11 nov. 2020.

[26] GUARNIERI, Pedro Guilherme Ramos. A lei de lavagem de dinheiro e suas especificidades com o instrumento de controle da corrupção – Dissertação (Mestrado) – Faculdade de Direito da Escola Superior do Ministério Público: Porto Alegre, 2018. p. 103.

> *baseada em risco, mediante o uso de instrumentos tecnológicos o que permite definir prioridades e aperfeiçoar a alocação dos recursos disponíveis. (...). Essa metodologia possibilita que seja aplicada uma maior parte de recursos na identificação de ações que apresentem maiores riscos de lavagem de dinheiro.*

Em que pese a relevante contribuição dos RIFs difundidos pelo COAF aos órgãos de persecução criminal, o documento não constitui, por si só, um meio de prova. Ela não se presta a fixar uma probabilidade de veracidade da existência ou inexistência de um dado fático, no sentido de persuadir o responsável por eventual acusação (e muito menos o julgador). Trata-se daquilo que se denomina, na doutrina processualista penal, de *elemento de informação* que visa orientar o início de um procedimento investigatório formal, facilitando que o membro do Ministério Público, ou autoridade policial responsável, localize as fontes de prova (pessoas, objetos e documentos dos quais se possa extrair a probabilidade da veracidade de um dado fático).

Não obstante, quando da edição da Lei Complementar 105/2001 (que dispõe sobre o sigilo das operações de instituições financeiras e dá outras providências), cujo Artigo 2º, §6º determinou que o Banco Central – BACEN e a Comissão de Valores Mobiliários – CVM, bem como demais órgãos de fiscalização, no âmbito de suas atividades, informassem ao COAF, além das operações financeiras suspeitas, os respectivos dados cadastrais dos titulares, independentemente de requisição do Poder Judiciário, se questionou a constitucionalidade dessa exceção à regra da reserva jurisdicional.

A discussão perdurou por anos e traspassou todas as instâncias judiciais brasileiras. No âmbito do Superior Tribunal de Justiça – STJ, tanto a Sexta Turma (julgamento do habeas corpus nº 349.945-PE, em 6 de dezembro de 2016)[27], como a Quinta Turma (julgamento do ROMS nº 52677-SP, em 27 de abril de 2017), foi concluído que a exceção se limitava aos dados da movimentação bancária suspeita. Outros elementos recebidos pelo COAF dos órgãos de fiscalização, ainda que imprescindíveis para se compreender a plausibilidade da suspeita, embora usados para elaborar o RIF, só poderiam ser repassados ao Ministério Público ou à Polícia Judiciária mediante autorização judicial.

A questão somente restou pacificada em recente julgamento pelo Supremo Tribunal Federal – STF do RE nº 1055941, em 6 de outubro de 2020, que resultou na Repercussão Geral de Tema 990. O STF decidiu pela constitucionalidade do compartilhamento pelo COAF com o Ministério Público e a Polícia Judiciária dos dados recebidos dos órgãos fiscalizatórios, relativos às suspeitas de práticas criminosas, se eles fossem pertinentes à escorreita instrução do RIF. Vejamos, *in verbis:*[28]

---

[27] BRASIL. Superior Tribunal de Justiça. Habeas Corpus: HC 349945/PE, Rel. Ministro Nefi Cordeiro, Rel. Para Acórdão Ministro Rogério Schietti Cruz, Sexta Turma, julgado em 06.12.2016, Djs 02.02.2017. Disponível em: < https://stj.jusbrasil.com.br/jurisprudencia/433550753/habeas-corpus-hc-349945-pe-2016-0049887-3/inteiro-teor-433550758>. Acesso em 11 nov. 2020.

[28] BRASIL. Supremo Tribunal Federal. RE 1055941, Rel. Ministro Dias Toffoli, Plenário Virtual, Dje 06.10.2020. Disponível em: <http://www.stf.jus.br/portal/jurisprudenciaRepercussao/verAndamentoProcesso.asp?incidente=5213056&numeroProcesso=1055941&classeProcesso=RE&numeroTema=990> Acesso em 11 nov. 2020,

> *1. É constitucional o compartilhamento dos relatórios de inteligência financeira da UIF e da íntegra do procedimento fiscalizatório da Receita Federal do Brasil, que define o lançamento do tributo, com os órgãos de persecução penal para fins criminais, sem a obrigatoriedade de prévia autorização judicial, devendo ser resguardados o sigilo das informações em procedimentos formalmente instaurados e sujeitos a posterior controle jurisdicional. 2. O compartilhamento pela UIF e pela RFB, referente ao item anterior, deve ser feito unicamente por meio de comunicações formais, com garantia de sigilo, certificação do destinatário e estabelecimento de instrumentos efetivos de apuração e correção de eventuais desvios.*

A confirmação pelo STF da constitucionalidade da disposição da Lei Complementar 105/2001, que autoriza o compartilhamento de informações sigilosas por órgão de fiscalização como a RFB, CVM e BACEN com o COAF, ante suspeitas fundadas de ilícitos penais, foi fundamental para avançarmos no combate à lavagem de dinheiro e, por conseguinte, à macrocriminalidade organizada. O COAF constitui, hoje, o principal instrumento legal de enfrentamento dessa tão sofisticada quanto grave modalidade delitiva.

Segundo o Relatório de Atividade do COAF, no ano de 2019,[29] foram produzidos 7.345 RIFs, sendo que em 2008, havia apenas 1.431, deixando inequívoco o aumento exponencial de sua eficiência. Também se apraz um aumento da eficiência do sistema de monitoramento quanto àqueles

---

29 BRASIL. Governo Federal. Ministério da Fazenda. Conselho de Controle de Atividades Financeiras. Disponível em: < https://www.gov.br/coaf/pt-br/centrais-de-conteudo/publicacoes/publicacoes-do-coaf-1/relatorio-de-atividades-2019.pdf>. Acesso em 12. nov. 2020.

obrigados a informar operações suspeitas, evoluindo de 44.817 comunicações, em 2008, para um total de 330.895, em 2018. Ainda é possível se constatar uma notável evolução qualitativa dessas informações recebidas, nos três últimos anos. Em 2016, apenas 10% das comunicações foram classificadas como excelentes, enquanto 34% foram classificadas como insuficientes. Já em 2019, 43% obtiveram grau excelente, e apenas 12% foram tidas como insuficientes.

Significativo efeito da globalização foi o avanço da tecnologia da informação, impactando diretamente no aumento da criminalidade organizada transnacional, que não tem poupado esforços nem investimentos de recursos nessa seara, imprimindo velocidade e sigilo em suas operações escusas, que impõem grande dificuldade às autoridades estatais e internacionais, quanto a uma repressão e prevenção satisfatórias.

Como pondera Calabrich:[30]

> *Hoje, virtualmente qualquer crime pode ser cometido com o uso da internet; e mesmo aqueles que não são executados usando a web possivelmente podem ser elucidados por informações armazenadas em um ou outro nó na rede. O problema é que as autoridades nem sempre, nem facilmente, conseguem acessar esses dados, pois os servidores que ficam armazenados frequentemente estão localizados em um país diferente. Assim, a cooperação internacional costuma ser indispensável para que a evidência eletrônica possa ser obtida de uma maneira válida e útil. Ocorre que, hoje, as diferenças ao redor do mundo nas estruturas legais*

---

[30] CALABRICH, Bruno. E-evidences e cooperação internacional: o desafio de diferentes paradigmas. Altos Estudos Sobre a Prova no Processo Penal/coordenador Ronaldo Pinheiro de Queiroz. Salvador: Editora Juspodivm, 2020.

*disponíveis para essa tarefa podem não estar ajudando muito.*

Tocante às investigações realizadas pelas autoridades brasileiras, bem maiores têm sido as dificuldades com as quais é possível se deparar quando da necessidade de intercâmbio de informações consistentes em dados transmitidos ou armazenados em sistemas e bancos informatizados. Tal situação decorre do fato de o Brasil não ser membro da Convenção de Budapeste Sobre Cibercrime. Essa Norma Internacional, embora editada no seio do Conselho da Europa, em 23 de novembro de 2001, teve sua adesão franqueada a Estados não integrantes do sistema europeu, contando com 65 signatários, dentre os quais Argentina, Chile, Colômbia, Panamá, Paraguai e os Estados Unidos da América do Norte.

Ressentindo diretamente os efeitos da ausência do Brasil na aludida Norma Convencional, nosso Ministério Público Federal, representado pelo Procurador Geral da República, oficiou à Presidência do Congresso Nacional, em expediente datado de 30 de junho de 2020, exortando interesse na rápida tramitação do procedimento de ratificação da Convenção de Budapeste. A solicitação foi instruída com Nota Técnica do Grupo de Apoio Sobre Criminalidade Cibernética, ligado à 2ª Câmara de Coordenação e Revisão do MPF, cujo texto ressalta o exponencial aumento quantitativo de cybercrimes, inclusive a migração de crimes anteriormente cometidos de outras formas, mas que passam agora a ser cometidos, também, via web (corrupção, crimes financeiros, entre outros), dependendo das comprovações de materialidade e autoria de acesso e coleta de dados, transmitidos internacionalmente e armazenados em nuvens. Para tanto, existe a necessidade de cooperação internacional com os países em que as buscas devem ser feitas. Tudo isso ocorre muito velozmente.

É fato que a legislação doméstica brasileira em vigor, Lei 12.965, de 23 de abril de 2014 (Marco Civil da Internet), se impõe a todas as empresas que armazenem ou transmitam dados telemáticos, desde que disponibilizem seus serviços para residentes no país e ainda que não mantenham aqui filial. Elas têm o dever de se subordinarem ao nosso ordenamento, o que incluiria fornecer às autoridades locais os dados em seu poder, sobretudo diante de requisição do Poder Judiciário.

Contudo, até mesmo empresas que mantêm filial no Brasil, como por exemplo, *Facebook* e *WhatsApp*, costumam descumprir ordens judiciais nesse sentido. O argumento usado é que tais requisições teriam de ser feitas diretamente às suas matrizes, sediadas nos EUA, por intermédio de autoridades estadunidenses, em razão do Acordo de Assistência Judiciária Penal, firmado entre os dois países. Tal pode ser inferido dos fundamentos jurídicos do pedido e decisão prolatada na Ação Declaratória de Constitucionalidade nº 51 [31], no ano de 2017, pela Federação das Associações das Empresas de Tecnologia da Informação – ASSESPRO, cujo objeto é que o STF declare constitucional o Decreto Presidencial 3.810, de maio de 2001, que internalizou tal acordo bilateral.

---

[31] Disponível em: <http: <https://www.conjur.com.br/dl/amicus-face.pdf>. Acesso em: 23. nov. 2020.

Diante desse cenário, cremos que a adesão formal do Brasil à Convenção de Budapeste seja urgente e fundamental para um adequado enfrentamento dos problemas da criminalidade organizada transnacional e do seu desdobramento indissociável, que é a lavagem transnacional do dinheiro proveniente desses crimes. A adesão propiciará ao COAF, na condição de Unidade de Inteligência Financeira, além de outras instituições encarregas da investigação e persecução penal, obterem diretamente de seus congêneres integrantes do pacto, de forma rápida e legalmente válida, os dados que necessitam para cumprirem suas funções de prevenir e reprimir a macro criminalidade organizada transnacional.

**Considerações Finais**

O fenômeno da globalização traspassa os mais diversos aspectos das relações interpessoais na moderna vida cotidiana. Para muito além de seus efeitos econômicos, esse fenômeno alterou a forma como pessoas, empresas e Estados interagem. Como o crime historicamente acompanha todo o desenvolvimento da humanidade, ele não ficou imune aos efeitos da globalização e, ao contrário, parece ter sido impactado diretamente por esses efeitos, com o surgimento e desenvolvimento, também, de uma criminalidade globalizada, sobretudo quando falamos das organizações criminosas que agora são transnacionais.

Passo a passo, houve uma mitigação irrefutável do conceito clássico de soberania, que vigorava há muito no Direito Internacional Público e limitava o alcance das respectivas jurisdições àqueles que se encontrem dentro dos limites do país (territorialidade das leis penais e processuais). Isso pôs em xeque os mecanismos de controle social, ao menos na forma como até então eram conhecidos, que têm se mostrado insuficientes para fazerem frente a essa nova forma de criminalidade, organizada e transnacional. Isso se aplica ao Direito Penal, inclusive.

Essa criminalidade organizada transnacional age movida pela mesma lógica economicista dos grandes conglomerados capitalistas, as *empresas multinacionais*, tencionando auferir lucros cada vez maiores que, ao final, devem ser revertidos em proveito de seus controladores. Com esse proveito econômico, esses controladores desejam usufruir de todos os benefícios e confortos que o dinheiro pode oferecer. Por isso, as organizações criminosas precisam *lavar o dinheiro sujo* que auferiram com práticas criminosas, dando a ele aspecto de legalmente aurido, para que possa ser usado dentro da economia formal, sem levantar maiores suspeitas.

Como todo o poder dessas organizações criminosas advém da enorme quantidade de capital que lograram acumular, não se pode pretender dar-lhes um combate eficaz e desejável, senão focando justamente nessas reservas internacionais de dinheiro, identificando-as, pondo-as indisponíveis, fazendo com que retornem aos países de origem, onde as práticas criminosas foram executadas, não só recompondo os desfalques desse capital nas respectivas economias formais, mas de modo a desarticular essas estruturas criminosas e identificar e punir seus responsáveis.

O tema tem merecido grande atenção da comunidade internacional, que buscou institucionalizar regimes jurídicos no sentido de sistematizar um tratamento mais uniforme, pelos diversos países, definindo certos padrões de atuação, a serem internalizados nos âmbitos das legislações, na exata medida em que seus pactuantes assumem internacionalmente a obrigação de fazê-lo. A Convenção das Nações Unidas Contra o Crime Organizado – Convenção de Palermo, produzida no ano de 2000, foi de imensurável importância nesse contexto, inclusive por ser responsável pelo surgimento do conceito de *organização criminosa*, que até então era um celeuma de difícil superação.

O Brasil se mostra demasiadamente moroso na introdução das Normas Internacionais no Direito doméstico, sobretudo quando, além das atuações do Legislativo e Executivo por conduto de seus necessários Decretos, se faz necessária a atuação legiferante em sentido estrito (Emendas Constitucionais, Leis Complementares ou Ordinárias), como, por exemplo, para a tipificação de condutas criminosas, em razão da garantia fundamental da estrita legalidade penal (CF, Artigo 5º, XXXIX).

Diante da percepção pela comunidade internacional da crescente sofisticação dos mecanismos e estruturas utilizados pelas organizações criminosas transnacionais para lavarem quantias enormes de dinheiro, beneficiando-se do desenvolvimento da tecnologia da informação, os integrantes do Conselho da Europa – CE – se reuniram em novembro de 2001 e institucionalizaram um novo Regime Jurídico Internacional, a Convenção de Budapeste Sobre Crimes Cibernéticos. A necessidade de unificação em nível global do tratamento legal dos cibercrimes, levou o CE a franquear o ingresso de países de outros continentes, dos quais um de seus atuais 65 pactuantes é os EUA, maior economia mundial.

Nessa seara, o Brasil continua deveras atrasado, de fora das decisões do problema dos cibercrimes. Porquanto, a despeito dos esforços do governo federal nos últimos dois anos, o procedimento de adesão do País àquela Norma Internacional ainda se encontra, no momento de escritura deste texto, pendente de conclusão. Certo que os cibercrimes são muito mais abrangentes do que a lavagem transnacional de dinheiro, porém, no momento singular em que o Brasil tenta, a duríssimas penas, quebrar o paradigma da impunidade dos *crimes de colarinho branco* e da corrupção que une empresários desonestos a partidos políticos e agentes públicos, nossas autoridades encarregadas desse enfrentamento (COAF, Ministério Público e Polícia Judiciária) têm ressentido a falta de mecanismos ágeis e desburocratizados de intercâmbio de informações e cooperação internacional, que somente serão possíveis com a conclusão de nossa adesão à Convenção de Budapeste.

## Referências

ANSELMO, Márcio Adriano. O ambiente internacional do combate à lavagem de dinheiro. **Revista de Informação Legislativa**, a 47, n. 188, out-dez 2010, p. 356/358. Disponível em: <https://www2.senado.leg.br/bdsf/bitstream/handle/id/198729/000901859.pdf?isAllowed=y>. Acesso em: 5 jul. 2021.

BARROS, Marco Antonio de. **Lavagem de capitais e obrigações civis correlatas**. São Paulo: RT, 2004, p. 27-28.

BLOCK, Marcella; RABELLO, Monique. Lavagem de dinheiro envolvendo offshores. **Revista de Direito Bancário e do Mercado de Capitais**. PDF. Vol. 8, abr./jun. 2015, p. 238.

BRASIL. Procuradoria Geral da República. Disponível em: <http://www.mpf.br./pgr/documento/Oficio736DaviAlcolumbre.pdf.>.

Acesso em: 12 nov. 2020.

BRASIL. Superior Tribunal de Justiça. **Habeas Corpus**: HC 349945/PE, Rel. Ministro Nefi Cordeiro, Rel. Para Acórdão Ministro Rogério Schietti Cruz, Sexta Turma, julgado em 06.12.2016, Djs 02.02.2017. Disponível em:<https://www.stj.jus.br/processo/revista/inteiroteor/?num_registro=201600498873&dt_publicacao=02/02/2017>. Acesso em: 11. Nov. 2020

BRASIL. Supremo Tribunal Federal. RE 1055941, Rel. Ministro Dias Toffoli, **Plenário Virtual**, Dje 6/10/2020, Disponível em: <https://www.stf.jus.br>. Acesso em: 11 nov. 2020.

CALABRICH, Bruno. **E-evidences e cooperação internacional**: o desafio de diferentes paradigmas. Altos Estudos Sobre a Prova no Processo Penal/coordenador Ronaldo Pinheiro de Queiroz. Salvador: Editora Juspodivm, 2020.

DE CARLI, Carla Veríssimo. **Lavagem de Dinheiro**: Ideologia da Criminalização e Análise do Discurso. 2 ed. Porto Alegre: Verbo Jurídico, 2012.

GONÇALVES, Alcindo. **O conceito de governança**. [online]. Disponível em: <http://www.publicadireito.com.br/conpedi/manaus/arquivos/anais/XIVCongresso/078.pdf>. Acesso em: 24 out. 2020.

GOVERNO FEDERAL. Agência Brasil. Brasil é o quinto país a mais enviar recursos para paraísos fiscais, diz Unctad. [on-line]. Disponível em: <https://agenciabrasil.ebc.com.br/economia/noticia/2016-05/brasil-e-o-5o-no-ranking-de-remessa-de-recursos-para-paises-fiscais-diz>. Acesso em: 28 out. 2020.

GOVERNO FEDERAL. Ministério da Fazenda. Conselho de Controle de Atividades Financeiras. Disponível em:<http://fazenda.gov.br/centrais-de-conteúdo/publicacoes/retatorio-de-atividades/arquivos/relatorio-de-atividade-coaf-2019.pdf>. Acesso em: 12 nov. 2020.

GUARNIERI, Pedro Guilherme Ramos. **A lei de lavagem de dinheiro e suas especificidades com o instrumento de controle da corrupção**.. Dissertação de Mestrado. Faculdade de Direito da Escola Superior do Ministério Público: Porto Alegre, 2018. Disponível em: https://fmp.edu.br/wp-content/uploads/2019/05/Dissertação-Pedro-Guarnieri.pdf>. Acesso em:

23 nov. 2020.

LESSA, Luiz Fernando Voss Chagas. **A assistência direta e a persecução penal transnacional pelo Ministério Público brasileiro**. Orientadora: Nadia de Araujo. 11 de setembro de 2009. Departamento de Direito. Pontifícia Universidade Católica do Rio de Janeiro. Disponível em <https://www.maxwell.vrac.puc-rio.br/31571/31571_1.PDF>. Acesso em: 24 out. 2020.

MACHADO, Diego Pereira. **Possíveis caminhos internacionais para a lavagem de capitais**. [on-line]. Disponível em: <https://diegomachado2.jusbrasil.com.br/artigos/129079018/possiveis-caminhos-internacionais-para-a-lavagem-de-capitais). Acesso em: 28 out. 2020.

MENDRONI, Marcelo Batlouni. **Crime de lavagem de dinheiro**. 3. ed., São Paulo: Atlas, 2015.

MINISTÉRIO DA FAZENDA. **Publicada nova lei de prevenção e combate à lavagem de dinheiro**. Disponível em: <Publicada nova lei de prevenção e combate à lavagem de dinheiro — Português (Brasil) (www.gov.br)>. Acesso em: 11 de novembro de 2020.

MINISTÉRIO PÚBLICO FEDERAL. **Caso lava jato**. Disponível em: <Ações — Caso Lava Jato (mpf.mp.br)>. Acesso em 13 out. 2020.

O GLOBO. **Pib do Brasil deve terminar década como 9º maior do mundo, atras de Reino Unido, Itália e Índia.** Disponível em: <https://www.google.com.br/amp/s/oglobo.globo./economia/pib-do-brasil-deve-terminar-decada-como-9-maior-do-mundo-atras-de-reino-unido-italia-india-24168816%3versao-amp >. Acesso em: 11 nov. 2020.

PITOMBO, Antônio Sérgio A. de Moraes. **Lavagem de Dinheiro: a tipicidade do crime antecedente**. São Paulo: Revista dos Tribunais, 2003.

SAADI, Ricardo Andrade; MACHADO, Diogo de Oliveira. Os valores da corrupção: administração de bens apreendidos e confiscados. **Revista de Direito GV**. São Paulo, v. 13 n.2, 484-519, mai./ago. 2017. Disponível em: Os valores da corrupção: administração de bens apreendidos e confiscados | FGV DIREITO SP. Acesso em: 5 jul. 2021.

SANCTIS, Fausto Martin de. **Crime organizado e lavagem de dinheiro**: destinação de bens apreendidos, delação premiada e responsabilidade social. 2 ed. São Paulo: Saraiva, 2015.

SILVA, Eduardo Araújo. **Crime Organizado**: procedimento probatório. São Paulo: Atlas, 2003.

SUPREMO TRIBUNAL FEDERAL. **Audiência Pública sobre controle de dados de usuários por provedores de internet no exterior**. Disponível em: <http://www.stf.jus.br/arquivo/cms/audienciasPublicas/anexo/ADC51Transcricoes.pdf>. Acesso em: 5 jul. 2021.

**Daniel Freire e Almeida – Fabiano Lourenço de Menezes – Olavo de O. Bittencourt Neto**

**(Org.)**

**O Direito Internacional em Estudos Fundamentais:**

**ONU - TPI – DH – COVID-19 – COMPLIANCE – ANTICORRUPÇÃO GLOBAL**

**Lawinter Editions** present concise summaries of cutting-edge research and practical applications across a wide spectrum of Law fields.

Featuring compact volumes of 100 to 250 pages, Lawinter Editions cover a range of content from professional to academic.

Typical topics might include:

- A timely report of state-of-the art analytical Law techniques.
- A bridge between new research results, as published in journal articles, and a contextual literature review.
- A snapshot of a hot or emerging Law topic.
- A presentation of core concepts that students must understand in order to make independent contributions.

**Lawinter Editions** in Law showcase emerging theory, empirical research, and practical application of Law from a global author community.

**Lawinter Editions** are characterized by fast, global electronic dissemination, standard publishing contracts, standardized manuscript preparation and formatting guidelines, and expedited production schedules.

Send all inquiries to:

**Lawinter Editions**: review@lawinter.com

**LAWINTER EDITIONS**
**New York - Zürich**

Daniel Freire e Almeida – Fabiano Lourenço de Menezes – Olavo de O. Bittencourt Neto

(Org.)

**O Direito Internacional em Estudos Fundamentais:**

**ONU - TPI – DH – COVID-19 – COMPLIANCE – ANTICORRUPÇÃO GLOBAL**

ISBN: 978-3-03927-009-5

LAWINTER EDITIONS
New York - Zürich